utb 3547

Eine Arbeitsgemeinschaft der Verlage

Brill | Schöningh – Fink · Paderborn
Brill | Vandenhoeck & Ruprecht · Göttingen – Böhlau Verlag · Wien · Köln
Verlag Barbara Budrich · Opladen · Toronto
facultas · Wien
Haupt Verlag · Bern
Verlag Julius Klinkhardt · Bad Heilbrunn
Mohr Siebeck · Tübingen
Narr Francke Attempto Verlag – expert verlag · Tübingen
Psychiatrie Verlag · Köln
Ernst Reinhardt Verlag · München
transcript Verlag · Bielefeld
Verlag Eugen Ulmer · Stuttgart
UVK Verlag · München
Waxmann · Münster · New York
wbv Publikation · Bielefeld
Wochenschau Verlag · Frankfurt am Main

Grundwissen Theologie

Herausgegeben von Klaus von Stosch

Barbara Schmitz

Geschichte Israels

3., aktualisierte Auflage

BRILL | SCHÖNINGH

Die Autorin:
Barbara Schmitz, Dr. theol. habil., geb. 1975, Universitätsprofessorin für Altes Testament und biblisch-orientalische Sprachen an der Katholisch-Theologischen Fakultät der Universität Würzburg, zahlreiche Veröffentlichungen zur frühjüdischen Literatur und Geschichte, Septuaginta, Narratologie und Altes Testament sowie engagiert im jüdisch-christlichen Gespräch.

Bibliografische Information der Deutschen Nationalbibliothek

Die Deutsche Nationalbibliothek verzeichnet diese Publikation in der Deutschen Nationalbibliografie; detaillierte bibliografische Daten sind im Internet über
http://dnb.d-nb.de abrufbar.

3., aktualisierte Auflage 2022

Internet: www.schoeningh.de

Printed in Germany.
Herstellung: Brill Deutschland GmbH, Paderborn
Einbandgestaltung: Atelier Reichert, Stuttgart

UTB-Band-Nr: 3547
ISBN 978-3-8252-5875-7
e-ISBN 978-3-8385-5875-2

Inhaltsverzeichnis

1. Geschichte und Geschichten Israels. Hermeneutische Überlegungen 7

2. Babylonisches Exil und Perserzeit (6.–4. Jh. v. Chr.). 16
   2.1. Die Zerstörung des Tempels von Jerusalem (587 v. Chr.) 16
   2.2. Die Schlacht von Karkemisch und der babylonische König Nebukadnezzar (605 v. Chr.) 19
   2.3. Die erste Eroberung Jerusalems und die erste Deportation durch die Babylonier (597 v. Chr.) 22
   2.4. Die zweite Eroberung Jerusalems und die zweite Deportation durch die Babylonier (587 v. Chr.) 26
   2.5. Das Leben in Juda, Babylonien und Ägypten (597/587–520 v. Chr.). 35
   2.6. Die Zeit nach Nebukadnezzar in Babylonien (562–539 v. Chr.) 45
   2.7. Die neuen Herrscher: Die Perser (ab 538 v. Chr.). . . . 47
   2.8. Der Bau des Zweiten Tempels 54
   2.9. Die persische Provinz Jehud und Nehemia und Esra (5.–4. Jh. v. Chr.) 60

3. Die Entstehung des Pentateuchs. Literarische Verarbeitungen in der Exils- und Perserzeit (6.–4. Jh. v. Chr.). 63

4. Die Königszeit in Israel und Juda (10.–6. Jh. v. Chr.) 70
   4.1. Das assyrische Reich (935–612 v. Chr.). 74
   4.2. Die Entwicklungen in Israel und Juda (928–722/597 v. Chr.). 80
   4.3. Israel von Jerobeam I. bis Hoschea (928–722 v. Chr.) 81
      4.3.1. Jerobeam I. und seine Nachfolger (10./9. Jh. v. Chr.) 81
      4.3.2. Die Omridendynastie (882–841 v. Chr.) 84
      4.3.3. Die Jehu-Dynastie (842–748 v. Chr.) 86
      4.3.4. Das Ende Israels (747–722 v. Chr.). 93

4.4. Juda von Rehabeam bis Zidkija (928–587 v. Chr.) 96
4.4.1. Juda im 10. Jh. v. Chr. 98
4.4.2. Juda im 9. und 8. Jh. v. Chr. 101
4.4.3. Juda im 7. Jh. v. Chr. 103
4.4.4. König Hiskija (727–698 v. Chr.) 104
4.4.5. König Manasse (698–642 v. Chr.) 109
4.4.6. König Joschija (639–609 v. Chr.) 115

5. Die Entstehung des Jerusalemer Geschichtswerks und anderer Textüberlieferungen (8.–7. Jh. v. Chr.) 120

6. Erzählungen über die Anfänge 124
6.1. Gen 12–36: Die Erzelternerzählungen 125
6.2. Ex–Dtn: Mose, der Auszug aus Ägypten und die Wüstenwanderung 132
6.3. Gen 37–50: Die Josefserzählung 138
6.4. Jos: Die Zeit Josuas 139
6.5. Ri: Die Zeit der „Richter“ 143
6.6. 1 Sam 1 – 1 Kön 11: Die Zeit der ersten Könige: Saul, David und Salomo 144

7. Die Entstehung erster Erzählkränze (vor 700 v. Chr.) 157

8. Israel in hellenistisch-römischer Zeit: Ein kurzer Ausblick 159

Anmerkungen 162

Literaturempfehlungen zum Selbststudium 182

Sach-, Namensregister 184

Abbildungsnachweis 185

1. Geschichte und Geschichten Israels. Hermeneutische Überlegungen

Die Bibel ist eine Büchersammlung, eine Bibliothek unterschiedlicher Schriften Israels. Diese sind in verschiedenen Zeiten entstanden und spiegeln in vielfältiger Weise die politischen, gesellschaftlichen und menschlichen Erfahrungen. In ihnen finden sich persönliche Freude, individuelles Leid, politische Ereignisse, kollektive Bekenntnisse, konträre Meinungen, umstrittene Positionen und gelungene Antwortversuche. Diese Geschichte(n) Israels sind aber nicht nur einfach gesammelt, sondern sind in der Haltung des Glaubens zusammengestellt worden, um das Leben angesichts der Gegenwart Gottes zu deuten.[1] Insofern ist die Bibel ein Zeugnis verdichteter menschlicher (Gottes)Erfahrungen von Jahrhunderten, in denen Konzepte, Ideen und Vorstellungen entstanden sind, erprobt wurden, sich bewährten oder auch scheiterten. Die Bibel kann somit als ein Kompendium der Erfahrungen Israels mit Gott verstanden werden.

Diese gedeuteten Erfahrungen Israels finden nicht in einem überzeitlichen Raum statt, sondern in konkreten historischen Zusammenhängen. Es sind keine Überlieferungen im (N)Irgendwo, sondern in der Welt der südlichen Levante, jenem Durchzugsland am Rande der Großreiche von Ägypten und Mesopotamien (Zweistromland; heute v.a. Syrien / Irak). In diesem politisch-geographischen Kontext wird die von Menschen erlebte Geschichte angesichts der Gegenwart Gottes erzählt.

Die biblische Literatur ist zu großen Teilen auch „Krisenliteratur": In individuellen, vor allem aber in kollektiven Krisenzeiten, in denen es immer einen erhöhten Interpretationsbedarf zum Verstehen der eigenen Gegenwart gibt, hat Israel die eigenen Erfahrungen erzählt und verschriftlicht. Um das Erlebte zu begreifen und zu verarbeiten, blickte man sowohl in die eigene Gegenwart als auch in die Vergangenheit. Dabei bewegte man sich in einem altorientalischen Vorstellungshorizont, für den die vertikale Beziehungslinie Gott – Mensch/Welt konstitutiv ist. Aus dem Blick in die Geschichte wurden Verstehensmodelle entwickelt, mit denen die eigene Gegenwart gedeutet werden konnte. Mit ihnen sollte erklärt werden, warum es so kommen konnte, wie es gekommen ist. Zugleich sollte das Erlebte für die folgenden Generationen bewahrt und an sie weitergegeben werden, damit diese lernen und ihre eigenen Erfahrungen an der Tradition profilieren konnten. Auf diese Weise wurde die Bibel zu einem Maßstab, der persönliche wie theologische Orientierung bieten konnte.

Biblische Geschichte ist somit erinnerte Geschichte. Erinnerungen sind Konstrukte, bei denen die individuellen wie gemeinsamen Erfahrungen und Lebensumstände der sich Erinnernden eine zentrale Rolle spielen: Die eigenen und kollektiven Erfahrungen sind prägend für das, was erinnert, vergessen, ausgegrenzt, tabuisiert oder im Gedächtnis gespeichert wird.[2] Das unter diesen Bedingungen Erinnerte wird erzählt und weitergegeben. Damit wird deutlich, dass die Bibel keine Geschichtsschreibung im modernen Sinn ist, sondern ein weites Verständnis von „Geschichte" hat: Sie erzählt in verschiedenen Varianten von den allerersten Anfängen und der Erschaffung der Welt (Gen 1; 2–3; Ps 104; Spr 8,22–31 etc.), beschreibt aber auch über die eigene Gegenwart hinaus die ferne Zukunft und die in Gott begründete Hoffnung auf das, was kommen wird (Jes 66; Offb etc.). Eingebettet in diesen Rahmen erzählt die Bibel von den Erzeltern, vom Auszug des Volkes Israel aus Ägypten, von der Landnahme, der vorstaatlichen Existenz Israels und der Richterzeit. Daran schließen sich die Erzählungen von der Entstehung des Königtums mit den ersten Königen Saul, David und Salomo, die Geschichte der getrennten Königreiche Israel und Juda sowie das Ende des Königtums in Israel (722 v. Chr.) und in Juda (587 v. Chr.) an. Das babylonische Exil, das aufstrebende Perserreich, der Wiederaufbau des Tempels (6.–4. Jh.) sowie die Tätigkeit von Esra und Nehemia bilden den weiteren Erzählrahmen.

Dieser ca. 1000-jährige Ereigniszusammenhang erzählter Geschichte ist *Literatur* (Geschichten, Textwelt, story). Als Literatur werden die Texte der Bibel mit literaturwissenschaftlichen Methoden synchron wie diachron[3] analysiert. Zugleich sind sie aber auch mit Blick auf ihren *historischen* Kontext unter Einbeziehung von soziologischen, sozialgeschichtlichen und archäologischen Methoden zu untersuchen (Geschichte, Historie, history). Dies erfolgt in zweifacher Weise: Zum einen ist nach der Zeit, in der die biblischen Texte sich selbst verorten, zu fragen (Textwelt, Zeit der Handlung, Buchzeit), zum anderen nach der Zeit, in der die einzelnen Texte (vermutlich) entstanden sind (Entstehungszeit, Zeit der Verfasser, Autorenzeit). Hierzu stellen sich vier Vorüberlegungen:

Die erste Vorüberlegung ist geschichtstheoretischer Art. Unser Verständnis von Geschichte (Historie) ist grundlegend vom Bild des Zeitstrahls geprägt: Der Zeitstrahl stellt Geschichte als einen linearen Ablauf von Ereignissen dar, bei dem ein Ereignis auf das andere folgt.

Diese lineare Konstruktion von Geschichte führt zu einer kausalen Vernetzung von Einzelereignissen, mit der erläutert werden soll, warum und inwiefern das „Frühere“ zum „Späteren“ geführt hat. Diese für uns so selbstverständlich gewordene Erzählfolge insinuiert eine Linearität, die aber gerade nicht vorherrscht, wenn wir uns der Geschichte(n) erinnern und diese erzählen. Geschichte ist vielmehr eine deutende Rückschau, die vom Standpunkt des „Späteren“ zurückblickt. So kann das „Frühere“ als Ursache des „Späteren“ interpretiert werden.

Die zweite Vorüberlegung lenkt den Blick auf die Entstehung der biblischen Texte selbst: Die biblischen Texte sind historisch sehr viel später entstanden bzw. verschriftlicht worden (Entstehungszeit, Zeit der Verfasser, Autorenzeit) als die Zeit, von der sie erzählen (Textwelt, Zeit der Handlung, Buchzeit). Anders als noch vor wenigen Jahrzehnten, als viele Texte sehr früh datiert wurden (z.B. der sog. „Jahwist“ in das 10. Jh. v. Chr.), geht man heute davon aus, dass die Textproduktion in größerem Umfang erst ab dem späten 8. und dem 7. Jh. v. Chr. eingesetzt hat und die wichtigste Phase im und nach dem Exil sowie in persischer und hellenistischer Zeit liegt. Die Eroberungen von Jerusalem und die Deportationen der Bevölkerung nach Babylonien (597 und 587 v. Chr.) sowie die Zerstörung des Tempels von Jerusalem (587) stellten die Frage nach der Identität Israels in verschärfter Weise. Dies veranlasste, in die eigene Vergangenheit zu blicken und nach der eigenen Identität zu fragen. Daher sind bereits bestehende Überlieferungen gesammelt, redaktionell bearbeitet und in bestehende Textzusammenhänge integriert worden. Zugleich sind in dieser Zeit Texte auch neu verfasst worden. Die Krise und der Wandel brauchten Deutung. Daher sind Texte mit dem Willen und Ziel entstanden, eine für die jüdische Gemeinschaft normative und normierende Orientierung zu bieten. Anders formuliert: Es sind mitunter mehr als 700 bis 800 Jahre „Geschichte“ vergangen, bevor die Texte, die von diesen zurückliegenden Jahrhunderten erzählen, verfasst, gesammelt, redigiert und überliefert wurden.

Damit wird – dritte Vorüberlegung – deutlich, dass „Geschichte“ in der Bibel nicht einfach vorliegt. Vielmehr gibt es bereits in der Bibel eine Vielfalt von Geschichtsentwürfen: So ist der Erzählfaden, der im Buch Genesis beginnt, nur *ein* Erzählzusammenhang, der selbst zu unterschiedlichen Zeiten und Zwecken geschrieben und überarbeitet worden und insofern multiperspektivisch ist. Daneben gibt es die vielfältigen prophetischen Überlieferungen, die ihre jeweils eigene Perspektive auf die Zeit und die Ereignisse werfen, die

Psalmen, die auf ihre Weise Geschichte erinnern (vgl. z.B. Ps 78; 105; 106), oder die Bücher der Chronik, die die biblische Geschichte noch einmal, angefangen von Adam bis zum Ende des babylonischen Exils, unter einer eigenen, spezifischen Perspektive erzählen. Damit wird allein schon deutlich, dass es nicht die *eine* biblische Geschichte gibt, sondern dass bereits in der Bibel Geschichte unterschiedlich und in sich vielfältig geschildert wird.

Die vierte Vorüberlegung fragt nach der Perspektivengebundenheit von Geschichte und Geschichten. Geschichten zu erzählen und von Geschichte zu berichten, bedeutet immer, selbst an einem bestimmten, historischen Standort zu stehen: Dies gilt zum einen für uns heute, die wir bei aller Treue zu den Quellen gar nicht anders können, als historische Forschungen immer von unserem heutigen, eigenen, persönlich wie politisch, sozial und gesellschaftlich definierten Standpunkt aus zu betreiben.[4] Dies gilt zum anderen aber auch für diejenigen, die im 8., 7., 6. oder 5. Jh. v. Chr. die Geschichte(n) Israels erzählt und verschriftlicht haben. Sie haben dies jeweils von ihrem zeitgenössischen Standpunkt, aus ihren historischen, kulturellen, sozialen Kontexten und mit ihren Fragen, Kenntnissen, Sorgen und Nöten getan. Insofern sind die Geschichte(n) Israels durch die Art und Weise geprägt, wie wir sie heute rekonstruieren *und* wie die biblischen Erzähler, Sammler, Redaktoren und Schreiber sie in ihrer Zeit dargestellt haben. Damit „rückt die Vergangenheit historisch grundsätzlich in eine andere Perspektive. Es wird also nicht erzählt, ‚wie es eigentlich gewesen ist', sondern wie es für diejenigen gewesen ist, die von dieser Geschichte wissen wollen, wer sie sind. Dieser perspektivische Charakter des historischen Erzählens ist kein Einwand und keine Einschränkung der Wahrheit, sondern eine Art und Weise, wie sie durch eine bestimmte kognitive Strategie gerade in Anspruch genommen wird, als Wahrheit für jemanden."[5]

Geschichtserinnerungen dienen der Erfahrungsstrukturierung, der Handlungsorientierung und der Identitätsstiftung,[6] „in denen die Vergangenheit so gedeutet wird, daß mit ihr die Gegenwart verstanden und Zukunft erwartet werden kann. In ihr werden die drei Zeitdimensionen in eine übergreifende Vorstellung von Zeitläufen integriert, mit der die Erfahrung der Vergangenheit in der Form einer Geschichte vergegenwärtigt und zum Zweck der Handlungsorientierung und sozialen und personalen Identitätsbildung erinnert wird"[7].

Aufgrund dieser Vorüberlegungen setzt diese Darstellung der Geschichte Israels nicht, wie sonst üblich, bei den erzählten „Anfängen" (meist bei den Erzeltern) ein, sondern vielmehr mit der Exils- und Perserzeit. Heute geht man davon aus, dass die biblischen Texte in dieser Zeit in die uns vorliegende Form gebracht wurden. Da die Exils- und Perserzeit ein wichtiger Kristallisationspunkt für die biblische Überlieferung ist, schildert diese Darstellung die Ereignisse nicht in der üblichen linearen Weise und damit eben nicht in der Logik des Zeitstrahls, sondern denkt von den Orten und Kristallisationspunkten, die in entscheidender Weise die Literaturproduktion bedingt haben. Damit bildet die exilisch-nachexilische Zeit die Ausgangsbasis, von der aus nach älteren Textfassungen gefragt werden kann. So beginnt diese Geschichte Israels mit den Ereignissen, die zum babylonischen Exil geführt haben und der darauf folgenden nachexilisch-persischen Epoche (Kap. 2) sowie einer kurzen Skizze der entsprechenden Textproduktion in dieser Zeit (Kap. 3). Diese Darstellung fängt daher paradoxerweise mit einem Zeitpunkt an, an dem die staatliche Geschichte Judas und Israels bereits beendet ist. Im nächsten Kapitel wird dann die *vor* dem Exil liegende Königszeit in Israel und Juda (10.–6. Jh. v. Chr.) erläutert (Kap. 4). In dieser Zeit waren die Eroberung von Samaria, der Untergang Israels und die Deportation der Bevölkerung (722 v. Chr.) sowie die Bedrohung von Jerusalem (701 v. Chr.) entscheidende Ereignisse für die einsetzende Textproduktion (Kap. 5). Am Ende dieser Darstellung der Geschichte Israels (Kap. 6) stehen die Überlieferungen im Mittelpunkt, die in der erzählten Textwelt am „Anfang" verortet sind: die Erzeltern, der Exodus, die Zeit der Landnahme, die Richterzeit und die Entstehung des Königtums unter den ersten Königen Saul, David und Salomo. Denn dieser umfangreiche Erzählkomplex ist erst sehr viel später, in der Königszeit und der exilisch-nachexilischen Zeit, literarisch fixiert worden. Die darin verarbeiteten, vermutlich alten Traditionen werden in Kapitel 7 beleuchtet.

Für den Aufbau des Buches bedeutet dies, dass die historischen Kontexte („Geschichte") in erster Linie in den Kapiteln 2, 4 und 6 erläutert und die für die Entstehung der Texte („Geschichten") zentralen Aspekte in den Kapiteln 3, 5 und 7 kurz skizziert werden. Alle Kapitel stehen unter einer doppelten Fragestellung. Zum einen soll die in der Bibel vorliegende Darstellung auf ihren – aus heutiger Sicht (re)konstruierbaren – „historischen Kern" hin befragt werden: Welche Informationen liefern die Erzählungen über das Leben, die politischen, ökonomischen, sozialen Kontexte und die religiösen Vorstellungen in der erzählten Zeit? Zum anderen soll nach der Bedeutung der Erzählungen für die Zeit, in der sie entstanden sind und schriftlich fixiert wurden, gefragt werden: Warum ist jene (erzählte) Zeit so und nicht anders geschildert worden? Welche Funktion erfüllen die Erzählungen für die Zeit, in der sie erzählt und verschriftlicht wurden? Mit anderen Worten: Es geht darum zu fragen, wann wer warum, d.h. aus welchem Anlass und zu welchem Zweck, die biblischen Geschichten verschriftlicht bzw. überarbeitet hat. Dieses Anliegen, zum einen historisch nach der Geschichte Israels zu fragen und zum anderen diese Geschichte Israels von ihrer Literaturproduktion her zu erzählen, macht deutlich, dass es um die *Geschichte* und die *Geschichten* Israels geht. Die literarischen Erzählungen der Bibel sollen sowohl als Zeugnis jener Zeit, von der sie erzählen, als auch als Zeugnis für die Zeit, in der sie entstanden oder entscheidend redigiert worden sind, ausgewertet werden.[8]

Wenn diese Darstellung der Geschichte Israels lediglich bis in die nachexilisch-persische Zeit reicht und die hellenistisch-römische Zeit nicht mehr thematisiert, so begründet sich dieser Einschnitt darin, dass zu dieser Zeit die Tora und viele Teile der hebräischen Bibel weitgehend vorliegen und zugleich mit dem Hellenismus eine neue Epoche in der jüdischen Literaturproduktion einsetzt (vgl. zur Abgrenzung auch Kap. 8).

Die Frage nach den Geschichten und der Geschichte ist (wie könnte es anders sein!) zugleich dem eigenen Kontext zu verdanken: Dieses Buch ist konzipiert als eine Einführung in das Studium. In den neuen Studienkonzepten der unterschiedlichen theologischen Studiengänge findet sich meist ein Kurs, der – in variierenden Bezeichnungen – „Einführung in die Schriften Israels/des Alten Testaments“ heißt. Hier werden zwei Fragestellungen kombiniert, die in der bisherigen Konzeption des Theologiestudiums auf zwei verschiedene Veranstaltungen verteilt waren: zum einen eine Einführung in die historischen Kontexte der Geschichte Israels, zum anderen die Einleitungen in die Schriften der hebräischen Bibel. Im Sinne einer Einführung in das Studium sollen beide Perspektiven miteinander verbunden werden. Weil die neuen Studienkonzepte zugleich weniger am Erwerb von Einzel- und Faktenwissen, sondern vielmehr am Kompetenzerwerb orientiert sind oder sein sollten, soll die gewählte Form der Darstellung zugleich das geschichts- und literaturwissenschaftliche Denken schulen, indem es von seiner Hermeneutik nicht (allein) der Logik der Linearität folgt.

Ein weiterer zeitgenössischer Kontext bei der Frage der Konzeption dieses Buchs sind die derzeit sehr kontrovers diskutierten Hypothesen der Entstehung der biblischen Schriften: Nach dem Zusammenbruch der klassischen Pentateuchtheorien ist die Frage nach der

Entstehung der biblischen Schriften weitgehend offen. Die Forschungslage ist derzeit disparat und – selbst für Experten – (fast) unübersichtlich geworden. Für alle Phasen der literarischen Produktion gibt es mittlerweile eine Vielzahl von Theorien, die alle gute Argumente für sich beanspruchen können. Diese geradezu zerfaserte Forschungssituation erschwert den Einstieg in das Studium. Daher ist es aus lerndidaktischen Überlegungen sinnvoll, die exegetische Komplexität auf ein rezipierbares Maß zu reduzieren, um eine erste Orientierung den Studierenden, die ganz am Anfang ihres Studiums stehen, zu ermöglichen. Es geht darum, Studierenden ein Koordinatennetz anzubieten, in das weitere Informationen und Differenzierungen nach und nach eingebaut und ergänzt werden können. Daher ist in dieser Darstellung das Münsteraner Pentateuchmodell der Leitfaden, an dem sich die Darstellung grundlegend orientiert. Dies hat zudem den Vorzug, dass sich die von *Erich Zenger u.a.* herausgegebene „Einleitung in das Alte Testament“ als Studienbuch unmittelbar anschließt.[9] Freilich können im Rahmen dieser „Geschichte Israels“ die Entstehungskontexte der biblischen Schriften nur skizzenhaft und an ausgewählten Beispielen angedeutet werden.

Noch einige Hinweise für die Lektüre: Die biblischen Texte sind in der Regel nicht abgedruckt. Es empfiehlt sich, die angegebenen Bibelstellen jeweils nachzuschlagen und begleitend zu lesen. Die außerbiblischen Texte sind weitgehend in Manfred Weipperts „Historisches Textbuch zum Alten Testament“ (HTAT)[10] zu finden. In den Fußnoten finden sich – neben Literaturangaben – auch Erläuterungen evtl. unbekannter Begriffe. Die Abkürzungen folgen dem „Lexikon für Theologie und Kirche“ (LThK).

Zudem finden sich im Text immer wieder Kästen: Diese dienen dazu, zusätzliche Informationen zu einzelnen Figuren, biblischen Büchern oder speziellen sozial-, wirtschafts- oder religionsgeschichtlichen Themen u.ä. zu geben und einzelne Fragen in einem Exkurs zu vertiefen.

Zur zeitlichen Orientierung empfiehlt es sich, den chronologischen Überblick (s. Falttafel am Ende des Buches), der eine Übersicht über die wichtigsten Ereignisse, Personen und Epochen gibt, stets mitzuverfolgen und im Blick zu halten.

Zu danken habe ich vielen, die das Manuskript gelesen und mir wertvolle Rückmeldungen gegeben haben: Prof. Dr. Helmut Engel, Prof. Dr. Dr. Hubertus Lutterbach, Dr. Elisabeth Hennecke, Paul Raczuhn,

Lydia Lange, Rosemarie Reus-Laub, Monika Krieg, Sabine Schmitz, Marina Klein, Michael Schmitz, Miriam Milde und Eva Maria Baumkötter. Ebenso gilt mein Dank dem Herausgeber der Reihe Prof. Dr. Klaus von Stosch sowie Dr. Diethard Sawicki vom Schöningh Verlag.

Für die zweite Auflage danke ich Michael Zimmer und Michael Biermeier für das sorgfältige Korrekturlesen.

Für die dritte Auflage danke ich Lea Brenner, Lara Mayer, Maximilian Häberlein, Verena Sauer und Heidrun Leisner. Mein Dank gilt ebenso Dr. Nadine Albert vom Lektorat des UTB Verlags.

Gewidmet sei das Buch meinem Mann Paul, meinem Weggefährten.

„Israel"

Der Begriff „Israel" ist alt, hat aber im Laufe der Zeit sehr unterschiedliche Verwendungen erfahren. Der früheste Beleg ist außerbiblisch und befindet sich auf der Siegesstele des Pharao Merenptah (1209 v. Chr.;). In diesem Text ist aber letztlich unklar, ob es sich bei „Israel" um eine Landes-, Volks- oder Regionsbezeichnung handelt. In der Bibel findet sich „Israel" erstmals, als Jakob diesen als neuen Eigennamen von Gott erhält (Gen 32,29). Ansonsten wird der Begriff „Israel" in der biblischen Literatur sehr unterschiedlich verwendet: „Israel" kann ein Oberbegriff für die zwölf Stämme sein (1 Chr 2,1). Ebenso kann dieser aber auch das „vereinte" Königreich unter den Königen David und Salomo bezeichnen (1 Kön 9,20–22). In der Zeit der Zweistaatlichkeit bezieht sich „Israel" meist auf das im Norden liegende Israel (10. Jh. v. Chr. bis 722), während der Süden „Juda" genannt wird (10. Jh. v. Chr. bis 587). Vor und nach dem Untergang des Nordstaats (722) kann „Israel" aber mitunter auch für Juda Verwendung finden (z.B. Jes 8,14; Jer 17,13) bzw. in persischer Zeit für die Provinz „Jehud" stehen. „Israel" ist zugleich aber auch ein theologischer Begriff für das Volk Gottes (Esra 9,1–2). Der Begriff „Israel" wird somit als politischer, geographischer, ethnischer und religiöser Terminus mehrdeutig und bedeutungsoffen verwendet.

Erinnerung aber ist unbeständig, stets bereit, sich zu wandeln. Mit jedem Erinnern formen wir um, filtern, trennen und verbinden, fügen hinzu, sparen aus und ersetzen so im Laufe der Zeit das Ursprüngliche nach und nach durch die Erinnerung an die Erinnerung. Wer wollte da noch sagen, was einmal wirklich geschehen ist?

Benjamin Stein

2. Babylonisches Exil und Perserzeit (6.–4. Jh. v. Chr.)

2.1. Die Zerstörung des Tempels von Jerusalem (587 v. Chr.)

Der 25. August 587 v. Chr. war einer der größten Katastrophentage der Geschichte Israels in der Antike: An diesem Tag ging der Tempel in Jerusalem in Flammen auf. Babylonische Truppen verwüsteten und plünderten das Heiligtum. Angeführt wurden sie von dem Babylonier Nebusaradan, dem Obersten der Leibwache. Ihm war der Befehl zur Zerstörung des Jerusalemer Tempels von seinem König, dem babylonischen König Nebukadnezzar, gegeben worden. Damit wurde das Zentrum der JHWH-Religion zerstört, und große Teile der Bevölkerung wurden ins babylonische Exil deportiert.

Anfangs noch mit dem Überleben beschäftigt, stellte sich doch schon bald gerade für die Deportierten die Frage, wie es zu dieser Katastrophe kommen konnte. Diese Frage wurde zu *der* entscheidenden Auseinandersetzung in den folgenden Jahren und Jahrzehnten. Die Verarbeitung dessen, was jeder einzelne, was Familienmitglieder, Eltern und Verwandte erlebt hatten, prägte diese und die folgenden Generationen zutiefst. Dabei stellt sich die Frage nach den Ereignissen jener Tage mit Blick auf die Vergangenheit (Wie hat es dazu kommen können?), auf die Gegenwart (Wie kann das Leben jetzt gestaltet werden?) und auf die Zukunft (Wie können wir in Zukunft unser Leben persönlich, politisch, theologisch neu ausrichten?). „Unter allen Epochen der Geschichte Israels stellt die Exilszeit den tiefsten Einschnitt und den folgenschwersten Umbruch dar, deren Bedeutung für die Folgezeit kaum zu überschätzen ist.“[1]

Das Erstaunlichste an dieser Katastrophe aber war, dass dieses Mal nicht – wie 722 v. Chr. bei der Eroberung Israels und der Deportation der dort ansässigen Bevölkerung (vgl. Kap. 4.3.4.) – die Geschichte endete und sich die Spuren der Judäerinnen und Judäer und ihr Glauben verloren hätten, sondern es verhielt sich genau umgekehrt: Das Exil stellte einen neuen Anfang dar, so dass die schwerste Krise zu einer grundlegenden Erneuerung wurde. Die Ereignisse jener Zeit selbst sind in der Bibel zwar nur an wenigen Stellen mit dürren Worten überliefert (2 Kön 23–25; Jer 39; 52; 2 Chr 36), aber

Die südliche Levante

mit dem Exil begann die produktivste Phase in der Geschichte Israels, was die Sammlung von Traditionen, die Zusammenstellung von bereits bestehenden Überlieferungen und die Produktion von neuen Schriften anbelangte. Neben einem Traditionsabbruch – die Bevölkerung war deportiert, der Tempel war zerstört und ein Kult konnte allenfalls noch auf den Trümmern des Tempels stattfinden (vgl. Jer 41,4–5) – findet zugleich ein intensives Bemühen um Kontinuität und Identität, um Traditionswahrung und Neubeginn statt. Mehr als die Hälfte der Schriften, die sich in der Hebräischen Bibel finden, entstanden in dieser Zeit oder wurden in ihrer heutigen Form redigiert. Auf diese Weise entstand das umfangreichste literarische Werk der Antike, das bis heute überliefert ist.

Dass die große Krise zum Motor und eigentlichen Katalysator wurde, aus der der Glaube und die Gruppenidentität grundlegend verändert, aber auch gestärkt wurden, war sicherlich das Letzte, womit die babylonischen Eroberer bei der Zerstörung von Jerusalem gerechnet hatten. Denn genau das Gegenteil von dem, was diese im Sinn hatten, geschah: Sie wollten Jerusalem die politische, theologische und militärische Stärke und Identität nehmen, erreichten aber, dass die Menschen gerade diese Katastrophe in das Zentrum ihres Nachdenkens und ihrer persönlichen wie theologischen Selbstvergewisserung stellten. Die Bereiche, die bereits zuvor theologisch wichtig waren (Land, Tempel, Bund etc.), wurden in dem Moment, als sie verloren gingen, zu zentralen Kategorien theologischer Reflexion. Sie dienten dem Verständnis des unmittelbar Geschehenen und der Neuausrichtung. Angesichts der erlebten Gegenwart veränderte sich zugleich das Verständnis der Vergangenheit: Durch die Ereignisse der Gegenwart erhielt die Vergangenheit ein anderes Licht. Das unwiederbringlich und nicht mehr zu erreichende Vergangene wurde jetzt neu, anders oder gar erstmals erzählt und gedeutet.

Die Ereignisse des Jahres 587 bewirkten somit zwei scheinbar einander ausschließende Entwicklungen: einerseits einen Traditionsbruch, andererseits Kontinuität, Identität und Zukunft über die Beschäftigung mit der Vergangenheit, was zu einer Transformation der eigenen Traditionen führte.

Leider sind wir über das babylonische Reich deutlich schlechter informiert als über das assyrische, weil bisher kein babylonisches Staatsarchiv gefunden worden ist. So dienen die babylonischen Chroniken, die wahrscheinlich in persischer Zeit verfasst wurden bzw. nur aus späten Abschriften aus hellenistischer Zeit bekannt sind, als entscheidende Informationsquelle. Die Chroniken weisen

Lücken für die Jahre 594 bis 558, 556, 552 bis 550 und 544 bis 540 auf.[2] Als zweite Quelle dienen die biblischen Texte, die allerdings über die babylonische Zeit und die des Exils nur dürftig informieren. In erster Linie sind für die Belagerungen und Eroberungen von Jerusalem 2 Kön 23–25; Jer 39 und 2 Chr 36, für die Perspektive der Jerusalemer in ihrer zerstörten Stadt Klgl 1–5,[3] für die Situation der Exilierten Jer 27–29 und das Ezechielbuch[4] sowie für die Exilszeit Jer 40–43, 2 Kön 25 und Jer 52 zu konsultieren.

2.2. Die Schlacht von Karkemisch und der babylonische König Nebukadnezzar (605 v. Chr.)

Um zu verstehen, wie es zu den Ereignissen von 587 v. Chr. kommen konnte, ist es hilfreich, in das Jahr 605 v. Chr. „zurück" zu gehen: Im Frühjahr 605 betraute der babylonische König Nabopolassar (626–605) seinen Sohn Nebukadnezzar mit der Aufgabe, den Eufrat in der Nähe von Karkemisch (Syrien) zu überschreiten und die Stadt, die als ägyptische Garnisonsstadt diente, einzunehmen. In einem Überraschungsschlag gelang es Nebukadnezzar, die Stadt von ihrer verwundbaren Seite anzugreifen. In einem erbitterten Kampf wurde die Stadt in Schutt und Asche gelegt und die ägyptische Garnison vernichtend geschlagen (vgl. Jer 46,2; HTAT 258). Die letzten Überlebenden tötete Nebukadnezzar bei Hama. Die grausame Härte des Vorgehens der Angreifer zeigt, wie viel für die Babylonier auf dem Spiel stand: Mit der Überschreitung des Eufrat und der Eroberung von Karkemisch hoffte man, den gesamten westsyrischen Raum bis Ägypten in Besitz nehmen zu können, der bislang von der Großmacht Assyrien beherrscht worden war. Mit dem Sieg in Karkemisch nahm Nebukadnezzar eine militärische Weichenstellung vor, die das politische Schicksal der Region, zu der auch Juda gehörte, in den kommenden Jahrzehnten bestimmen würde. Aus der Perspektive Babylons reihte sich dieses Ereignis in jene Veränderung der politischen Großwetterlage ein, die den gesamten Vorderen Orient grundlegend umgestaltete.

Assyrien war seit dem 9. Jh. v. Chr. die bestimmende Großmacht gewesen, die – Zug um Zug – den gesamten Vorderen Orient der eigenen Herrschaft unterworfen und hohe Abgaben verlangt hatte. Nie zuvor gab es eine derartige Maschinerie an militärischer Supermacht, strikt durchorganisierter Verwaltung und gezielter ökonomischer Steuerung wie unter den Assyrern. Aus der Perspektive der Eroberten war die Herrschaft der Assyrer das Synonym für Ausbeutung und Unterdrückung. Auch Israel und Juda erfuhren die ganze Härte der assyrischen Politik, als sie zu jeweils unterschiedlichen Zeiten unter assyrische Vorherrschaft gerieten. Israel mit der Hauptstadt Samaria war bereits von den Assyrern erobert und die Bevölkerung deportiert worden (722 v. Chr.). Die Spuren der Deportierten hatten sich verloren. Damit hatten die Assyrer es geschafft, die staatliche Existenz Israels und die Identität der Bevölkerung zu vernichten.

Im 7. Jh. v. Chr. stand das assyrische Reich auf der Spitze seiner Machtfülle: Unter den Königen Assarhadon (681–669) und Assurbanipal (669–631) erlebte es seine größte Ausdehnung und erstreckte sich bis nach Ägypten. Doch in den folgenden Jahren erstarkten an den Rändern des auf ständige Expansion ausgelegten assyrischen Reichs neue Mächte: An der südlichen Grenze des assyrischen Reichs, wo Eufrat und Tigris in den persischen Golf münden, waren bereits im 9. Jh. v. Chr. aramäisch-chaldäische Stämme eingewandert und hatten die Führung in diesem Bereich übernommen. Allerdings war Babylon über 400 Jahre lang kein bedeutender politischer Faktor auf gesamtpolitischer Ebene. Zerstritten durch die verschiedenen Bevölkerungsgruppen stand das Gebiet lange direkt oder indirekt unter assyrischem Einfluss. Dies änderte sich erst mit Nabopolassar (626–605), der sich zum König über Babylon machte. Er stammte aus der Volksgruppe der Chaldäer, einer Randgruppe der babylonischen Gesellschaft, und bezeichnete sich selbst als „Sohn eines Niemands“. Er hob so bewusst seine geringe Herkunft hervor, um seine besondere Erwählung zum König durch Marduk und andere Götter zu betonen. In den folgenden Jahren und Jahrzehnten erlangte Nabopolassar in jährlichen Kämpfen gegen Assyrien mehr und mehr die Oberhand. Dazu verbündete er sich mit den Medern, die zur zweiten Großmacht im Vorderen Orient werden sollten. Die Meder hatten die einfallenden Skythen am Kaspischen Meer besiegt und waren nun an der Sicherung ihrer westlichen Grenze interessiert. Daher griffen sie unter ihrem König Kyaxares (625–585) Assyrien an und drangen weit in assyrisches Gebiet ein. Mit den erfolgreichen Medern schlossen die Babylonier ein Bündnis zur Vernichtung Assyriens. So geriet das assyrische Reich von Süden durch die Babylonier und von Osten durch die Meder in Bedrängnis. 614 wurde die Hauptstadt Assur erobert und zerstört, 612 griffen Babylonien und Medien gemeinsam Ninive an und legten die Stadt in Schutt und Asche (vgl. Nah 2,2–3,19). Mit diesen Eroberungen war das Undenkbare geschehen: Die mächtigen und prachtvoll ausgebauten Weltstädte des assyrischen Reiches waren erobert und vernichtet. Damit stand die Frage im Raum, wer die Vorherrschaft über die bisher von den Assyrern beherrschten Gebiete im Westen übernehmen würde. 610 nahmen die Babylonier auch das in Syrien gelegene Haran (heute: Türkei) ein. Nach der Thronbesteigung des neuen Pharaos Necho, der Anspruch auf das westsyrische Gebiet erhob, versuchte Ägypten noch den Assyrern zu Hilfe zu kommen. Mit großem Heer zog Pharao Necho daher nach Palästina hinauf. Joschija, der König von Juda, wurde 609 in Megiddo getötet, als er sich dem Heer des Pharao entgegenstellte (vgl. Kap. 4.4.6.). Der für die Geschichte Judas so einschneidende Tod Joschijas war auf weltpolitischer Ebene gänzlich unbedeutend. Er zeigt jedoch, dass der syro-palästinische Raum für kurze Zeit unter ägyptischen Einfluss geriet (2 Kön 23,31–35). 607 überschritten die Babylonier erstmals den Eufrat, 605 setzte Nebukadnezzar im Auftrag seines Vaters den Herrschaftsanspruch auf die westlichen Gebiete in der Schlacht von Karkemisch auch gegen Ägypten durch. Damit war die großpolitische Lage entscheidend verändert: Das assyrische Reich war geschlagen und Ägypten zurückgedrängt (vgl. 2 Kön 24,7). Die Babylonier und die Meder waren nun die neuen Mächte, die das assyrische Reich unter sich aufteilten: Medien besetzte das Kerngebiet von Assyrien mit dem Mittel- und Oberlauf des Tigris als seiner Westgrenze. Babylonien hingegen war im Besitz von Mesopotamien und dem Eufrattal und erhob Anspruch auf die Gebiete westlich des Eufrat. Die Herrschaft der Babylonier dauerte im Vorderen Orient nur 88 Jahre (626–539). Babylon war damit eines der kurzlebigsten Weltreiche – für Juda jedoch hatte die babylonische Oberherrschaft einschneidende Konsequenzen.

Als der in Karkemisch siegreiche Nebukadnezzar erfuhr, dass sein Vater im August 605 in Babylonien verstorben war (vgl. HTAT 258), kehrte er in Gewaltmärschen nach Babylon zurück, um seine Herrschaft zu sichern. Im September wurde er in der Hauptstadt sowie in den übrigen Städten des Reiches als König anerkannt.

Mit Nebukadnezzar (605–562) bestieg der glänzendste und bedeutendste Herrscher Babylons den Thron. Durch gezielte Maßnahmen, etwa den Ausbau und die gewissenhafte Pflege der Bewässerungskanäle, gelang es ihm in seiner 43-jährigen Regierungszeit, die Produktivität so zu steigern, dass Babylonien in der folgenden Zeit zu einem wirtschaftlich blühenden Land avancierte. Dass Handel und Gewerbe blühten, belegen eine Fülle von Urkunden und Dokumenten sowie finanzielle Transaktionen und Bankgeschäfte. In seinem riesigen Reich baute er zudem eine gut funktionierende Verwaltung auf, die eng an das assyrische Vorbild angelehnt war. Mit den erwirtschafteten Geldern sowie einer immensen, von der Bevölkerung verlangten Arbeitsleistung betätigte sich Nebukadnezzar als Bauherr und verwirklichte militärische Baumaßnahmen, etwa die sog. „Medische Mauer“ 60 km nördlich von Babylon sowie zahlreiche Prestigebauten.

Der Schwerpunkt seiner Arbeit galt Babylon, der Hauptstadt seines Reiches. Die Stadt wurde nach außen mit zahlreichen Mauern gesichert, nach innen prachtvoll zu einer Stadt von fast tausend Hektar Fläche und 18 km Umfang ausgebaut. Es entstanden Palastbauten mit hunderten von Räumen, die mit buntglasierten Ziegeln und Terrassengärten („hängende Gärten“) ausgestattet waren. Diese werden zu den sieben Weltwundern der Antike gezählt. Bestehende Tempelanlagen wurden renoviert und monumental ausgebaut. Zu den beeindruckendsten Bauten in der Stadt Babylon gehörten der Ausbau des Marduktempels Esangila wie auch die Vollendung der Zikkurat (= Stufentempel) Etemenanki. Berühmt sind das Ischtartor sowie die Prozessionsstraße, die mit glänzenden, bunt gebrannten Fayenceziegeln ausgestattet waren – einem großen Luxus in einer brennholzarmen Region. Diese sind heute im Pergamonmuseum in Berlin zu bewundern. Mit seinen Baumaßnahmen wollte Nebukadnezzar gezielt die Baupolitik der Assyrer übertreffen. Damit hatte er einen so tiefen Eindruck hinterlassen, dass noch von den griechischen Schriftstellern seine Tätigkeiten gerühmt wurden (vgl. Hdt I 178–184 u.a.).

2.3. Die erste Eroberung Jerusalems und die erste Deportation durch die Babylonier (597 v. Chr.)

Im Westen, dem syro-palästinischen Raum, sah die Situation nicht so eindeutig aus wie in den babylonischen und den assyrischen Kerngebieten im Osten. Durch das Ende der assyrischen Herrschaft war im Westen eine Art Machtvakuum entstanden: Die assyrische Oberherrschaft existierte nicht mehr, der babylonische Herrschaftsanspruch auf den Westen hatte sich noch nicht durchgesetzt und Ägypten erstarkte aus einer lange währenden politischen Handlungsunfähigkeit. Durch diese Konstellation bot sich einzelnen Kleinstaaten Raum zu Machtspielen und politischen Experimenten, in der diese mal mit der einen, mal mit der anderen Großmacht paktierten in der Hoffnung, Nutzen aus der Situation zu ziehen und eigene Macht(t)räume zu verwirklichen. So waren es für Juda politisch sehr unruhige Zeiten, die von heftigen Auseinandersetzungen der unterschiedlichen politischen und religiösen Parteien geprägt waren.

Sobald sich Nebukadnezzar in Babylonien durchgesetzt hatte, nahm er den wegen des Todes seines Vaters nach der Schlacht von Karkemisch abgebrochenen Plan wieder auf. Er kehrte in den folgenden Jahren regelmäßig nach Syrien zurück, um im Westen seinen Machtanspruch durchzusetzen. In Syrien scheint Nebukadnezzar nicht auf nennenswerten Widerstand gestoßen zu sein. Viele Städte unterwarfen sich ihm kampflos und zahlten freiwillig die Tribute. So eroberte er beispielsweise 604 Askalon. In den Jahren 603 / 602 unterwarf sich auch Juda unter König Jojakim freiwillig den Babyloniern.

601 kam es zur Schlacht zwischen den Babyloniern und den Ägyptern in Pelusion am Rande des Nildeltas: Necho, der in der Zwischenzeit sein Heer hatte reorganisieren können, hinderte Nebukadnezzar daran, in Ägypten einzudringen. Beide Heere erlitten schwere Verluste und die Schlacht ging unentschieden aus. Damit waren die Grenzen des babylonischen Reiches abgesteckt: Es erstreckte sich vom Persischen Golf im Südosten bis nach Lydien im Norden und bis nach Ägypten im Südwesten. Der unentschiedene Ausgang der Schlacht von 601 zwischen Ägypten und Babylonien hatte den judäischen König Jojakim ermutigt, die Tributzahlungen an Babylon einzustellen und damit den Vasallenvertrag aufzukündigen (vgl. 2 Kön 24,1). Das konnte Nebukadnezzar freilich nicht hinnehmen: Nach den schweren Verlusten in der Schlacht gegen Ägypten musste Nebukadnezzar zwar sein Heer neu organisieren, nahm aber schon 599 seine Syrienfeldzüge wieder auf. Im Zuge dieser Feldzüge in den Westen kam es zu den Eroberungen von Jerusalem in den Jahren 598 / 597 und 587, die für die Geschichte Judas einschneidend waren (vgl. Kap. 2.1.).

Bei der harten Gegenreaktion Babyloniens auf den Abfall Judas war es nicht das primäre Anliegen, Juda in den babylonischen Herrschaftsbereich zurückzuholen, sondern es ging vor allem darum, Ägypten zu zeigen, wer die Vorherrschaft über den syro-palästinischen Raum innehatte. Um seine außenpolitische Macht und Stärke gerade gegenüber Ägypten zu demonstrieren, zog Nebukadnezzar gegen Jerusalem und belagerte die Stadt. Die Eroberung Jerusalems ist das einzige Ereignis, das für das siebte Regierungsjahr in der babylonischen Chronik erwähnt wird: „Jahr 7 (598/97), Monat Kislev (= Dezember/Januar). Der König von Akkad bot seine Truppen auf und zog nach Hattu (= Syrien, Phönizien und Palästina) und schlug gegen Juda (sein Lager) auf und nahm die Stadt (= Jerusalem) am 2. Adar (= 16. März 597) ein. Den König (= Jojachin) nahm er gefangen. Einen König nach seinem Herzen (= Zidkija) setzte er darin ein. Seine schwere Abgabe nahm er entgegen und brachte (sie) nach Babylon“ (HTAT 258). Dies zeigt, dass es nicht in erster Linie darum ging, das kleine Königreich Juda oder die Stadt Jerusalem zu erobern, sondern das assyrische Erbe im Westen zu sichern.

König Jojakim war vermutlich während der Belagerungsphase gestorben. Seine Herrschaft war auf seinen Sohn Jojachin übergegangen (2 Kön 24,6). Nach nur drei Monaten im Amt ergab dieser sich am 16. März 597 freiwillig und öffnete den Babyloniern die Stadttore. Damit verhinderte Jojachin die Zerstörung Jerusalems, jedoch nicht die Plünderung der Stadt und des Tempels. Die Babylonier verhielten sich vergleichsweise maßvoll: Die Stadt wurde erobert, aber nicht zerstört und das Staatsgebiet von Juda scheint „nur“ verkleinert worden zu sein. Dieses Entgegenkommen könnte in der Absicht der Babylonier gründen, einen zuverlässigen Partner und Vasallen im Westen zu haben. Um jedoch den Widerstand in Juda zu brechen, deportierten die Babylonier die Elite von Juda. König Jojachin selbst wurde gefangen genommen und zusammen mit zahlreichen Judäerinnen und Judäern nach Babylonien weggeführt. Davon wird in 2 Kön 24,8–17 aus späterer judäischer Perspektive erzählt. Informationen über das weitere Schicksal des nach Babylon deportierten Königs Jojachin gibt eine Keilschrifttafel aus dem königlichen Archiv in Babylon aus dem Jahr 592, in der Jojachin explizit als König von Juda, seine fünf Söhne und weitere Judäer als Empfänger königlicher Ölrationen genannt werden (vgl. HTAT 265–267). In Juda setzte Nebukadnezzar an Stelle des Königs Jojachin den von ihm ausgewählten Mattanja, einen Onkel Jojachins, vermutlich als eine Art Statthalter ein und änderte dessen Namen in Zidkija (598/7–587; vgl. 2 Kön 24,17).

Die Deportation weiter Teile der Mittel- und Oberschicht Judas und Jerusalems war für Babylonien offensichtlich unbedeutend, so dass dies nicht in ihren Texten erwähnt wird. Für Juda war sie hingegen ein dramatisches Ereignis. Die Babylonier deportierten in erster Linie Judäerinnen und Judäer mit guter Ausbildung und speziellem Wissen und Fertigkeiten, die ihnen in den Bereichen Sicherheit, Militär, Handwerk und Wirtschaft nützen konnten. Die „armen Leute“ (Jer 39,10; vgl. 40,10) ließen sie im Land zurück. Die Deportierten scheinen bewusst ausgewählt worden zu sein (vgl. 2 Kön 24,14.16; 25,11); zu ihnen zählte auch der Priester Ezechiel.

Über das Ausmaß der Deportationen liegen unterschiedliche Zahlen vor: Die Liste in Jer 52,28–30 nennt im Jahre 597 eine Zahl von 3023 und im Jahre 587 eine Zahl von 832 Menschen[5]. In 2 Kön 24,14 hingegen wird erzählt, dass 10.000 Vornehme des Landes und zusätzlich alle Handwerker deportiert wurden, während in 2 Kön 24,15–16 nur 7.000 Menschen aus der Oberschicht (der König Jojachin, seine Familie, Hofbedienstete und Vornehme des Landes) und 1.000 Handwerker genannt werden. Ein weiterer Unterschied zwischen beiden Überlieferungen liegt darin, dass in 2 Kön 24,12 das achte Jahr des Königs Nebukadnezzar, während in Jer 52,28 das siebte Jahr genannt wird.[6]

Einige der herausragenden Gestalten, v.a. jene, die für die Textüberlieferung maßgeblich geworden sind und unter deren Namen es eigene Bücher im Alten Testament gibt, werden im Folgenden in den Kästen vorgestellt. Dabei orientiert sich die kurze Vorstellung am überlieferten Text und stellt somit nicht die *historische Person*, sondern die *literarische Figur* vor, wie sie den Leserinnen und Lesern im biblischen Text begegnet. In diesem Kontext erweist es sich mit Blick auf die inhaltliche wie terminologische Klarheit als hilfreich, begrifflich zwischen „Person“ (historische Rekonstruktion) und „Figur“ (Element der literarischen Textwelt) zu unterscheiden.

Ezechiel

Der Prophet Ezechiel stammt aus einer priesterlichen Familie (Ez 1,3) und wird bei der ersten Deportation 597 an einem Ort namens Tel-Aviv am Kebarkanal bei Nippur angesiedelt. Dort wird er zum Propheten berufen (Ez 1–3); datiert wird dieses Ereignis in der Darstellung des Ezechielbuches auf das Jahr 593. Sein Wirken und seine Botschaft können in zwei Phasen unterteilt werden, die sich jeweils gegensätzlich zur allgemein verbreiteten politischen Position verhalten: Die erste Generation der Deportierten hofft, bald nach Jerusalem zurückzukehren. Man hält den Aufenthalt in der Fremde für zeitlich eng begrenzt. Gegen diese Erwartung einer unmittelbar bevorstehenden besseren Zukunft kündigt Ezechiel die Zerstörung der Stadt Jerusalems und des Tempels an, die er als Strafgericht JHWHs versteht (vgl. Ez 4–24). Während in der ersten Phase Ezechiel vor allem Unheil verkündet, orientiert sich seine Botschaft nach Eintritt der Katastrophe von 587 neu (Ez 33–48): Als Visionär spricht Ezechiel von der gründlichen Erneuerung und Wiederherstellung Israels, von dem Wunder der Neugeburt (Ez 37) und von der Wiederkehr einer Zeit des Friedens und der Gerechtigkeit unter „meinem Knecht David" (Ez 34,17–31; 37,21–22). Zugleich ist die Botschaft des Ezechiel insbesondere durch prophetische Zeichenhandlungen geprägt (Ez 3,22–27; 4–5; 12; 24; 37). Gemäß der Phasen von Unheilsankündigung und Heilsverkündung wird das Ezechielbuch, das durchgehend im Ich-Stil gehalten ist, in drei große Abschnitte gegliedert (1. Ez 1–24: Gericht über Jerusalem und Juda; 2. Ez 25–32: Gericht über die Fremdvölker; 3. Ez 33–37.38–48: Heil für Israel). Derzeit geht man in der Erforschung der Entstehungsgeschichte des Ezechielbuchs davon aus, dass zunächst verschiedene kleinere Sammlungen entstanden sind, die aus unterschiedlichen Perspektiven bearbeitet wurden.

Eines der zentralen theologischen Themen des Buches ist die Frage nach der Präsenz Gottes in Jerusalem: Durch den Gedanken des Auszugs der Herrlichkeit *(kabod)* JHWHs kann einerseits erklärt werden, wie es zur Eroberung Jerusalems und der Zerstörung des Tempels gekommen ist, ohne aber dem Gottesglauben den Boden zu entziehen. Zugleich wird mit dem Gedanken der Rückkehr JHWHs und der Vision von der Restitution des Tempelkults (Ez 40–48) eine theologische Hoffnungsperspektive für und in Jerusalem eröffnet. Damit sind die beiden weiteren Themen des Ezechielbuchs eng verknüpft: die Frage nach „rein" und „unrein" (vgl. Ez 4,12–5; vgl. auch die durchaus problematischen Texte über Hurerei und Verunreinigung der als Frau präsentierten Stadt Jerusalem in Ez 16 und 23) sowie der Zusammenhang zwischen Verantwortung und Haftung im Fall von Schuld (individuell statt kollektiv vgl. Ez 18,1–3.19–20).

2.4. Die zweite Eroberung Jerusalems und die zweite Deportation durch die Babylonier (587 v. Chr.)

Nach innenpolitischen Unruhen von Dezember 595 bis Januar 594 in Babylonien musste Nebukadnezzar seine Herrschaft im Inneren sichern und ausbauen. Erst um 594 nahm er die Feldzüge in den Westen wieder auf. Diese dienten möglicherweise auch dazu, antibabylonischen Aktionen im Westen Einhalt zu gebieten, an denen sich wahrscheinlich auch der judäische König Zidkija beteiligt hatte (vgl. Jer 27,1–3). Zu diesen hatten sich die Staaten im Westen durch die Thronbesteigung des tatkräftigen ägyptischen Pharaos Psammetich II. (595–589) motiviert gefühlt. Das erstarkte Auftreten der Babylonier ließ Zidkija allerdings schnell wieder die Seiten wechseln. Er schickte den geforderten Tribut nach Babylon (vgl. Jer 29,1–3; 51,59). Die Ereignisse jener Jahre sind jedoch schwierig zu rekonstruieren, weil die babylonische Chronik im Jahr 594 abbricht.

In Juda scheint die politische Lage sehr unterschiedlich bewertet worden zu sein. Dies zeigt exemplarisch die Auseinandersetzung zwischen den beiden Propheten Hananja und Jeremia, die die Lage völlig verschieden einschätzen (Jer 27–28): Während Hananja und seine Leute den Zusammenbruch der babylonischen Herrschaft und die Rückkehr der Exilierten erwarteten (Jer 28,2–4), warnte Jeremia eindringlich vor den Babyloniern.

Jeremia

Jeremia stammt aus Anatot in der Nähe von Jerusalem (Jer 1,1) und dürfte um das Jahr 647 geboren sein. Er sei – so Jer 1,2.6–7 – im 13. Regierungsjahr von König Joschija (= 627) zum Propheten berufen worden. Laut Jer 1,3 erstreckt sich das prophetische Wirken Jeremias über 40 Jahre bis in das elfte Regierungsjahr des Königs Zidkija 587. Inwieweit diese Zahlenangaben zuverlässig sind, ist nicht sicher. Nach diesen – möglicherweise – später ausgestalteten Angaben würde sich die Tätigkeit Jeremias von der Blüte theologischer Neuorientierung in vorexilischer Zeit, der Joschijanischen Reform (vgl. Kap. 4.4.6.), bis zur größten Katastrophe der Geschichte Judas, der Zerstörung des Tempels sowie der Stadt Jerusalem und der Deportation der Bevölkerung, erstrecken.

Jeremia ist ein kritischer Zeitgenosse, der sich mit seiner Botschaft nicht nach dem Zeitgeist richtet, sondern unbequeme Positionen vertritt: So gehört die Verkündigung des „Feindes aus dem Norden" (Jer 4–6) zu seinen zentralen Anliegen. Dieser Feind, offenbar die Babylonier, wird von Jeremia als ein Werkzeug Gottes gedeutet, der Juda erobern und zerstören werde, weil die herrschende Schicht in Juda in unverantwortlicher Weise waghalsige politische Pläne verfolge. Um in der Öffentlichkeit Aufsehen zu erregen, setzt Jeremia den Inhalt seiner Botschaft in spektakuläre Aktionen, sog. „prophetische Zeichenhandlungen", um: So zerschmettert er einen Krug oder läuft mit einem Joch auf den Schultern durch Jerusalem (Jer 19,1–11;

27,1–15; vgl. 13,1–14). Insgesamt finden sich im Jeremiabuch viele „biographische" Hinweise auf Jeremia, zumal es bei Jeremia eine besondere Verbundenheit von Leben und theologischer Botschaft gibt.
Seine politische Position stellt Jeremia offensichtlich in einer Art Memorandum zusammen, das er seinem Schreiber Baruch diktiert (Jer 36). Diese Buchrolle wird vom König Jojakim vernichtet, sobald sie ihm vorgelesen wurde. Daraufhin wird eine zweite Schriftrolle erstellt, bei der der Inhalt der ersten Rolle um weitere Worte ergänzt wird (vgl. Jer 36,32). Mit seinem Auftreten und seiner politisch brisanten Position gerät Jeremia schnell ins Visier der Machthaber und der politisch mächtigen Kreise am Hof, zu denen auch die vom König bestallten und finanzierten Propheten gehören. Seine Kritik an den Institutionen verbindet Jeremia mit dem Vorwurf der Falschprophetie gegenüber den Prophetenkollegen (vgl. Jer 23; 26–27).
Dass Jeremia nicht ungefährlich lebt, zeigen Mordpläne, die in seinem Dorf gegen ihn geschmiedet werden (Jer 11,18–23). Als Jeremia während der Belagerungspause versucht, Jerusalem zu verlassen, wird er unter dem Vorwurf, zu den Babyloniern überlaufen zu wollen, inhaftiert und in eine Zisterne geworfen (Jer 37,11–21; 38,1–6). Nach seiner Befreiung aus der Zisterne wird Jeremia nach Diskussionen mit dem König im königlichen Palast unter Hausarrest gestellt (Jer 38,14–28). Dort erlebt er die Eroberung Jerusalems (Jer 39,1–10). Interessanterweise lässt ihn Nebusaradan, der babylonische Befehlshaber, frei (Jer 39,11–14). Jeremia gehört 587 nicht zu den nach Babylonien Deportierten. Daraufhin begibt sich Jeremia zu dem von den Babyloniern eingesetzten Statthalter Gedalja nach Mizpa (Jer 40). Nach dessen Ermordung (Jer 41) wird er von einer Gruppe, die der zu erwartenden Strafaktion der Babylonier entkommen will, nach Ägypten mitgenommen (Jer 43–44). Von dieser Gruppe verlieren sich dann alle Spuren.

Vier Jahre später stürzte sich der judäische König Zidkija in ein neues politisches Abenteuer: Nach einem erfolgreichen Feldzug Ägyptens gegen Nubien im Jahr 591, entschied er sich – wohl unterstützt von den entsprechenden Kreisen in Juda – zu einem erneuten politischen Seitenwechsel, indem er von Nebukadnezzar, der ihn einst in das Amt eingesetzt hatte, abfiel (vgl. 2 Kön 24,20). Dies rief eine unmittelbare und harte Reaktion Nebukadnezzars hervor (vgl. 2 Kön 25,1). Nebukadnezzar leitete von Ribla in Syrien (ca. 300 km von Jerusalem entfernt) seine militärischen Strafaktionen und eroberte Juda rasch. Nur die Militärposten in Lachisch und Aseka scheinen Widerstand geleistet zu haben, wie aus Ostraka (= beschrifteten Tonscherben) aus Lachisch hervorgeht. Diese enthalten Briefe von Befehlshabern aus den umliegenden Ortschaften, die sich an ihre Zentrale wenden und von der verzweifelten Lage berichten (HTAT 262–264). Jerusalem wurde ab dem 15. Januar 588 belagert. Die anderen judäischen Festungen im Land scheinen zu diesem Zeitpunkt auch noch nicht erobert worden zu sein. So berichtet der dritte Brief aus Lachisch, dass Konjahu mit Soldaten nach Ägypten unterwegs sei, um dort, wahrscheinlich bei Pharao Apries (= Hophra, vgl. Jer 44,30), um militärische Unterstützung zu bitten. In der Tat scheinen die Ägypter in die Auseinandersetzungen eingegriffen zu haben, denn die Babylonier unterbrachen die begonnene Belagerung Jerusalems im Frühsommer, um das ägyptische Heer zurückzuschlagen (vgl. Jer 37,5; Jos. Ant. 10, 110). In Jerusalem wurde der Abzug der Babylonier kontrovers diskutiert: Antibabylonische Gruppen feierten das Ende der Belagerung als einen großen Erfolg und sahen sich in ihrer Einschätzung bestätigt, dass es möglich sei, gegen die Babylonier vorzugehen (Jer 21,2). Man glaubte, Jerusalem sei erneut, wie bereits 701 (vgl. Kap. 4.4.4.), durch ein Wunder gerettet worden. Jeremia hingegen vertrat die Meinung, dass die Babylonier zurückkehren und die Stadt einnehmen würden (vgl. Jer 37,6–10). Zidkija schwankte zwischen beiden Positionen (vgl. Jer 37; 38,2–6).

In der Tat wurde die Belagerung Jerusalems durch die Babylonier im Spätsommer 588 fortgesetzt. Ungefähr ein Jahr lang wurde Jerusalem regelrecht ausgehungert. Von den Diskussionen, die sich in Jerusalem abspielten, scheint Jer 38,2–4 ein Bild zu geben. Jeremia vertrat mit Bezug auf ein Gotteswort folgende Position: „So spricht der HERR: ‚Wer in dieser Stadt bleibt, der stirbt durch Schwert, Hunger und Pest. Wer aber zu den Chaldäern hinausgeht, der wird überleben; er wird sein Leben als Beute erhalten und am Leben bleiben.‘ So spricht der HERR: ‚Diese Stadt wird ganz sicher dem Heer des Königs von Babel in die Hand gegeben werden, und er wird sie erobern.‘“ Die Vertrauten des Königs Zidkija aber rieten diesem: „Dieser Mann (= Jeremia) muss getötet werden; denn er lähmt die Hände der Krieger, die in dieser Stadt übrig geblieben sind, und die Hände des ganzen Volkes.“ Zidkija lehnte allerdings den Vorschlag Jeremias ab, sich freiwillig zu ergeben (vgl. Jer 38,17–19).

Am 29. Juli 587 konnten die Babylonier eine Bresche in die Stadtmauer schlagen und Jerusalem erobern (2 Kön 25,1–21).[7] Der Stadt selbst und auch ihren Bewohnern scheint zunächst nichts geschehen zu sein. König Zidkija jedoch, der mit einer kleinen Truppe zu fliehen versucht hatte, wurde nur wenige Kilometer von Jerusalem entfernt in Jericho aufgegriffen, festgenommen und zum König nach Ribla gebracht. Dort wurde er von Nebukadnezzar verurteilt: Er musste mit ansehen, wie seine Söhne getötet wurden. Anschließend wurde er selbst geblendet und in Ketten nach Babylon abtransportiert (2 Kön 25,7; Jer 39,4–7). Jeremia hingegen wurde von den Babyloniern aus der Haft befreit (Jer 39,11–14), in die er wegen des Vorwurfs probabylonischer Einstellung geraten war (Jer 38,4).

Zunächst blieb unklar, wie es mit Jerusalem weitergehen würde. Die Stadt war erobert, aber weder den Menschen noch den Gebäuden war etwas geschehen. Tempel, Palast und Stadt waren – noch – unzerstört. Erst am 25. August 587 geschah das Unvorstellbare: „[8]Am siebten Tag des fünften Monats, das ist im neunzehnten Jahr Nebukadnezzars, des Königs von Babel, rückte Nebusaradan, der Befehlshaber der Leibgarde und Diener des Königs von Babel, in Jerusalem ein [9]und steckte das Haus des HERRN, den königlichen Palast und alle Häuser Jerusalems in Brand. [10]Auch die Umfassungsmauern Jerusalems rissen die chaldäischen Truppen, die dem Befehlshaber der Leibwache unterstanden, nieder“ (2 Kön 25,8–10).

Interessanterweise dauerte es über einen Monat, bis Nebukadnezzar den Befehl zu Ausplünderung und Zerstörung der Stadt und des Tempels gab. Dies scheint erst nach dem Verhör und der Verurteilung von Zidkija in Ribla geschehen zu sein (2 Kön 25,4–8; Jer 39,6–8). Unter dem Kommando des babylonischen Befehlshabers Nebusaradan wurde die Stadt ausgelöscht, Tempel und Palast niedergebrannt, die Mauern geschliffen (vgl. 2 Kön 25,8–10) und die Verantwortlichen getötet (2 Kön 25,18–21). Alles, was in der Stadt noch von Wert war, wurde nach Babylonien abtransportiert – dies gilt für die Kostbarkeiten aus dem Tempel (2 Kön 25,12–17) ebenso wie für die Menschen (2 Kön 25,11), die, wie bereits zehn Jahre zuvor (597), das Schicksal der Verschleppung nach Babylonien getroffen hatte. Mit der Zerstörung von Tempel, Palast und Stadtmauern sowie mit der Deportation der Bevölkerung sollte der Stadt das Genick gebrochen werden: theologisch durch die Zerstörung des Tempels, politisch durch die Verwüstung des Palastes, militärisch durch die Schleifung der Mauern und Wehranlagen sowie menschlich durch die Vernichtung der Häuser und die Deportation von Teilen der Zivilbevölkerung.

Dass Städte erobert, Häuser zerstört, Menschen deportiert und getötet werden, das war und ist – sowohl in der altorientalisch-antiken Geschichte als auch heute – bittere Realität. Insofern scheint die Eroberung und Zerstörung Jerusalems im Jahr 587 v. Chr. auf den ersten Blick kein herausragendes Einzelereignis zu sein. Im altorientalisch-antiken Vergleich jedoch sind eine Reihe von Begebenheiten, die sich in jenen Tagen in Jerusalem ereignet haben, ungewöhnlich und bemerkenswert: Zunächst fällt das Zögern des Königs Nebukadnezzar auf, der einen Monat lang wartete, bis er den Befehl zur Zerstörung Jerusalems erteilte. Dann lässt die gänzliche Zerstörung der Stadt auf ein planvolles Vorgehen der Babylonier schließen: Die wertvollen Geräte aus dem Jerusalemer Tempel wurden zuerst abtransportiert, dann wurden die zusammenhängenden Gebäudekomplexe von Tempel und Palast, die Häuser und die Mauern der Stadt verwüstet. Erstaunlich an diesen Zerstörungen ist, dass auch der Tempel einbezogen wurde. Tempel wurden in der Antike auch bei Eroberungen ‚normalerweise' nicht zerstört, vielmehr achteten die Eroberer die Sphäre der jeweiligen Gottheit, auch wenn sich diese durch die Eroberung der Stadt als wenig wirkmächtig erwiesen hatte. Tempelzerstörungen wie im Fall von Jerusalem bilden die Ausnahme.[8]

Da die Verwüstung Jerusalems und die Zerstörung des Tempels nicht in der Hitze des Eroberungskampfes, sondern erst einen Monat später geschahen, ist ein Versehen ausgeschlossen. Vielmehr handelt es sich um einen bewussten und gezielten Akt von babylonischer Seite. Über die Gründe Nebukadnezzars schweigen die Quellen, sie sind nur indirekt zu erschließen. Über die Zerstörung des Jerusalemer Tempels sind wir nur aus der späteren rückblickenden Sicht der Besiegten unterrichtet. Es scheint, dass die Zerstörung des Jerusalemer Tempels eine Ausnahme in der imperialen Politik der neubabylonischen Könige war, die ihrer Religionspolitik eigentlich zuwiderlief. Denn Babylon war 100 Jahre zuvor (689) selbst Opfer einer als katastrophal erlebten Tempelzerstörung geworden: Der assyrische König Sanherib hatte im Jahre 689 Babylon nach 15-monatiger Belagerung erobert, die Stadt und zahlreiche Tempel verwüstet und dabei sogar eine Mardukstatue zerstört. Dies war ein großer Schock für Babylon gewesen. Die traumatische Erfahrung hatte aber zur Folge, dass sich die einzelnen babylonischen Volksgruppen mit dem Ziel vereinten, den Befreiungskampf gegen die Assyrer als Vergeltung für die Zerstörung von Tempelanlagen und der Stadt Babylon zu führen. Angesichts der eigenen Erfahrungen müssen schon gute Gründe für die bewusste Zerstörung des Jerusalemer Tempels gesprochen haben. Es wird vermutet, dass das Jerusalemer Heiligtum eine führende Rolle bei der antibabylonischen Aufstandspolitik gespielt hatte:[9] Das Umfeld des Jerusalemer Tempels schien die organisatorische und ideologische Basis gewesen zu sein. Offenbar hatte man in den Bahnen der traditionellen Zionstheologie denkend an die Unverletzlichkeit Jerusalems geglaubt (vgl. Ps 46; 48; Mi 3,11 u.a.). Daher sahen sich die Babylonier genötigt, das Zentrum des Widerstands auszumerzen und zu beweisen, dass der Jerusalemer Tempel nicht uneinnehmbar war. Möglicherweise haben die Babylonier die Tempelzerstörung als das drastischste Mittel erachtet, Juda und Jerusalem für den Bruch des bestehenden Vasallenverhältnisses zu bestrafen.

In den Königsbüchern finden sich für die zweite Deportation von 587 keine genauen Zahlenangaben. In 2 Kön 25,11 wird nur summarisch der „Rest der Menge" genannt. In Jer 52,29 hingegen wird die präzise Zahl von 832 Jerusalemern angegeben. Neben diesen unterschiedlichen Zahlenangaben wird zudem in manchen biblischen Texten der Eindruck erweckt, als sei *ganz* Juda ins Exil geführt worden und als sei das Land menschenleer gewesen (vgl. 2 Chr 36,20–21; 2 Kön 25,21). Andererseits wird aus 2 Kön 24,14; 25,12.22 deutlich, dass Menschen im Land zurückgeblieben sind. Daher zeigen bereits die biblischen Texte selbst, dass historisch nicht vom *leeren* Land gesprochen werden kann.[10] Die Archäologie bestätigt zudem, dass Juda in jenen Jahren besiedelt war, auch wenn die Bevölkerungszahlen zurückgegangen waren und das Leben dörflich strukturiert war.

Nach der Eroberung Jerusalems setzte Nebukadnezzar Gedalja ben Achikam (Jer 40,7) als Vorsteher über die nicht deportierten Judäer ein.[11] Als Enkel Schafans stammte er aus dem Kreis derer, die die Joschijanische Reform wesentlich vorangetrieben hatten (vgl. 2 Kön 22; vgl. Kap. 4.4.6.). Gedalja aber wurde von Jischmael ben Natanja ermordet (2 Kön 25,22–26; Jer 39,11–41,18). Wann genau dies geschah, ist den Quellen nicht mit Eindeutigkeit zu entnehmen. Weil in Jer 41,1 nur der siebte Monat, nicht aber das Jahr genannt wird, könnte Gedalja bereits nach wenigen Monaten ermordet worden sein. Danach scheint eine Gruppe von Judäern nach Ägypten geflohen zu sein und den Propheten Jeremia mitgenommen zu haben (Jer 43,5–7).

Jer 52,30 zufolge gab es eine dritte Deportation von 745 Judäern im 23. Jahr Nebukadnezzars (582).[12] Leider weiß man über die babylonische Außenpolitik nach 587 aus eigenen Quellen nur sehr wenig. Flavius Josephus, der jüdische Geschichtsschreiber aus römischer Zeit, berichtet von einem Feldzug Nebukadnezzars nach Syrien (Jos. Ant. 10, 181). Möglicherweise stehen diese Ereignisse im Zusammenhang mit einer Bestrafungsaktion für die Ermordung Gedaljas. Dies könnte auch der Grund sein, warum der deportierte judäische König Jojachin in Babylonien ins Gefängnis geworfen wurde, wo er bis zur Thronbesteigung von Amel-Marduk 562 blieb (2 Kön 25,27).

Zusammenfassung:
In diesen wenigen, aber politisch bewegten und unruhigen Jahren erlebten Juda und Jerusalem mindestens zwei Eroberungen und Deportationen (597 und 587).[13] Zu den hohen Verlusten an Menschen, den Verwüstungen im Land, der zerstörten wirtschaftlichen Basis, den damit verbundenen Versorgungsschwierigkeiten und dem Zusammenbruch der staatlichen Ordnung kam die grundlegende Erschütterung der geistigen und religiösen Ordnung: Der Tempel JHWHs war zerstört. Die in Juda regierende davidische Königsdynastie, die sich auf ihren Ahnherrn David zurückführte, war nach über 500 Jahren beendet. Damit waren die politischen und religiösen Säulen, auf denen der Staat bisher geruht hatte, eingebrochen. Während man in den Jahrhunderten und Jahrzehnten zuvor davon ausging, dass JHWH, der Staatsgott Judas, im Tempel auf dem Zionsberg gegenwärtig war, von dort aus Stadt und Menschen schützte und deswegen Jerusalem eine festgegründete, unbesiegbare Stadt war (vgl. Ps 46; 48), schienen auch diese theologischen Grundüberzeugungen zusammengebrochen zu sein (vgl. Klgl 1; 2; 4). Verzweifelt, ohnmächtig und irritiert angesichts der Ereignisse wurde die Frage nach Gott gestellt: Wo war JHWH in dieser Katastrophe (vgl. Jes 50,2)? Hatte JHWH etwa selbst ohnmächtig der Vernichtung seiner Stadt zusehen müssen? Hatte er sich damit als unterlegener Gott erwiesen? Fehlte JHWH etwa die Macht oder der Wille, in die Geschichte einzugreifen (Jes 30,12–30)? Zugleich stellte sich auch die Frage nach der eigenen Schuld, die das Strafhandeln Gottes zur Konsequenz hat (vgl. z.B. Klgl 1,5.14; 4,6.13). Damit standen die von den politischen Ereignissen betroffenen Menschen nicht nur vor dem Scherbenhaufen der Politik, sondern auch vor dem ihrer theologischen Grundüber-

zeugungen, die Bestand gehabt hatten, solange sie sich zurückerinnern konnten. Statt in einem Staat unter der seit Jahrhunderten regierenden Davidsdynastie zu leben, war man nun in alle Welt zerstreut: in Babylonien, in Ägypten und in Juda. Wie konnte es nun weitergehen?

JHWH

Das Judentum (und in seiner Folge das Christentum) bekennt sich zu dem einen und einzigen Gott. Dieser Gott trägt den Namen „JHWH", der im Hebräischen aus vier Konsonanten ohne Vokale besteht und daher als „Tetragramm" bezeichnet wird (griech.: „vier Zeichen / Buchstaben"). Wie sprach man diesen Gottesnamen aus vier Konsonanten aus? Wir wissen es nicht.

Es ist davon auszugehen, dass in vorexilischer Zeit der Gottesname JHWH ausgesprochen wurde. Dies ist allein deswegen plausibel, weil in der Königszeit neben JHWH noch andere Gottheiten in Israel verehrt wurden: Das religiöse System war polytheistisch. In einem polytheistischen System aber braucht man Eigennamen für die einzelnen Gottheiten, um diese konkret ansprechen zu können. Mit der Entwicklung einer monotheistischen Gotteskonzeption entfiel die Notwendigkeit des Eigennamens für die Gottheit: Für Israel gab es unter der Kategorie „Gott" nur noch einen einzigen. Erst durch das monotheistische Gottesverständnis konnte man diesen auch allein mit der Gattungsbezeichnung „Gott" präzise bezeichnen und ansprechen. Aufgrund dieser Entwicklung in exilisch-nachexilischer Zeit hat sich die Tradition herausgebildet, den Gottesnamen JHWH nicht mehr auszusprechen, sondern an seiner Stelle Ersatznamen wie „Adonai" (= „Herr", daher „Kyrios" in der Septuaginta) oder „HaShem" (= „der Name") zu lesen.

Als zwischen 700 und 1000 n. Chr. (!) zur Sicherung der korrekten Aussprache der aus Konsonanten bestehende biblische Text von jüdischen Gelehrten (den sog. „Masoreten") mit Vokalen versehen wurde, hat man als einziges Wort den Gottesnamen JHWH ausgespart. Bei ihm griff man zu einer besonderen Regelung: Die Masoreten vokalisierten das Tetragramm JHWH bewusst „falsch", um die versehentliche Aussprache des Gottesnamens zu verhindern. Zu diesen Fehllesungen gehört z.B. die Aussprache „Jehova".

Dass der Gottesname „Jahwe" lauten soll, ist eine moderne Rekonstruktion. Etymologisch wird der Name JHWH entweder von „wehen"

abgeleitet (JHWH = „er weht" bzw. „er wehe"). Innerbiblisch wird der Gottesname inhaltlich in Ex 3,14 als „Ich bin, der ich bin" gedeutet.
Heute wissen wir nicht, wie „JHWH" in vorexilischer Zeit ausgesprochen wurde. Aus Respekt vor der theologischen Tradition des Judentums empfiehlt es sich, den Gottesnamen nicht auszusprechen, sondern Ersatznamen wie „der Ewige" oder „der Lebendige" zu wählen.

2.5. Das Leben in Juda, Babylonien und Ägypten (597/587–520 v. Chr.)

Durch die Deportationswellen 597 und 587 sowie die Flucht einzelner Gruppen aus Juda beginnt in der jüdischen Geschichte die Zeit der Diaspora (hebr.: „gola"), des Lebens von größeren jüdischen Gruppen im Ausland unter fremder Herrschaft. Für das 6. Jh. v. Chr. und auch die Zeit danach gab es mindestens drei Brennpunkte judäisch-jüdischen Lebens: in Juda selbst, in Babylonien und in Ägypten.

In Juda
Entgegen der Vorstellung vom menschenleeren Land in Juda, wie sie in manchen biblischen Texten erweckt wird (2 Chr 36,20–21; 2 Kön 25,21), nahm das Leben von Judäerinnen und Judäern im Land selbst seinen Fortgang. Wenn auch stark dezimiert und unter beschwerlichen Umständen, so brach doch die judäische Besiedlung im Land nie ab (Klgl 1,1; 2,21–22; 5,1–18; vgl. Jer 39–43). Hohe Steuerlast, Frondienste und Plünderungen prägten das Leben (Klgl 5,4–5.9.13).

Wahrscheinlich fand aber schon bald wieder ein Kult in den Trümmern des Tempels statt (vgl. Jer 41,4–5). Somit setzte in Juda langsam eine Normalisierung ein. Man begann, sich in den neuen Verhältnissen einzurichten. Leider verfügen wir für das Leben in Juda nur über sehr wenige Quellen, die wir dieser Zeit zweifelsfrei zuweisen könnten.

In Babylonien
Bei der Gruppe der Exilierten ist zwischen der ersten und zahlenmäßig wohl größten Gola und der zweiten, wahrscheinlich sehr viel

kleineren zu unterscheiden. Die erste Gruppe wurde 597 v. Chr. zwangsweise nach Babylonien deportiert. Diese erlebte die innenpolitischen Unruhen in Babylonien gegen Nebukadnezzar aus der Nähe und die politischen Ereignisse um Zidkija in Jerusalem aus der Ferne. An dem Konflikt zwischen Jeremia und Hananja, in dem es um die Frage ging, ob und wann die Exilierten zurückkehren würden (Jer 28,2–4), zeigt sich, dass die Hoffnung auf baldige Rückkehr bei den Exilierten sehr lebendig war. Die Propheten Ahab und Zidkija bestärkten ihrerseits diese Hoffnung (Jer 29,21–22). Jeremias Brief an die Ältesten der Gola, in dem er die Exilierten aufforderte, sich auf ein längeres Leben in der Fremde einzurichten, löste große Empörung aus (Jer 29). Ezechiel, der als Priester am Jerusalemer Tempel zu der ersten Gola gehörte, versuchte seinerseits allzu hoch gesteckte Hoffnungen auf eine Rückkehr zu dämpfen (Ez 17,11–21).

Zehn Jahre war die erste Gruppe der Exilierten bereits in Babylonien, als Jerusalem 587 v. Chr. ein zweites Mal erobert und Tempel und Stadt zerstört wurden. Damit veränderte sich auch die Lage der im Jahr 597 Deportierten, deren Hoffnung auf eine baldige Rückkehr eine deutliche Absage erhielt. Statt selbst zurückzukehren, kamen weitere Deportierte aus Juda und Jerusalem hinzu. So wurde schnell klar, dass man sich mit den Lebensverhältnissen vor Ort langfristig anfreunden musste. Die Gruppe der in der ersten und zweiten Deportation nach Babylon Verschleppten bestand im Wesentlichen aus der Ober- und Mittelschicht und war damit eher elitär. Sie betrachtete sich selbst als den eigentlichen Kern des Volkes, der als „Israel" oder als der „Rest Israels" die religiöse Überlieferung bewahrte und neu formulierte.

Die Deportierten hatten auf die Ereignisse von 597 und 587 eine spezifische Perspektive: JHWH war in den vergangenen Jahrhunderten in erster Linie der Staatsgott von Juda gewesen. Durch die Zerstörung des Tempels und das Ende der Davidsdynastie geriet der offizielle JHWH-Glaube in eine tiefe Krise – und damit auch die, die diesen Kult in besonderer Weise gepflegt und vertreten hatten. Dies war v.a. die judäische und Jerusalemer Mittel- und Oberschicht, also genau jene Bevölkerungsgruppen, die von der Exilierung betroffen waren und die im Exil zu den Literatur- und Theologieproduzenten wurden. Mit den uns heute vorliegenden biblischen Texten haben wir daher das Zeugnis *dieser* Gruppe und ihrer spezifischen Perspektive. Nicht im gleichen Maß ist für uns heute die Sicht anderer Menschen und Gruppen aus dieser Zeit zugänglich. So ist es schwer, ein Bild z.B. von der sog. persönlichen bzw. familiären Frömmigkeit zu gewinnen. Unter „familiärer Frömmigkeit“ sind alle Bereiche des Lebens des Einzelnen und der Familie zu verstehen (Segen, Fruchtbarkeit, glückliche Geburt, Regen, Ernte etc.). Die „familiäre Frömmigkeit“ blieb trotz der Krise der Staatstheologie weitgehend intakt und wurde zur Stütze der offiziellen Religion, zumal die Familie in den neuen Notwendigkeiten des Exils neue Bedeutung für die Organisation und die Weitergabe des Glaubens erhielt (vgl. „Vaterhäuser“).

Anders als die Assyrer in den Jahrhunderten zuvor siedelten die Babylonier die von ihnen 597 und 587 Exilierten in Gruppen an einzelnen Orten an. Von der ersten Gruppe ist überliefert, dass sie in Tel Aviv am Fluss Kebar angesiedelt wurde (Ez 1,1; 3,5).[14] So konnte ein gemeinschaftliches Leben erhalten bleiben, alte Traditionen gepflegt und neue Formen entfaltet werden. Die deportierten Judäer führten in Babylon – anders als die biblischen Texte es nahelegen – ein durchaus komfortables Leben: Sie konnten Besitz erwerben, übten ihre Religion und ihre Berufe ungehindert aus und waren den Babyloniern rechtlich gleichgestellt. Dass sie wirtschaftlich zum Teil sehr erfolgreich waren, zeigen nicht nur die Spenden für Jerusalem (Sach 6,10–11; Esra 2,69; 8,25ff.), sondern auch, dass in persischer Zeit nur Wenige zur Rückkehr bereit waren. An den einzelnen Orten scheint sich ein Leitungsgremium gebildet zu haben, die „Ältesten“ (vgl. Ez 8,1; 14,1; 20,1; Jer 29,1). Die Deportierten lebten im Status halbfreier Pächter auf Krongütern und waren auf diese Weise dem König direkt zu Abgaben verpflichtet, wie die Texte aus „Juda-Stadt“ zeigen.[15] Von einer ethnischen oder religiösen Unterdrückung oder einer radikalen Ausbeutung ist nichts überliefert.

Die inhaltliche Neuausrichtung der Gola stand vor schwierigen Herausforderungen: Während vor dem Exil der Tempel und die Davidsdynastie die Mitte des politischen wie religiösen Lebens waren und das Leben im eigenen Land ganz selbstverständlich war, fehlten diese jetzt als Fundamente für eine gemeinsame Identität. Ohne Tempelkult und ohne die durch Eigenstaatlichkeit gegebene Gruppenidentität mussten nun neue Formen gefunden werden, das Leben zu gestalten. Insofern erwies sich die Zeit des babylonischen Exils als eine höchst kreative Zeit, in der man sowohl auf die drängenden theologischen Fragen eine Antwort zu geben, als auch die praktischen Fragen des gemeinschaftlichen Lebens zu gestalten versuchte. Nach dem Verlust des Tempelkults und der Eigenstaatlichkeit galt es, neue, „mobile“ Identifikationsmöglichkeiten zu schaffen, von denen sich mindestens vier erkennen lassen:

Um als Gruppe zusammenzubleiben, scheint sich in Anknüpfung an alte Traditionen erstens eine Organisation der Gola nach verwandtschaftlichen Bezügen herausgebildet zu haben, die patrilinear organisiert waren und sich „Vaterhäuser“ nannten. Jedes Mitglied des Gemeinwesens, auch Einzelpersonen, wurde in diese „Vaterhäuser“ aufgenommen und schriftlich registriert (Esr 2,3–20.39–62; Neh 7). Damit konnte deutlich unterschieden werden, wer zu dem Gemeinwesen gehörte und wer nicht.[16]

Eine ähnliche Funktion erfüllte zweitens die im Exil als gemeinsames Erkennungsmerkmal eingeführte Beschneidung der männlichen Nachkommen (vgl. Gen 17,12; 21,4; Lev 12,3). Weil die Beschneidung im syro-palästinischen Raum wie in Ägypten praktiziert wurde, in Mesopotamien hingegen unbekannt war, eignete sich die Beschneidung als körperliches Erkennungszeichen, mit dem die Gruppenzugehörigkeit markiert werden konnte.

Eine vergleichbare Rolle scheinen drittens die Speise- und Reinheitsgebote gehabt zu haben, die sich im Exil und in den folgenden Jahrhunderten immer mehr durchsetzten. Sie dienen nicht in erster Linie gesundheitlichen oder hygienischen Aspekten. Die mitunter recht willkürliche Grenzziehung zwischen rein und unrein, koscher und nicht-koscher zielte auf eine gemeinsame Lebensgestaltung, durch die man sich nach außen durch andere Kochgewohnheiten abgrenzen und zugleich nach innen stärken konnte.

Ähnlich verhielt es sich viertens mit dem Sabbat: Der siebte Tag der Woche wurde zum Ruhetag, an dem von aller Arbeit abgesehen wurde, um ihn ganz Gott und dem familiären Miteinander zu widmen. Man entwickelte für diesen Tag familiäre Feiern, so dass es möglich wurde, das religiöse Leben auch ohne Tempelkult zu gestalten.[17] Das sonst am Tempel dargebrachte Opfer wurde durch den Verzicht auf Erwerbstätigkeit ersetzt. Rituale und Bräuche, die es teilweise bereits in vorexilischer Zeit gegeben hatte, wurden im Exil aufgegriffen und zu etwas Neuem verbunden.

Die Funktion dieser Identitätsmerkmale lässt sich exemplarisch an der Beschneidung erläutern: Die im syro-palästinischen Raum bekannte und verbreitete Tradition wurde im Exil aufgegriffen und für alle Männer Israels zur verbindlichen Praxis. Weil diese im neuen Lebensumfeld unbekannt war, konnte die Beschneidung zu einem festen Identitäts- und Gruppenmerkmal für die Deportierten werden. Auf diese Weise wurde unter Rückgriff auf eine alte Tradition eine neue Tradition geschaffen. Die Aufforderung zur Beschneidung findet sich in der Bibel aber nicht als Anweisung, sondern vielmehr in Erzählungen, die in der erzählten Textwelt in der Vergangenheit angesiedelt sind, so beispielsweise in einer Erzählung über Abraham (Gen 17; vgl. Kap. 6.1.). Indem man die neuen Identitätsmerkmale in die ‚Anfänge' zurückverlegte, erschienen sie als ‚alte' Anweisungen und bewirkten, dass sich die eigene Gegenwart (bis heute!) durch deren Befolgung mit den erzählten Anfängen verband. Dies verdeutlicht zugleich, dass die babylonische Gola nicht nur für die Zeit des Exils theologisch kreativ war, sondern dies für die weitere Ausgestaltung des jüdischen Lebens bis heute richtungsweisend war und ist.

Der Sabbat

Der Sabbat ist eine Schöpfung Israels und in der Antike singulär. Seine Vorgeschichte ist umstritten. Das sich im Exil herausbildende Verständnis scheint auf unterschiedliche Traditionen zurückzugreifen[18]. Erstens gab es im Alten Orient einen festen Feiertag im Monat, der als Vorläufer des Sabbats gedeutet wird (Hos 2,13; Am 8,5; Jes 1,13). Manche identifizieren diesen Tag mit dem 15. Tag des Mondmonats, also dem Vollmondtag, an dem geopfert wurde und den man als *šabattum* bezeichnete. Andere interpretieren diesen Tag als Leermond oder als Neumond. Dieser war ein Feiertag, aber nicht arbeitsfrei. Zweitens gab es sogenannte Unglückstage im Monat (7., 14., 19., 21. und 28. Tag), an denen die Götter so gut wie jede Unternehmung untersagten. Bei diesen scheint der Siebener-Rhythmus eine besondere Rolle zu spielen. Drittens gab es arbeitsfreie Tage für Landarbeiter (vgl. Ex 23,12; 34,21). In vorexilischer Zeit hören wir von „Sabbat" in enger Verbindung mit dem Neumondfest (2 Kön 4,23; Am 8,5; Hos 2,13) oder auch mit lokalen Markttagen (Am 8,5) oder Erntefesten (vgl. 2 Kön 4,18–23; Ex 34,21b). Der Ruhetag wird erst im Exil zu einem Wochenfest am siebten Tag mit dem Namen Sabbat. Mit der Strukturierung in eine Sieben-Tage-Woche wird die Woche als eine Zeiteinheit geschaffen, die keinen Anhalt mehr in der Natur oder im Lauf der Gestirne findet. Die Sieben-Tage-Woche ist vielmehr eine *kulturelle* Rhythmisierung der Zeit. In ihr wird der Sabbat zu einem arbeitsfreien Ruhetag, an dem man „aufhört" (= hebr. *šabbat*). Im „Zehnwort" (Dekalog), das an zwei Stellen in der Bibel überliefert ist, ist das Sabbatgebot das ausführlichste Gebot, das mit dem Verweis auf die Befreiung Israels aus der Sklaverei geschichtstheologisch (Dtn 5,12–15) und mit dem Verweis auf die Vollendung der Schöpfung durch Gott und sein bewusstes „Aufhören" bzw. „Ruhen" am siebten Tag schöpfungstheologisch begründet wird (Ex 20,8–11; vgl. auch Ex 23,12; 31,12–17; 34,21; 35,1–3; Lev 19,3; 23,3; Num 15,32–36).

Zu diesen identitätsstiftenden Entwicklungen traten auch theologische Veränderungen: Eine der bedeutendsten ist die Formulierung des monotheistischen Bekenntnisses.[19] Erstmals finden sich im Exil Texte, in denen JHWH explizit als *einziger* Gott proklamiert wird: „Ich bin der HERR und sonst niemand; außer mir gibt es keinen Gott" (Jes 45,5).[20] Archäologische Funde und Inschriften zeigen, dass Israel in vorexilischer Zeit Teil der Kultur und Religion der vorderorientalischen Welt und wie diese polytheistisch ausgerichtet war. Die Entwicklung zum Monotheismus vollzog sich in Israel und Juda langsam in verschiedenen Stadien (s.u.). Zu den „mobilen" Identifikationsmöglichkeiten (Erfüllung der Reinheitsgebote, Sabbat, Beschneidung als Zugehörigkeitskennzeichen) trat das monotheistische Bekenntnis zu dem einen und einzigen Gott JHWH als Schöpfer der ganzen Welt und Herr der Geschichte. Dieses explizit monotheistische Bekenntnis hatte zur Folge, dass der eine und einzige Gott nicht nur für Israel, sondern prinzipiell für alle Völker zugänglich sein musste. Wenn JHWH nicht nur als der Gott Israels, sondern als der einzige Gott verstanden wird, muss er auch für alle Völker offen sein. Das monotheistische Bekenntnis bedingte somit die Universalisierung des Gottesgedankens. Die Öffnung auf alle Völker findet in neuen Visionen aus der Zeit nach dem Exil, wahrscheinlich aus persischer Zeit, ihren Niederschlag: Weil JHWH der wahre König über Israel und die Völker ist, ziehen die Völker nach Jerusalem, um dort die Tora zu lernen; vom Zion geht Frieden und Heil für die ganze Welt aus (Jes 2,2–4; Mi 4,1–5). Im Exil gab es daher nicht nur Abgrenzungstendenzen zur Stärkung der eigenen Identität, sondern zugleich auch eine tiefgreifende Öffnung auf die Völkerwelt hin. Es scheint, als sei diese theologische Entwicklung ein Spiegel der veränderten lebensweltlichen Situation: Das Leben im Exil war nicht abgeschottet, sondern weltoffen und lernbereit.

JHWH und die Entwicklung des Monotheismus

Die Vorstellung, dass JHWH der eine und einzige Gott sei, hat sich in Israel erst langsam herausgebildet. Ursprünglich scheint JHWH eine Wettergottheit aus dem südpalästinischen bzw. dem nordwestarabischen Raum zu sein (vgl. die Midiantradition: Ex 2,15–4,19; Ex 18; Num 10,29–32 sowie JHWH als „Herr vom Sinai" in Ri 5,5; Ps 68,9; „der vom Sinai" in Dtn 33,2).[21] Manche vermuten, dass die Kenntnis des Gottes JHWH durch die Keniter und Midianiter oder durch Gruppen von Flüchtlingen aus Ägypten vermittelt wurde, zumal in den Erzählungen des Buches Exodus Mose einen midianitischen Schwiegervater, den Priester Jitro / Reguel, hat (vgl. Ex 2,16; 3,1; 18,1.10–12).

In groben Zügen können drei verschiedene Phasen ausgemacht werden, die die Entwicklung JHWHs von einer Gottheit in einem polytheistischen System bis zu einem monotheistischen Bekenntnis ausmachen: In der ersten Phase scheint JHWH ein Gott in einem Pantheon gewesen zu sein, an dessen Spitze El stand. Neben JHWH verehrte man auch El, Baal, Aschera,[22] Bes, Horus und andere Gottheiten (vgl. auch Gen 31,35). JHWH war eine von vielen Gottheiten, die an unterschiedlichen Orten verehrt wurde: als „JHWH von Samaria" und „JHWH von Teman" mit Aschera (in Kuntillet-Ağrūd; 9. Jh.) oder als „JHWH vom Zion" (Ps 99,2) oder „JHWH von Hebron" (2 Sam 15,7). In dem von 1976 bis 1978 ausgegrabenen Ort Kuntillet-Ağrūd, den man als einen befestigten Rast- und Lagerplatz mit Schutzraum und Vorrichtungen für Reisende auf dem Karawanenweg durch die östliche Sinaiwüste aus dem 9. und 8. Jh. deutet, wurden verschiedene Inschriften gefunden. Diese nennen neben JHWH auch Baal. Zudem findet sich ein Vorratsgefäß, auf dem Folgendes zu lesen ist: „Gesagt hat [..]: Sprich zu [..] und zu Yau'āśā und zu [..]: Ich segne euch gegenüber JHWH (?) von Samaria und seiner Aschera."[23] In Chirbet el-Qōm wurde eine sechszeilige Grabinschrift (wohl letztes Viertel des 8. Jhs.) neben der Darstellung einer nach unten zeigenden Hand gefunden, in der zu lesen ist: „'Urīyāhû, der Reiche, hat es schreiben (lassen). / Gesegnet war 'Urīyāhû vor JHWH. / Und von seinen Feinden hat er ihn durch seine Aschera errettet / durch 'Urīyāhû / und durch seine Aschera / [..] (?) und durch seine A[sch]era."[24] Beide Texte zeigen, dass JHWH hier nicht nur in einem polytheistischen System verortet war, sondern auch mit einer Göttin zusammen angerufen wurde. Außerhalb von Israel und Juda ist kein JHWH-Kult bezeugt.

In der Bibel berichten v.a. die mit Elija verbundenen Erzählungen von Auseinandersetzungen zwischen JHWH und Baal (vgl. 1 Kön 18; 2 Kön 1,3.6; auch 2 Kön 9), in denen gegen Baal polemisiert und die alleinige Verehrung von JHWH gefordert wird. Diese Konzeption des „JHWH-allein", die sich vermutlich in der Auseinandersetzung mit Baal entfaltete (vgl. Ri 6; Hos 2; 3,1), prägt dann die im 8. Jh. einsetzende zweite Phase, die als „Monolatrie" (= „Alleinverehrung") bezeichnet wird. Darunter versteht man die alleinige Verehrung nur einer Gottheit, obwohl man weiß, dass weitere Gottheiten existieren, die von anderen verehrt werden. Vor allem die Propheten fordern die alleinige Verehrung JHWHs ein. So ist bei Hosea zu lesen: „Ich aber, ich bin der HERR, dein Gott, vom Land Ägypten her; einen Gott außer mir sollst du nicht kennen. Es gibt keinen anderen Retter als mich" (Hos 13,4; vgl. 12,10 sowie 1,2; 2,4ff; 3,1 u. ö.). Aussagen über die Richterfunktion JHWHs gegenüber anderen Völkern und deren Gottheiten, über die Allgegenwart JHWHs in der Natur und über seine Unvergleichlichkeit finden sich aber auch bei Amos und Jesaja (Am 1,3ff; 9,2–3; Jes 2,17; 6,1). Dies war zugleich die Phase, in der JHWH nicht nur der Gott eines Stammes, sondern auch eines Staates war und als solcher an den königlichen Heiligtümern von Jerusalem, Bet-El und Samaria verehrt wurde. Dem entspricht die Entwicklung in der Umwelt, wo einzelne Gottheiten zu Staatsgottheiten aufgestiegen waren: Milkom in Ammon, Kemosch in Moab, Qaus in Edom. Es ist zu vermuten, dass die Entwicklung zur (Territorial-)Staatlichkeit die Ausprägung eigener Staatsgötter und Dynastiegaranten gefördert hat.

Das Bekenntnis zu JHWH als dem alleinigen und einzigen Gott erfolgt erst im Exil. Erst in dieser Zeit setzt sich der Gedanke, dass JHWH nicht nur die wichtigste, sondern die einzige Gottheit überhaupt sei, durch. Damit werden andere Gottheiten zu „Götzen" (vgl. Jes 42,10; 44,6; vgl. auch Dtn 4,35; 6,4; vgl. auch das erste Gebot des Dekalogs Ex 20,3 / Dtn 5,7). Diese dritte Phase bezeichnet man als „Monotheismus".[25] Verbunden mit dem Gedanken der Einzigkeit des Gottes JHWH ist, dass dieser nicht mehr nur der Gott Israels, sondern ein Gott aller Völker ist. Anders als im polytheistischen System, in dem die Gottheiten im Wesentlichen spezielle Funktionen haben (z.B. Geburt, Wetter, Vegetation etc.), umfasst der eine und einzige Gott JHWH alle Bereiche des Lebens und den ganzen Kosmos. So ist JHWH der universale Gott der Schöpfung und Geschichte, dessen Bundesangebot nicht nur Israel, sondern prinzipiell allen Völkern gilt.

Diese Position findet sich in dem zentralen und grundlegenden Bekenntnis, dem sog. „Schᵉma Jisrael" (Dtn 6,4), das im Judentum täglich gebetet wird: „Höre Israel, JHWH (ist) unser Gott, JHWH ist einer/einzig". Dieses Bekenntnis ist sowohl von der Bedeutung der einzelnen Worte (Semantik) als auch von der Satzstruktur (Syntax) vielfältig übersetz- und interpretierbar. Dadurch ist es ein mit der Konzeption des Gottesgedankens ‚mitwachsendes' Bekenntnis: Es kann die Einzigartigkeit JHWHs für Israel (Monolatrie) oder auch seine prinzipielle Einzigkeit (Monotheismus) ausdrücken.

So wird von Deuterojesaja verkündet, dass JHWH der Einzige und Unvergleichliche ist, der allein das Zukünftige voraussagen und realisieren kann (Jes 41,21–29; 42,8–9; 43,8–13; 44,6–8; 45,21–22; 46,9–10), weil er der Schöpfer der Welt ist (Jes 40,12–26; 45,5–7.18). Interessanterweise finden sich beide Aussagen, den Lauf der Dinge weissagen zu können und die Welt erschaffen zu haben, auch in Texten über den babylonischen Hauptgott Marduk. Diese stehen im Kontext einer Marduk-Theologie, die zunehmend von monolatrischen Tendenzen geprägt ist. Weil sich enge Bezüge zwischen der Botschaft des Deuterojesajabuches und der Marduk-Theologie aufzeigen lassen,[26] scheint sich die Entwicklung des monotheistischen Bekenntnisses im Dialog mit zeitgenössischen Theologien im unmittelbaren Lebensumfeld des Exils herausgebildet zu haben. An diesem Beispiel wird deutlich, dass scheinbar einander widerstreitende Entwicklungen zusammengehören: Abgrenzung und universale Öffnung, Orientierung an der Tradition und theologische Neuaufbrüche, klare Identitätsdefinitionen und weltoffenes Lernen.

„Deuterojesaja" (oder „Zweiter Jesaja")

Mit diesem Kunstnamen werden seit Johann Christoph Döderlein (1775) und Bernhard Duhm (1892) die Kapitel 40 bis 55 des Jesajabuchs bezeichnet. In diesen findet sich eine andere Sprache und Theologie als in den Kapiteln davor und danach. Daher ist damit zu rechnen, dass in Jes 40–55 ein anderer, anonymer Prophet oder eine andere prophetische Schule begegnet als in Jes 1–39. Dieser „zweite Jesaja" (DtrJes) hat somit zunächst nichts mit Jesaja ben Amoz aus dem 8. Jh. v. Chr. zu tun. In DtrJes wird der persische König Kyros als „Messias" (griech.: „Christus"), als „Gesalbter Gottes" verkündet

(Jes 44,28; 45,1). Daher sind die Texte in exilisch-nachexilische Zeit zu datieren (vgl. Kap. 2.7.). DtrJes versteht Kyros als das Instrument Gottes, durch den die baldige Rückkehr der Deportierten ermöglicht wird. Diese Rückkehr beschreibt DtrJes als einen (zweiten) Exodus (vgl. Kap. 6.2.). Daher verkündet er das Heil für Israel und spendet Trost und Hoffnung. So beginnt seine Botschaft programmatisch: „Tröstet, tröstet mein Volk, spricht euer Gott. Redet Jerusalem zu Herzen und ruft ihr zu, dass sie vollendet hat ihren Frondienst, dass gesühnt ist ihre Schuld, dass sie empfangen hat aus der Hand des HERRN Doppeltes für all ihre Sünden!" (Jes 40,1–2). Zudem zeichnet sich deuterojesajanisches Gedankengut durch einen expliziten Monotheismus aus und – damit verbunden – durch die universale Ausweitung auf die Völker. Damit stellt die Botschaft des DtrJes einen bedeutenden theologie- und religionsgeschichtlichen Einschnitt dar.
Der Kern der prophetischen Botschaft DtrJes' (und seiner Schüler) findet sich in Jes 40–48, die später um die Kapitel 49 bis 55 ergänzt wurden.

Auch der Gedanke der Bildlosigkeit als einzig legitimer Form der JHWH-Verehrung ist wesentlich von den später nach Juda Zurückkehrenden propagiert worden (vgl. Kap. 2.8. und 2.9.). Sie haben die ältere deuteronomische Namens-Theologie (JHWH thront im Himmel und lässt seinen Namen auf Erden an einem erwählten Platz wohnen) sowie die *kabod*-Theologie Ezechiels und der priesterlichen Kreise (die „Herrlichkeit" [*kabod*] JHWHs erfüllt den Tempel) weiterentwickelt, indem sie die Gegenwart JHWHs im Tempel ohne Kultbild denken.

In Ägypten

Nachdem der von den Babyloniern eingesetzte Statthalter Gedalja ermordet worden war, entschloss sich eine Gruppe von Judäern, nach Ägypten auszuwandern. Sie waren nicht die ersten Judäer, die sich in Ägypten ansiedelten. Vielmehr waren unter der 26. Dynastie (664–525) bereits zahlreiche Söldner aus dem syro-palästinischen Raum für die ägyptische Armee angeworben worden, so dass es in Ägypten bereits Judäer gab. Über die ägyptische Gola sind wir durch Jer 43,7–44,30, einem aus späterer theologischer Perspektive gestalteten Text, unterrichtet. Nach diesen Überlieferungen gab es Siedlungen in Migdol, Tachpanes, Noph (= Memphis) und Patros (ägyp.

„das südliche Land" = Oberägypten). Erst durch die Textfunde aus der Militärkolonie von Elephantine, einer Insel im Nil bei Assuan, die aus der Zeit von 495 bis 399 v. Chr. stammen, sowie den ins 3. oder 2. Jh. v. Chr. zu datierenden Aristeasbrief sind wir besser informiert. Die in Ägypten lebenden Juden waren insgesamt gut in die ägyptische Gesellschaft integriert, auch wenn es immer wieder zu Übergriffen kam.[27]

Weil die in Ägypten lebenden Gruppen geflohen oder freiwillig ausgewandert waren, unterschied sich deren Seelenlage deutlich von der zwangsdeportierten babylonischen Gola, in der der Wunsch lebendig blieb, wieder in ihre Heimat zurückkehren zu können. Die nach Ägypten ausgewanderten Juden richteten sich vielmehr auf ein dauerhaftes Leben in Ägypten ein. Dazu gehörte auch der Bau eines eigenen Tempels auf der Nilinsel Elephantine, der vor dem Einmarsch des persischen Königs Kambyses (525), möglicherweise bereits in babylonischer Zeit errichtet worden war (vgl. Elephantine-Papyri 30,13–14; 31,12). In den Texten von Elephantine finden sich die Göttin Anatjahu und andere Gottheiten, die neben dem dort verehrten Gott JHWH standen (vgl. Elephantine-Papyri 44,13). Gerade der Tempel auf Elephantine neben dem nach judäischer Konzeption eigentlich einzigen Tempel in Jerusalem als auch die Verehrung einer Göttin neben dem Gott JHWH machen deutlich, dass die jüdische Gemeinschaft in Ägypten eine eigene Entwicklung nahm, die sich nicht an die in Jerusalem entwickelte Theologie, z.B. in der Frage der Kultzentralisation, gebunden sah. Dieses Beispiel zeigt auch, dass sich in jener Zeit die später im Judentum entwickelten theologischen Maßstäbe noch nicht durchgesetzt hatten. Die Entwicklung befand sich noch stark im Fluss und konnte regional sehr unterschiedliche Ausprägungen annehmen.

2.6. Die Zeit nach Nebukadnezzar in Babylonien (562–539 v. Chr.)

Die 43-jährige Regierungszeit Nebukadnezzars wurde durch eine Zeit von innen- und außenpolitischer Instabilität abgelöst. In rascher Folge wechselten in den Jahren zwischen 562 und 556 viermal die Herrscher: Nebukadnezzar regelte zwar noch seine Nachfolge und brachte seinen Sohn Amel-Marduk auf den Thron; dieser konnte sich aber nur zwei Jahre lang halten (562–560). Aus biblischer Perspektive ist die Begnadigung des inhaftierten Königs Jojachin, die in seine Regierungszeit fällt, zu erwähnen. Mit dem Hinweis auf die Begnadigung des letzten davidischen Königs enden die Königsbücher (2 Kön 25,27–30; vgl. Jer 52,31–34).

Nach dem gewaltsamen Tod Amel-Marduks übernahm Neriglissar die Herrschaft (560–556). Er selbst war kein Babylonier, sondern Aramäer und stammte aus einer wohlhabenden Familie. Er hatte sich als Offizier einen Namen gemacht und scheint auch an der Eroberung von Jerusalem 587 beteiligt gewesen zu sein (vgl. Jer 39,3.13). Der militärisch und außenpolitisch erfolgreiche König (v.a. im Krieg in Südostanatolien 557) konnte seinen Sohn Labaši-Marduk noch als Herrscher installieren. Dieser hielt sich allerdings nur drei Monate (556).

Die Anführer der Gruppe, die Labaši-Marduk ermordet hatten, brachten Nabonid als Nachfolger auf den Thron, der zum Zeitpunkt der Thronbesteigung bereits 60 Jahre alt war. Was offenbar als Zwischenlösung gedacht war, wurde zu einer langen und ereignisreichen Regierungszeit (556–539). Nabonid wird in der Forschung immer wieder als einer der interessantesten und zugleich rätselhaftesten Persönlichkeiten der altorientalischen Geschichte beschrieben. Er war im militärischen Bereich erfolgreich. Die Besonderheiten, die seine Regierungszeit prägten, lagen aber in erster Linie auf politischem und religiösem Gebiet. Geprägt durch seine Familie war Nabonid ein überzeugter Anhänger des Mondgottes Sin. Seine Mutter Adad-guppi war eine Priesterin des Mondgottes Sin aus dem nordsyrischen Haran, woher die Familie stammte. In seiner Zeit reflektierten die Deportierten in Anbindung an die Tradition ihre Situation theologisch, sammelten Traditionen und schrieben neue Texte. Zu Beginn seiner Regierungszeit betonte Nabonid ausdrücklich seine Verbindung zum babylonischen Staatsgott Marduk. Es blieb aber nicht verborgen, dass er als *babylonischer* König statt der babylonischen Göttertrias Marduk, Nabu und Nergal, den astralen Gottheiten Sin, Šamaš und Ištar (Mond, Sonne, Venusstern), die vor allem in Assyrien verehrt wurden, den Vorzug gab. Nabonid ließ sogar die Zentren der Mondgottheit Sin in Haran und Ur wieder aufbauen. Dies war weit mehr als nur ein Renovierungsprojekt, vielmehr stand dahinter ein theologisches und politisches Anliegen: Statt wie seine Vorgänger nur die Tempel in Babylon wieder aufzubauen und prachtvoll auszustatten, nahm sich Nabonid auch der Tempel jenseits des babylonischen Kernlandes an. Damit stellte er die traditionelle Bevorzugung des Kernlands in Frage und vertrat eher ein Konzept polyzentrischer Herrschaft, in dem auch andere Gebiete gefördert wurden. Diese politische wie theologische Entgrenzung, die die anderen Völker und deren Gottheiten in den Blick nahm, stieß nicht nur aus theologischen, sondern v.a. aus ökonomischen Gründen auf scharfe Ablehnung der führenden Kreise in Babylonien. Denn die für den Wiederaufbau von Tempeln und deren finanzielle Ausstattung benötigten Gelder flossen nun nicht mehr nur nach Babylon, sondern auch in die anderen Regionen und begünstigten das Entstehen bedeutender anderer Zentren im Reich neben Babylon.

In das Konzept polyzentrischer Herrschaft fügt sich auch der zehnjährige Aufenthalt Nabonids in der Oasenstadt Tema im Nordwesten Arabiens ein (553/2–543), die er zu seiner zweiten Residenz ausbaute (vgl. HTAT 270). Von dort aus konnte Nabonid den finanzstarken Karawanenhandel mit Luxusgütern kontrollieren, während sein Sohn Belschazzar die Regierungsgeschäfte in Babylon weiterführte. Nabonids Abwesenheit von Babylon hatte aber auch prekäre Seiten: Weil für das zwölftägige Neujahrsfest, bei dem der Staatsgott Marduk die Geschicke für das kommende Jahr bestimmte, die Anwesenheit des Königs und seine kultische Funktion erforderlich waren, konnte dieses Fest zehn Jahre lang nicht stattfinden, was den innenpolitischen Widerstand gegen seine Politik verstärkte. 543 kehrte Nabonid nach Babylon zurück und machte sich unverzüglich an den Wiederaufbau des Sin-Tempels in Haran und die Rückführung der Götterstatuen.[28]

Im Sommer und Herbst 539 änderte sich die gesamtpolitische Lage: Der persische König Kyros (559–530) nahm ohne größeren Widerstand Babylon ein, wo er am 29. Oktober 539 triumphal einzog (vgl. Kap. 2.7.). Von der Mardukpriesterschaft wurde er als Retter und Befreier empfangen (vgl. HTAT 273).

2.7. Die neuen Herrscher: Die Perser (ab 538 v. Chr.)

Nach den Jahren der umstrittenen Herrschaft des babylonischen Königs Nabonid (vgl. Kap. 2.6.) betreten die Perser als neue Weltmacht die politische Bühne. 539 v. Chr. zieht der persische König Kyros II. (559–530) in Babylon ein. Lange ging man davon aus, dass mit Kyros ein entscheidender Einschnitt in der Geschichte Israels vorliegt, weil er als der erwartete Messias (vgl. Jes 44,28; 45,1) und Befreier der Exilierten gilt und den Wiederaufbau des Tempels angeordnet

Das persische Großreich

KOLCHIS
Kaukasus
Trapezus
Kaspisches Meer
Van-See
ARMENIA
(URARTU)
Urmia-See
Gaugamela
Ninive
Arbela
ASSYRIEN
Assur
Arrapḫa
MEDIEN
Rhagai
Euphrat
Tigris
Ekbatana
Bisitum
Tadmor
Palmyra)
Ešnunna
Gabai
Sippar
Babylon
Nippur
Borsippa
BABYLONIEN
Susa
ELAM
Uruk
Larsa
Ur
Pasargadai
Persepolis
PERSIEN
Dūmā
Persischer Golf
ARABIEN
Taymā
Dedān

habe. Dass damit das Ende des Exils erreicht sei, entspricht der Darstellung des chronistischen Geschichtswerks und des Esrabuchs (2 Chr 36,22; vgl. Esr 1,1). Doch die mit ihm verbundenen Erwartungen – Rückkehr der Deportierten aus der Gola und Wiedererrichtung des Tempels – sind nicht in die Zeit von Kyros zu datieren. Erst unter Darius I. (522–486) setzten um 520 größere Rückkehrbewegungen ein. In dieser Zeit wurden Pläne zur Wiedererrichtung des Tempels ernsthaft verfolgt. Daher ist das Ende des Exils nicht unter Kyros, sondern eher im Jahr 520 anzusetzen (vgl. Sach 1,12; 7,5). Dies entspricht auch der Überlieferung im Jeremiabuch, nach der das Exil 70 Jahre gedauert habe (vgl. Jer 25,11–12; 29,10).

Was aber geschah in den Jahren zwischen 539 und 520? Was bedeutete die neue persische Herrschaft für die Deportierten in der Gola und die im Land Verbliebenen? Wer waren überhaupt die neuen Herrscher?

Erstmals werden die Perser in assyrischen Annalen im 9. Jh. v. Chr. erwähnt. Sie lebten im Gebiet des Urmia-Sees (im heutigen Aserbaidschan bzw. Nordwestiran) und eroberten die südlich gelegenen Gebiete von Elam, Susa und Anschan (Gebiet östlich von Babylon). 559 kam mit Kyros ein neuer König an die Macht, mit dem sich die weltpolitische Landkarte grundlegend ändern sollte. Er besiegte 550 den medischen König Astyages und kam damit in den Besitz von weit im Westen gelegenen Gebieten.

Die Meder hatten als berühmte Pferdezüchter bereits im assyrischen Reich hohes Ansehen genossen und waren die wichtigsten Pferdelieferanten der erfolgreichen assyrischen Armee. Aufgrund des assyrischen Herrschaftsanspruchs über die im Zagrosgebirge lebenden Stämme schlossen sich im 7. Jh. v. Chr. diese eigentlich untereinander uneinigen medischen Gruppen zusammen.

Unter Kyaxares griffen die Meder zusammen mit den Persern 615 das assyrische Reich von Osten aus an. 614 wurde Assur, 612 Ninive erobert und zerstört. Spätestens seit dieser Zeit waren die Meder ein politischer Faktor, mit dem man in der Geschichte des Vorderen Orients rechnen musste. 610 fielen die Meder in Syrien ein, 585 griffen sie die Lyder (heutige Türkei) an; der Fluss Halys wurde zur neuen Westgrenze. Medien war zur Großmacht aufgestiegen. Als ihr letzter Herrscher Astyages die Auseinandersetzung mit Kyros verloren hatte, erbten die Perser das medische Reich. Plötzlich reichte das persische Reich bis nach Syrien und Kleinasien. Zudem kamen die Perser in den Besitz der berühmten medischen Hauptstadt Ekbatana und machten die medische Festung Pasargadae zu einer wichtigen Stadt im persischen Reich. 545 besiegte Kyros den lydischen König Kroisos[29] und gelangte in den Besitz von Kappadokien sowie Sardes, um dann in den folgenden Jahren ganz Kleinasien zu unterwerfen.

Nach geheimen Vorverhandlungen konnte sich Kyros 539 der Stadt Babylon nahezu ohne Kampfhandlungen bemächtigen. Die durch Nabonid verärgerte Mardukpriesterschaft feierte Kyros enthusiastisch als den von Marduk berufenen Befreier, von dem sie erhofften, dass er die – aus ihrer Perspektive – Fehlentwicklungen unter Nabonid korrigieren würde. Damit verband die Mardukpriesterschaft mit Kyros ähnliche Hoffnungen wie Deuterojesaja, der Kyros als den von JHWH verheißenen Messias feierte (Jes 44,28; 45,1). Der sog. „Kyroszylinder" erzählt aus der Perspektive von Kyros, wie er Babylon erobert, die Völker zu einem Reich vereint und die jeweiligen Gottheiten den Völkern zurückbringt (HTAT 273).

Wegen der Bereitschaft, die lokalen Gottheiten zu achten und ihren Kult zu fördern, wird den Persern oftmals eine „tolerante" Religionspolitik bescheinigt. Tatsächlich ließen die Perser zerstörte Tempel wiedererrichten und gaben verschleppte Götterstatuen und Kultgeräte zurück. Darüber hinaus unterstützten sie die Rücksiedlung deportierter Völker. Diese Politik unterscheidet sich deutlich von der Religionspolitik der Assyrer, die von den unterworfenen Völkern die kultische Verehrung des eigenen Staatsgottes als Zeichen der Anerkennung ihrer Herrschaft verlangt hatten. Die Religionspolitik des Kyros weist jedoch viele Gemeinsamkeiten mit der Politik des babylonischen Königs Nabonid auf, auch wenn – paradoxerweise – gerade die Mardukpriesterschaft in Babylon, die Nabonid verachtete, den Perserkönig Kyros enthusiastisch feierte, weil sie sich durch diesen ihres Königs Nabonid entledigen konnten. Ähnlich den Persern hatte Nabonid auch die Akzeptanz und Stärkung der lokalen Kulte im Sinn gehabt, um seine Herrschaft durch eine dezentrale bzw. polyzentrische Reichsorganisation zu stabilisieren. Einen ganz ähnlichen Ansatz verfolgten die Perser: Auch sie förderten die lokalen Sitten und Kulte der einzelnen Völker – und zwar nicht aus einem der „Toleranz" und dem Gedanken der Egalität entsprungenen multikulturellen Interesse, sondern um ihre Herrschaft durch die Stärkung der konservativen lokalen Kräfte abzusichern. Die Perser setzten auf eine offenere Religionspolitik, solange die Unterworfenen sich loyal verhielten und die verlangten Steuern und Abgaben aufbrachten. Wie die Assyrer und Babylonier legten auch die Perser den unterworfenen

Völkern hohe Tribute auf und konnten mit ihrem sehr effektiven und wendigen Militär Widerstand im Keim ersticken und so das gewünschte Verhalten einfordern. Dies betrifft auch den kultischen Bereich; so hat es unter den Persern Tempelplünderungen, Raub von Kultgegenständen und Deportationen gegeben (vgl. Hdt I 183; VII 5.7; VIII 53–54; Diodoros, Bibliotheca I 46,4–8). Insofern war ihr Auftreten in keiner Weise weniger gewalttätig oder respektvoller als das ihrer Vorgänger. Ihre häufig als „tolerant" bezeichnete Politik war klar auf die eigenen Zwecke und Ziele ausgerichtet.

Obwohl im Text des „Kyroszylinders" (HTAT 273)[30] die Deportierten aus Juda nicht genannt werden, wird dieser Text persischer Selbstpropaganda als Beweis herangezogen, dass Kyros 538 die Rückkehr der Deportierten aus der Gola nach Juda gestattet und den Wiederaufbau des Tempels angeordnet habe.[31] Hinzu komme das sog. „Kyrosedikt". Damit bezeichnet man ein hypothetisches Dokument, das in persischen Quellen nicht erhalten ist, das man aber aus Esr 1,1–4 und aus Esr 6,1–5 rekonstruieren zu können glaubt (vgl. Esra 3,7; 4,3; 2 Chr 36,22–23).[32] Die beiden Texte in Esra 1,1–4; 6,1–5 unterscheiden sich jedoch deutlich voneinander: Esra 1 ist auf Hebräisch geschrieben, als Ich-Rede des persischen Königs gestaltet und verbindet die Aufforderung zum Tempelbau mit der Rückkehr der Exilierten. Esra 6 hingegen ist auf Aramäisch geschrieben, beschreibt das genaue Aussehen des zu erbauenden Tempels und dessen Finanzierung. Des Weiteren erzählt Esr 1,7–11 davon, dass Scheschbazzar, der persische Statthalter, im Jahre 538 diese Anweisung umgesetzt und die Deportierten samt den Kultgeräten des Tempels nach Juda rückgeführt habe. Diese beiden Texte haben in der Forschung dazu geführt, ein dahinterstehendes, aber nicht erhaltenes sog. „Kyrosedikt" anzunehmen. Ob es ein solches „Kyrosedikt" überhaupt gegeben hat, ist umstritten. So beklagt der Prophet Haggai noch um 520, dass der Tempel in Trümmern liegt (Hag 1,1–11); das Esrabuch selbst kann nur mit Mühe erklären, warum sich der Tempelbau 18 Jahre verzögert hat (vgl. Esr 4,1–24). Daher ist es plausibler anzunehmen, dass es sich bei Esra 6 um Ausschnitte aus einem Dokument handelt, das aus späterer Zeit stammt und zurückdatiert wurde. Auch Esra 1 setzt eine gut organisierte Verwaltung voraus, die erst später der persische König Darius (522–486) geschaffen hat. König Kyros hat somit wahrscheinlich nichts mit dem Wiederaufbau des Tempels und der Möglichkeit der Rückkehr zu tun; beides ist wahrscheinlich erst zwei Jahrzehnte später anzusetzen. Möglich ist jedoch, unter Kyros die Rückführung einiger Tempelgeräte anzunehmen.

Der nach Esr 1,7–11 für die Rückführung der Tempelgeräte verantwortliche Scheschbazzar, „Statthalter" (*pecha*) über Juda (Hag 1,1.14; 2,2.21), war wohl kein Judäer. Dass er den Grundstein des Tempels gelegt habe, ist möglicherweise eine spätere Konstruktion, um – gemäß der Konzeption des Esrabuchs – das Exil mit Kyros enden zu lassen (so Esr 5,15–16; anders Sach 4,9). Erst mit dem Ägyptenfeldzug (525) des Kambyses, des Sohnes des Kyros, kamen die vorderasiatischen Gebiete in das persische Blickfeld. Daher ist davon auszugehen, dass der Tempelbau nicht um 539 begonnen, sondern erst um 520 in Angriff genommen wurde.

530 starb Kyros, und sein Sohn Kambyses II. kam an die Macht (530–522). Auch wenn er noch einen Feldzug nach Ägypten (525) und Nubien (524) unternahm, ging es während seiner Regierungszeit weniger darum, neue Gebiete dem bereits riesigen Weltreich einzuverleiben, als vielmehr seine Herrschaft zu konsolidieren. Dies führte zu einer Auseinandersetzung mit dem angestammten persischen und medischen Adel, deren Entlohnung in erster Linie aus der anfallenden Kriegsbeute bestand. Hinzu kamen innenpolitische Unruhen, die sich mit dem Aufstand des Gaumata (oder: Bardya; griech.: Smerdes) verbanden. Dieser fand schnell Anerkennung und bestieg im Juli 522 den persischen Thron. Kambyses, der sich gerade in Ägypten befand, als der Aufstand ausbrach, starb auf dem Rückweg nach Persien. Gaumata schien die Verpflichtung zum Kriegsdienst aufgehoben und die Steuern gesenkt zu haben (Hdt III 67). Mit dieser populistischen Maßnahme gelangte er zu hohem Ansehen im Land, zog sich aber den Hass des persischen Adels zu, den er – nach Darstellung seines Nachfolgers – enteignet hatte. Aus diesem bildete sich eine Verschwörergruppe, zu der auch der spätere König Darius (522–486) gehörte. Nur wenige Monate nach der Usurpation wurde Gaumata am 29. September 522 ermordet. Darius bestieg im Dezember 522 den persischen Thron und begründete mit der Dynastie der Achämeniden eine neue, sehr stabile Dynastie, die bis zum Tod Darius III. (330) in der Auseinandersetzung mit Alexander dem Großen in Persien herrschen sollte. Zunächst hatte Darius allerdings mit diversen innenpolitischen Widerständen zu kämpfen. Hiervon erzählt die in mehreren Sprachen abgefasste Selbstdarstellung des Darius auf der Felswand von Bisutun / Behistun (TUAT I 419–449)[33].

Im Reich stellte Darius zum einen den alten Zustand wieder her. Er ließ den Adeligsen ihre Güter zurückgeben und führte zwei entscheidende Reformen durch: Erstens gliederte er wahrscheinlich das persische Reich in Verwaltungseinheiten (sog. „Satrapien"), die mit recht weitgehender Autonomie ausgestattet waren.[34] Die Provinz Jehud, die nicht größer war als ca. 50 mal 50 km um Jerusalem herum, gehörte nun zur Satrapie Transeuphratene. Zweitens reformierte Darius das Steuerwesen und erlegte jeder Satrapie eine feste Summe von Steuern auf, die diese jährlich zu erbringen hatte. Damit band er die Adeligen und die lokalen Tempel in sein Herrschaftskonzept ein und stattete sie durch die Steuerhoheit in jeder Provinz mit einer festen Einkommensquelle aus. Sein Vorhaben kam so der Idee einer polyzentrischen Herrschaft nahe, die zudem in den vier großartig ausgebauten Hauptstädten in unterschiedlichen Gebieten (Persepolis, Susa, Babylon, Ekbatana) ihren Ausdruck fand (vgl. Strabo, Geographie 15,3,3–4). Der Ausbau des Straßenwesens ermöglichte nicht nur schnelle Truppenverschiebungen, sondern auch größere Effizienz im (Fern-)Handel und Postverkehr (vgl. Hdt V 14.52; Xenophon Kyrupaedie VIII 6,17–18 vgl. Est 3,8.12.14; 8,5.9.11–13). Trotz der föderalen Züge gab es aber auch massive zentralistische Maßnahmen: So wurde im polyglotten persischen Reich das sog. „Reichsaramäisch" zur offiziellen und einheitlichen Verwaltungssprache.[35] Mit der Einführung des „Dareikos" als Reichsmünze förderte Darius die Geldwirtschaft und den wirtschaftlichen Austausch im Gesamtreich. Außenpolitisch gehörte die erste Konfrontation mit Griechenland zu den bedeutenden Ereignissen seiner Herrschaft (490 Schlacht bei Marathon als Anfang der sog. Perserkriege).

Das Konzept persischer Herrschaft hat auch in den biblischen Texten Spuren hinterlassen. Auf der Osttreppe der großen Empfangshalle in Persepolis sind in propagandistischer Selbstdarstellung die 23 Abgeordneten der Satrapien mit ihren Abgaben dargestellt, die friedlich und freiwillig zum persischen Großkönig ziehen: Ein ikonographisches Programm, das die sog. „Völkerzugstexte" (Jes 2; Mi 4) beeinflusst haben könnte, die von der friedlichen Wallfahrt der Völker zum Gott und König JHWH auf den Zion sprechen.

2.8. Der Bau des Zweiten Tempels

Übereinstimmend berichten die biblischen Quellen, dass es unter Serubbabel und Jeschua um 520 Bemühungen gab, den Tempel wieder aufzubauen (Esr 5,1–2; 6,16; Hag 1–2). Seit 539 gab es vermutlich kleinere Rückkehrergruppen nach Juda, die ab 524, dem Feldzug des Kambyses nach Nubien, zugenommen haben dürften. Wahrscheinlich haben diese unmittelbar vor Beginn der Bemühungen um den Wieder-

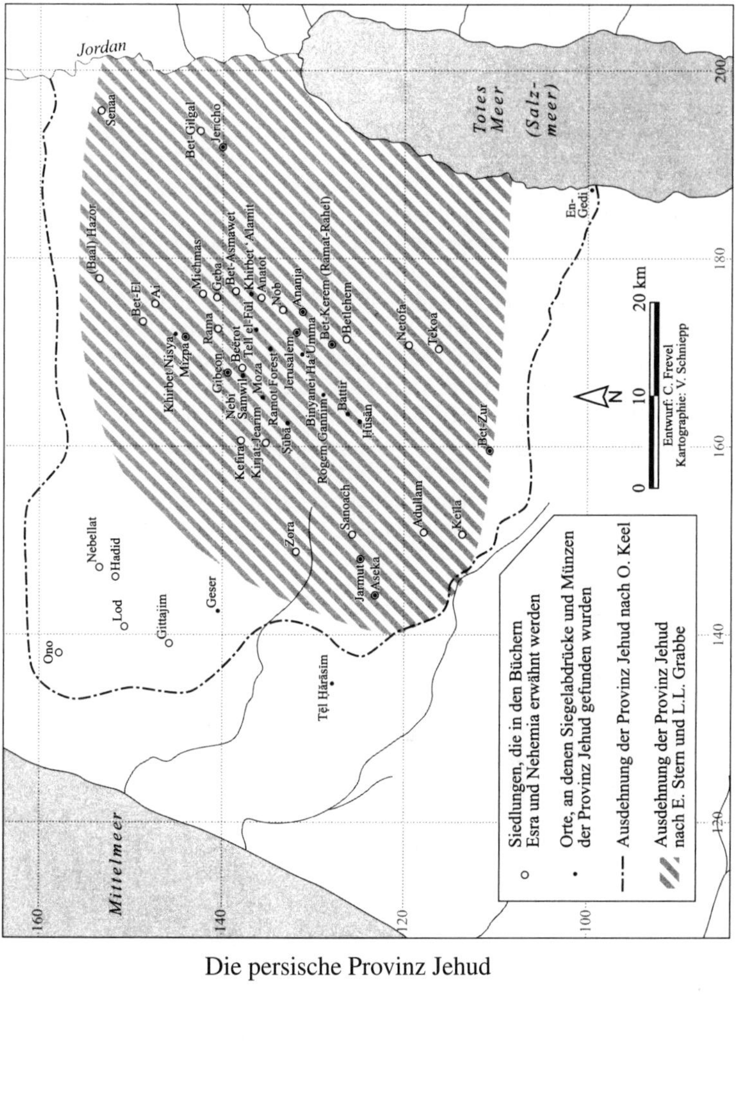

Die persische Provinz Jehud

aufbau des Tempels 520 eingesetzt. Die feierliche Grundsteinlegung erfolgte am 18. Dezember 520 (vgl. Esr 2), am Anfang der Regierungszeit von Darius. Die Erlaubnis zum Wiederaufbau des Tempels in Jerusalem in der Zeit von Darius scheint dazu gedient zu haben, die Loyalität seiner Vasallen zu stärken, um seine Herrschaft im Westen – gerade gegen die Revolte von Gaumata – zu stärken. Es ist davon auszugehen, dass es offizielle Verhandlungen über die Rückkehr der Gola und den Wiederaufbau des Tempels mit der persischen Regierung gegeben hat. Dabei dürfte es auch um die politische Verfassung von Juda bzw. die spätere persische Provinz „Jehud" gegangen sein.

Es sprechen gute Gründe dafür, dass Darius zunächst nicht nur den Tempel, sondern auch die Davidsdynastie, und damit den politisch-religiösen Zustand des vorexilischen Juda, wiedererrichten wollte. Schließlich werden die Aktivitäten von Vertretern der beiden Säulen des vorexilischen Juda getragen: von Serubbabel, der nicht nur persischer Statthalter war, sondern auch als Enkel Jojachins aus der Davidsdynastie stammt (1 Chr 3,19), und von Jeschua, dem Enkel Serajas aus vornehmer hohepriesterlicher Familie. Unterstützt wurden sie in ihrem Vorhaben durch die Propheten Haggai und Sacharja.

Haggai und Sacharja

Die Propheten Haggai und Sacharja werden in Esr 5,1; 6,14 als diejenigen genannt, die den Wiederaufbau maßgeblich fördern. Bei beiden Propheten ist ungewiss, ob sie die Einweihung des Tempels (vielleicht 515) miterlebt haben.

Der ältere von ihnen, der Prophet *Haggai*, tritt wohl in Jerusalem von August bis Dezember 520 auf, wo er sich mit Leidenschaft für den Wiederaufbau des Tempels in Jerusalem einsetzt. Damit unterstützt er von prophetischer Seite unter Verweis auf den Willen Gottes massiv und zugleich geschickt die Arbeit des Davididen und persischen Statthalters Serubbabel und des aus hohepriesterlicher Familie stammenden Jeschua. Haggai hat dabei sowohl die konkrete, desolate Lebenssituation der Menschen in Juda im Blick (vgl. Hag 1,6.9–11) als auch eine auf die Zukunft gerichtete Vision eines großartig ausgebauten Tempels, in den die Schätze der Völker strömen (Hag 2,3–9).

Der jüngere der beiden, der Prophet *Sacharja*, stammt nach Sach 1,1 aus einer nach Babylon deportierten, hohepriesterlichen Familie. Sein

Auftreten fällt in die Jahre 520 bis 518. Auch er unterstützt den Wiederaufbau des Tempels und setzt sich zunächst ausdrücklich für die Wiedererrichtung der Davidsdynastie ein.

Die zu erwartenden Schwierigkeiten für den Neuanfang in Juda waren erheblich: Erstens waren enorme Geldsummen für die Rückkehrer und den Tempelbau erforderlich. Ohne logistische Unterstützung von persischer Seite war ein solches Vorhaben kaum denkbar. Zweitens ließen sich die Rückkehrwilligen mit dem Aufbruch in ein ihnen unbekanntes Land auf ein nicht geringes Wagnis ein. Die meisten von ihnen kannten es nicht und lebten schon in der zweiten und dritten Generation in Babylonien, wo sie sich eingerichtet hatten und es ihnen wirtschaftlich gut ging. Drittens war das Land nicht „leer", wie die im Exil entstandenen Texte zum Teil gerne glauben machen wollten, sondern es war mit Menschen besiedelt, die ebenfalls in zweiter und dritter Generation auf ihrem Besitz lebten. So kamen die Rückkehrer aus einem wirtschaftlich und kulturell blühenden Land in ein ihnen fremdes Land mit einer prekären ökonomischen Situation (vgl. Hag 1,6.9–12), geringer Infrastruktur und ungeklärten Besitzverhältnissen. Sie hatten eine intensive, theologisch wie literarisch hochstehende Reflexion über die große Krise hinter sich, die sie zu der Überzeugung hatte kommen lassen, das eigentliche Israel zu sein. Die Rückkehrer kamen in ein Land, dessen dezimierte Bevölkerung in den Trümmern des Krieges mit den vorexilischen theologischen Traditionen und Bräuchen weiterlebte. Den Exilierten war der Monotheismus selbstverständliche Grundhaltung und die Beschneidung, die Einhaltung des Sabbat sowie die Speise- und Reinheitsgebote zum praktizierten Alltag geworden. Die Daheimgebliebenen hingegen haben ihre traditionellen vorexilischen theologischen Überzeugungen sowie ihre zahlreichen Kulte und Frömmigkeitsformen selbstverständlich fortgeführt. So standen die fremden theologischen Neuerer, die sich als das eigentliche Israel verstanden, den im Land gebliebenen Bewahrern gegenüber. Nur noch an den Rändern und Bruchkanten der biblischen Überlieferung können wir ersehen, dass die Rückkehrer mit Hilfe politischer und ökonomischer Macht die liebgewonnenen und lebenswichtigen theologischen und kultischen Traditionen der im Land Verbliebenen unterbunden haben, so etwa die Verehrung der „Himmelskönigin" (vgl. Jer 7,16–20; 44,15–25 oder die Entfernung der Göttin in Sach 5,5–11). Exilierte und Daheimgebliebene waren einander Fremde geworden – und dies war eine Quelle für zahlreiche Konflikte.

Wie viele Menschen zurückkehrten, ist umstritten. Die Zahl in den Heimkehrerlisten in Neh 7 und Esr 2 mit 42.360 Männern ist unwahrscheinlich hoch. Manche Schätzungen gehen von ca. 10.000 Menschen aus. Dies ist keine unerhebliche Zahl, wenn man annimmt, dass die Gesamtbevölkerung von Jehud im 5. und 4. Jh. v. Chr. zwischen 13.000 und 30.000 Menschen betragen haben dürfte. In nachexilischer Zeit war das Territorium von Jehud deutlich kleiner als in vorexilischer Zeit.

Warum es nicht zu einer Wiedererrichtung der davidischen Königsherrschaft in Juda kam, ist nicht leicht zu sagen. Es kann sein, dass die intensive prophetische Aktivität von Haggai und Sacharja mit ihrer starken messianischen Hoffnung auf Serubbabel und die Restitution der alten davidischen Königsherrschaft das Misstrauen des nach den Wirren um Gaumata gestärkten und auch geheimdienstlich sehr gut organisierten persischen Reichs hervorgerufen hat.

Esr 4,1 erzählt von Schwierigkeiten beim Tempelbau mit den Aktivitäten der „Feinde von Juda und Benjamin". Ein Erstarken Jerusalems schien nicht im Interesse von Samaria, den nördlichen Nachbarn, zu sein. Samaria ist in persischer Zeit das bedeutendste Zentrum in der Region und deutlich wichtiger als das kleine und schlechter entwickelte Jerusalem. Der Tempel mit einem bis heute existierenden Kult der Samaritaner auf dem Garizim bei Sichem, dem heutigen Nablus ist wahrscheinlich erst im 4. Jh. entstanden und wird erstmals in 2 Makk 6,2 erwähnt (vgl. Jos. Ant. 11,321–324). Die Samaritaner benutzten zudem die Tora in einer eigenen Fassung („samaritanischer Pentateuch"). Vielleicht haben aber auch die hochfliegenden Pläne der Rückkehrer und die prophetischen Aktivitäten den Besuch des von der Zentralregierung nach Jerusalem beorderten Satrapen Tattenai ausgelöst (Esr 5,3–17). Seine Visitation hatte jedenfalls zur Folge, dass Serubbabel in Abstimmung mit der persischen Regierung abgezogen wurde und nun lediglich der Bau des Tempels in Jerusalem realisiert wurde (Esr 6,6–12), der möglicherweise 515 eingeweiht werden konnte (Esr 6,15). Es könnte sein, dass es sich bei Esr 6,3–5 um ein unter Darius und Tattenai ausgehandeltes Kompromissdokument handelt (vgl. Esr 6,6).

Damit waren alle Hoffnungen auf eine Wiedererrichtung des davidischen Königtums beendet. Im Exil hatte man von der Restitution beider Säulen des vorexilischen Juda geträumt. Während das davidische Königtum das Exil nicht überlebt hat, wurde der Tempel erneut aufgebaut – aber weder baulich noch bezüglich der Funktion in seiner vorexilischen Form. Baulich äußerst bescheiden (vgl. Hag 2,3), gelangte er im nachexilischen Juda zu zunehmender politischer Bedeutung: In Anlehnung an die Verhältnisse in Babylon, wo der Tempel gegenüber dem Palast deutlich eigenständiger war als im vorexilischen Juda, gab es Bestrebungen in der Priesterschaft, nur den Tempel als Zentrum des neuen Juda zu etablieren. Damit gewinnt die Jerusalemer Priesterschaft eine neue Bedeutung: Als lokale Autorität vertreten sie die Anliegen vor Ort und sind zugleich in das System persischer Herrschaft (z.B. Steuern eintreiben und Abgabenorganisation) eingebunden. Zudem kristallisiert sich die (neue) Position eines „Hohenpriesters" heraus (Hag 1,1; Sach 3,1; 6,11), der die lokale Ebene repräsentiert. Als zweite politische Kraft scheinen laikal organisierte Autoritäten (wie z.B. die „Ältesten", die „Häupter der Vaterhäuser" oder die „Vornehmen") von Bedeutung gewesen zu sein (Esr 5,5.9; 6,7.8.14). Die Mitgliedschaft in der sich neu organisierenden Gemeinschaft erfolgte über die Zugehörigkeit zu den „Vaterhäusern", eine Idee, die sich im Exil in Babylon herausgebildet hatte und die nun mit den Rückkehrern nach Juda importiert wurde (vgl. Kap 2.6.). Weil in dieser Zeit eine neue, bisher in der Geschichte Judas und Israels nicht praktizierte, politische Machtverteilung vorgenommen wurde, ist diese Zeit eben nicht – wie häufig dargestellt – als Periode der „Restauration" zu verstehen, sondern als eine Zeit, in der die politische Organisation neu gestaltet wurde. Die neue Organisationsform mit ihrem hohen Anteil an lokaler Selbstverwaltung hatte die loyale Unterstützung persischer Politik, was sich für Juda in der weiteren Unterstützung seitens der persischen Regierung beim Wiederaufbau Jerusalems Jahrzehnte später unter Nehemia auszahlte. Drückend dürften sich allerdings die hohen Steuerabgaben bemerkbar gemacht haben, die in erster Linie die arme Bevölkerung trafen (vgl. Neh 5,1–13).

2.9. Die persische Provinz Jehud und Nehemia und Esra (5.–4. Jh. v. Chr.)

Über das 5. und auch das 4. Jh. v. Chr. sind wir nur sehr lückenhaft informiert. Aufgrund der mangelhaften Quellenlage wurden diese Jahrzehnte oftmals als „dunkle Zeit" bezeichnet. Archäologische Untersuchungen zeigen, dass sich in der persischen Provinz Jehud (= Juda) weder um 539 noch um 520 (Perserzeit I: 539–450 v. Chr.), sondern erst um 450 ein Einschnitt in der materiellen Kultur zeigt. Während die Provinz in der Perserzeit I eher ärmlich (Subsistenzwirtschaft) und Jerusalem ein kleines Dorf mit ca. 450 Einwohnern war, änderten sich in der sog. Perserzeit II (450–333) Größe und Anzahl der Siedlungen, Besiedlungsdichte und -struktur.

Vermutlich gab es im stark dezimierten Jehud nur einen Tempel, den Jerusalemer Tempel. In welchem Zustand sich der Tempel und der in ihm gepflegte Kult befand, ist schwer zu sagen. Jedenfalls werfen die Worte des Propheten Maleachi, der Opferdienst und die religiöse Praxis würden nicht ernst genommen (Mal 1,6–14; 2,1–9; 2,17; 3,6–10; 3,13–19), kein gutes Licht auf die Gesamtsituation. Erst mit Esra und Nehemia und den mit ihren Namen verbundenen Schriften verfügen wir über mehr Informationen. Allerdings sind Esra und Nehemia in außerbiblischen Quellen nicht belegt, so dass in der Forschung sehr unterschiedlich eingeschätzt wird, ob es sich bei ihnen um historische Personen oder um literarische Figuren späterer schriftstellerischer Tätigkeit handelt.[36] Wahrscheinlich stammen beide Bücher aus frühhellenistischer Zeit (3. Jh. v. Chr.).

Nach den Angaben der gleichnamigen Bücher werden die Tätigkeiten von Esra und Nehemia jeweils in die Zeit eines Königs „Artaxerxes“ datiert: Esras Wirken habe im siebten Regierungsjahr des „Artaxerxes“ begonnen (Esr 7,7–9). Nehemia sei im 20. Jahr des „Artaxerxes“ in Jerusalem eingetroffen, wo er sich zwölf Jahre aufgehalten habe (Neh 1,1; 2,1). Nach dieser Chronologie wären die beiden Zeitgenossen (Neh 8,9; 12,36), wobei Esra als Erster in Jerusalem eingetroffen wäre. Da beide jedoch von tiefgreifenden Reformen berichten, ist diese Reihenfolge wenig wahrscheinlich. Zudem nehmen beide Gestalten nie Bezug aufeinander. Ein erwägenswerter Lösungsvorschlag geht davon aus, dass es sich bei „Artaxerxes“ um zwei verschiedene Könige handelt: Nehemia wäre unter der Regierung von Artaxerxes I. Longimanus (465–424/423) nach Jehud gekommen, während Esras Tätigkeit in die Regierungszeit von Artaxerxes II. Mnemon (404–359/8) zu datieren ist. Dann wäre Nehemia als Erster um 445/4, Esra erst nach ihm um das Jahr 398/7 in Jerusalem eingetroffen.

In dem als Ich-Bericht gestalteten Nehemiabuch wird Nehemia als hoher Beamter judäischer Abstammung („Mundschenk“) am Hof des persischen Großkönigs vorgestellt (Neh 1,11). Daraus lässt sich ableiten, dass keineswegs alle Deportierten nach Juda zurückgekehrt sind. Nehemia bat den König, Jerusalem wieder aufbauen zu dürfen (Neh 2,1–8). Dies ist ein deutlicher Hinweis auf den offensichtlich beklagenswerten Zustand Jerusalems: Die Mauern Jerusalems seien immer noch in Trümmern, die Stadttore nicht funktionstüchtig (vgl. Neh 1,3; 2,3.13; Klgl 2,8). Vermutlich lebten in dieser Zeit in Jerusalem ca. 1.500 Menschen. Als Sonderbeauftragter oder evtl. Statthalter (*pecha*) wurde Nehemia in die Provinz Jehud geschickt (Neh 5,14–15; 12,26), wo er um 445/444 eingetroffen sein dürfte. Allerdings ergaben sich damals sogleich Schwierigkeiten mit Sanballat, dem Statthalter von Samaria, und Tobia, dem Verantwortlichen der ostjordanischen Nachbarprovinz (Neh 2,10). Ihr Widerstand richtete sich offenbar gegen die Stärkung Jerusalems. Nehemia bemühte sich um den Wiederaufbau von Jerusalem, die Instandsetzung der Stadtmauern (Neh 2,11–4,17; 6,1–19; 12,27–43), die Verbesserung der sozialen Lage (Neh 5,1–19) sowie die Vorschriften zur Einhaltung der Tora, v.a. des Sabbats (Neh 13,1–31) und die Verurteilung und Bekämpfung von Mischehen (Neh 13,1–2.22–29).

Nach Aussage des Esrabuchs war Esra ein Priester aus hohepriesterlicher Familie (Esr 7,12), der im siebten Jahr des Königs Artaxerxes nach Jerusalem gekommen sein soll (Esr 7,7–9), um eine Wiedergutmachung an Juda zu überbringen (Esr 7,15–16), die Einhaltung der Tora zu überprüfen und die Gottesordnung durchzusetzen (Esr 7,14.25–26). Zudem habe Esra das „Gesetz des Gottes des Himmels“ (Esr 7,12.14.21.23.25–26) im Auftrag des persischen Königs promulgiert (sog. Artaxerxes-Reskript in Esr 7,12–26; vgl. hierzu Kap. 3.). Was mit dem „Gesetz des Gottes des Himmels“ bezeichnet sein könnte, ist umstritten: Manche vermuten dahinter die ganze Tora, andere unterschiedliche Gesetzestexte oder ein persisches Gesetz. In der rabbinischen Tradition gilt Esra als der erste Gesetzeslehrer und Schriftgelehrte. Seine Figur vereinigt die Gestalt des Mose als Gesetzgeber (vgl. 4 Esra 14) und des Aaron als Priester.

In beiden Büchern (Esr und Neh) geht es um eine theologische Deutung der zeitgenössischen Situation: Das Bemühen um Jerusalem und den Tempel wird als *Wieder*-Herstellen eines alten, eigentlichen Zustands und als Wahrung von Kontinuität dargestellt. Die nachexilischen Maßnahmen gingen zwar zum großen Teil auf vorexilische Wurzeln zurück, waren aber in ihrer Ausgestaltung und Funktion in nachexilischer Zeit „neu“. Insofern war die nachexilische Zeit keine „Restauration“, sondern steht in der Spannung von Kontinuität und Diskontinuität. Neuerungen werden so vorgestellt, als würden sie in Kontinuität zu ganz alten Traditionen stehen: Der neue Tempelkult in Jerusalem wird als Anknüpfung an den ersten Tempel Salomos, die Gesetzesmaßnahmen als Umsetzung der Tora dargestellt, obwohl es sich zutreffender eigentlich um Umgestaltungen und Neudefinierung von Bekanntem oder um Gründung von Neuem handelt. Ziel ist die Absicherung der eigenen, in Frage gestellten Identität (vgl. Mischehenverbot in Esr 9,1–10,44; Neh 13). Die im Exil entwickelten Identitätsmerkmale („Vaterhäuser", Beschneidung, Speisegebote, Sabbat, Mischehenverbot) wurden von den Rückkehrern, die eine Minorität waren, nach Jehud importiert und dort zunehmend als Norm etabliert.

3. Die Entstehung des Pentateuchs. Literarische Verarbeitungen in der Exils- und Perserzeit (6.–4. Jh. v. Chr.)

Das deutsche Singularwort „Bibel“ bezeichnet eine Sammlung verschiedener Schriften und Bücher, die im Judentum und Christentum Fundament und Grundtext der religiösen Überzeugung, des Gottesdienstes und des gelebten Glaubens sind. Die nach heutiger Zählung 39 hebräisch bzw. aramäisch verfassten Bücher gliedern sich in der Anordnung der hebräischen Bibel in drei große Gruppen: Tora („Weisung“; Pentateuch),[1] Neviim („Propheten“) und Ketuvim („Schriften“).[2] Deswegen wird im Judentum die Bibel, die wir christlicherseits „Altes Testament“ nennen, mit dem aus den Anfangsbuchstaben der drei Gruppen zusammengesetzten Kunstwort als „TaNaK“ (gesprochen: TaNaCh) bezeichnet. Die Einteilung in diese drei Gruppen ist alt: So spricht der Prolog des Sirachbuchs bereits am Ende des 2. Jhs. v. Chr. von dem Gesetz, den Propheten und den übrigen Büchern (vgl. Sir 38,34–39,1).

Heute verfügen wir über keine Informationen außerhalb der biblischen Schriften, die uns Aufschluss darüber geben, welche Schrift wann, wo und von wem verfasst worden ist. Es gibt nur wenige äußere Hinweise, die einige Eckdaten liefern: So finden sich in der Tora keine Hinweise auf eine Auseinandersetzung mit griechischer Kultur und Religion (ab Ende des 4./3. Jh. v. Chr.), was dafür sprechen könnte, dass die fünf Bücher der Tora in vorhellenistischer Zeit verfasst wurden. Sodann wird in den Büchern Esra und Nehemia auf eine „Tora des Mose“ als normative Größe Bezug genommen (Esr 3,2; Neh 10,30; 13,1). Außerdem wurde im 3. Jh. v. Chr. der Pentateuch in Alexandrien (Ägypten) ins Griechische übersetzt; d.h. im 3. Jh. v. Chr. muss – da er übersetzt werden konnte – der Pentateuch vorgelegen haben, während sich die anderen Gruppen im Kanon[3] der biblischen Schriften, v.a. der dritte Teil, die „Schriften“, im 3. und 2. Jh. v. Chr. durchaus noch im Fluss befunden haben.[4] Insgesamt aber dürfte der TaNaK um 100 n. Chr. abgeschlossen und allgemein akzeptiert gewesen sein. Ab diesem späten Zeitpunkt ist die textgestaltende Arbeit beendet. Der Text wird nun nicht mehr verändert, sondern nur noch abgeschrieben und in späteren Jahrhunderten seine Aussprache und Intonation gesichert.

Wann aber sind die einzelnen Schriften entstanden? Die Schriften des Alten Testaments haben eine sehr komplexe Entstehungsgeschichte hinter sich, die für uns heute nur schwer zu rekonstruieren ist. Jeder Versuch, den Entstehungsprozess zu skizzieren, bleibt hypothetisch. An dieser Stelle wird daher nicht mit den kaum erreichbaren „Anfängen", sondern um 400 v. Chr. begonnen, weil man erst zu diesem Zeitpunkt von einigermaßen zuverlässigen Datierungen ausgehen kann. Es ist wichtig, sich vor Augen zu halten, dass alle angenommenen Vorstufen und Entwicklungsstadien nur hypothetisch und nicht z.B. durch Textfunde abgesichert sind. Je mehr Bearbeitungsstufen angenommen werden und je weiter man zurückgeht, umso hypothetischer und ungesicherter sind die vermuteten Vorstufen.

In der Tradition wurde zunächst davon ausgegangen, dass Mose die Tora verfasst habe. Seit dem 16. Jh. n. Chr. gab es aber immer wieder Stimmen, die bestritten, dass die „fünf Bücher Mose" von Mose selbst verfasst worden seien. Seit dem 18. Jh. n. Chr. wurden unterschiedliche Entstehungsmodelle der biblischen Texte diskutiert. Sie basierten auf Beobachtungen wie dem Wechsel von Gottesname (JHWH) und Gottestitel bzw. Gottesbezeichnungen, Doppelungen von Erzählungen (z.B. die zwei verschiedenen, in sich stehenden Schöpfungserzählungen Gen 1,1–2,3; 2,4–3,24 oder die drei Erzählungen über die Preisgabe der eigenen Frau Gen 12,10–20; 20,1–18; 26,1–11) sowie Spannungen und Widersprüchen innerhalb einer Erzählung (vgl. die Sintfluterzählung Gen 6,5–9,17). Auf den Veröffentlichungen von Wilhelm Martin Leberecht de Wette (1805) und Julius Wellhausen (1876) fußt jene Pentateuchhypothese,[5] die in überarbeiteter Form als „Vier-Quellen-Modell" bis nach 1970 als *die* allgemein akzeptierte und unhinterfragte Entstehungstheorie für den Pentateuch galt.[6]

Man ging dabei von vier verschiedenen Quellen aus: J = Jahwist um 950 v. Chr.; E = Elohist um 800 v. Chr.; D = (Ur-)Deuteronomium im 7. Jh. v. Chr. und P = Priesterschrift um 550 v. Chr. Diese seien sukzessiv in verschiedenen Redaktionsprozessen miteinander verbunden und ineinander gearbeitet worden. In den letzten Jahrzehnten ist jedoch deutlich geworden, dass dieses Modell religionsgeschichtlich kaum haltbar ist. Dies gilt insbesondere für die frühe Datierung des Jahwisten als umfassendes Geschichtswerk in das 10. Jh. v. Chr. Auch die verwendete Methodik erweist sich mitunter als problematisch, zumal sich die Theorie lediglich auf das Buch Genesis und die erste Hälfte des Buches Exodus, nicht aber auf die weiteren Bücher der Tora anwenden lässt.

Heute gehen die Theorien zur Entstehung der Bibel weit auseinander. Derzeit ist kein Konsens in Sicht – im Gegenteil: Es gibt eine Vielzahl von deutlich divergierenden, hochspezialisierten Modellen. Die derzeitige Forschungssituation ist gerade für Studienanfänger un-

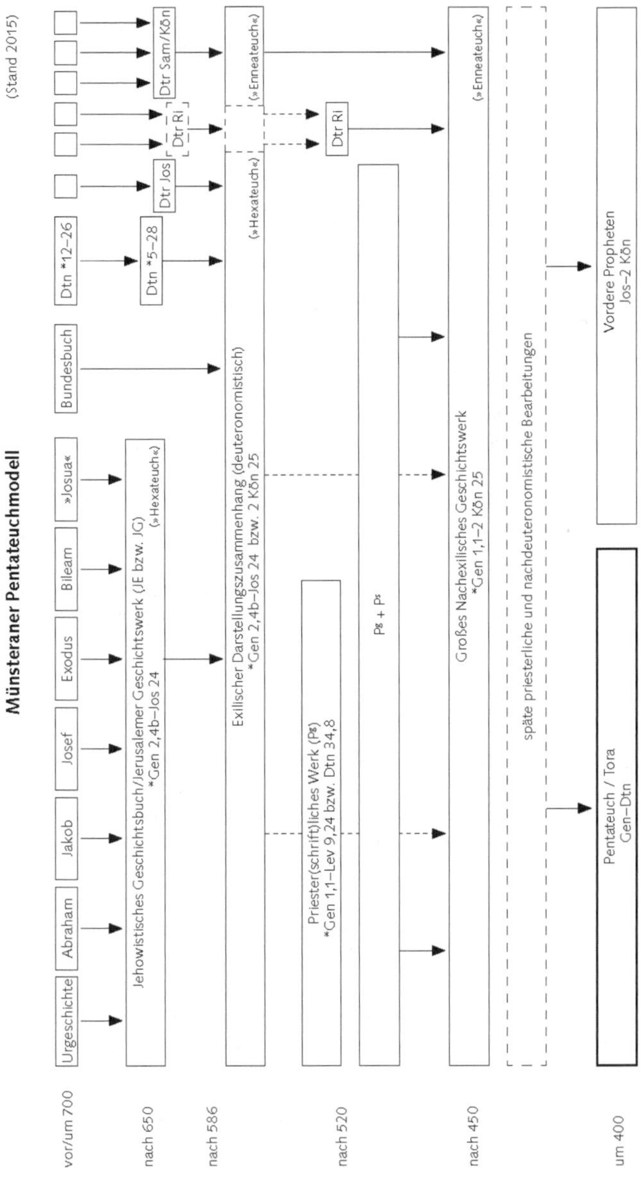
Münsteraner Pentateuchmodell
(Stand 2015)
vor/um 700
nach 650
nach 586
nach 520
nach 450
um 400
Urgeschichte
Abraham
Jakob
Josef
Exodus
Bileam
»Josua«
Bundesbuch
Dtn *12–26
Dtn *5–28
Dtr Jos
Dtr Ri
Dtr Sam/Kön
Jehowistisches Geschichtsbuch/Jerusalemer Geschichtswerk (JE bzw. JG)
*Gen 2,4b–Jos 24
(»Hexateuch«)
Exilischer Darstellungszusammenhang (deuteronomistisch)
*Gen 2,4b–Jos 24 bzw. 2 Kön 25
(»Hexateuch«)
(»Enneateuch«)
Dtr Ri
Priester(schrift)liches Werk (Pg)
*Gen 1,1–Lev 9,24 bzw. Dtn 34,8
Pg + Ps
Großes Nachexilisches Geschichtswerk
*Gen 1,1–2 Kön 25
(»Enneateuch«)
späte priesterliche und nachdeuteronomistische Bearbeitungen
Pentateuch / Tora
Gen–Dtn
Vordere Propheten
Jos–2 Kön

übersichtlich. Daher wird im Folgenden nur eine mögliche Entstehungsgeschichte der biblischen Schriften zugrunde gelegt, das sog. „*Münsteraner Pentateuchmodell*".[7] Eine zentrale Veränderung gegenüber der älteren Theoriebildung ist, dass die ersten schriftlichen Überlieferungen ca. 100 bis 200 Jahre später (statt ins 10. Jh. in das 8./7. Jh. v. Chr.) datiert werden.

Nach den ersten größeren, schriftlich fixierten Erzählzusammenhängen im 7. Jh. (s. Kap. 5.) sieht das Münsteraner Pentateuchmodell in der exilisch-nachexilischen und persischen Zeit (6.–4. Jh.) die entscheidende Formationsphase für den Pentateuch. Nach den Eroberungen von Jerusalem, der Zerstörung des Tempels und den Deportationen (597 und 587) stellten sich für die Exilierten ganz existentielle theologische wie persönliche Fragen: Warum wurden das Land erobert und verwüstet, die Kultstätten zerstört und die Bevölkerung exiliert? Die Reflexion über diese Fragen hat einen Prozess der Literaturproduktion ausgelöst, dessen Produkte das „Große Exilische Geschichtswerk" sowie etwas später die „Priesterschrift" sind. Dabei hat die im Exil (587) einsetzende Textarbeit nicht bei Null angefangen, sondern konnte bereits auf eine bestehende, wahrscheinlich nicht unbeträchtliche schriftliche Überlieferung aus dem 7. Jh. zurückgreifen: Es lagen neben verschiedenen Überlieferungen und Rechtssammlungen wahrscheinlich auch zwei umfangreichere Textkomplexe vor: das „Jerusalemer Geschichtswerk" (JG) und das (joschijanische) Deuteronomium (Dtn 5–28*[8] vgl. hierzu Kap. 5.).

Man nimmt an, dass ein „Exilischer Darstellungszusammenhang" entstanden ist, der die Geschichte(n) Israels von der Schöpfung bis zum Ende des Königtums erzählt (Gen 2,4–2 Kön 25*). Dieses Werk ist keine Neuschöpfung aus exilischer Zeit, sondern beinhaltet zahlreiche Textkomplexe, die bereits zuvor existiert hatten. Dies ist zum einen das „Jerusalemer Geschichtswerk", dessen Erzählbogen ursprünglich von der Schöpfung bis zur Landnahme reichte (Gen 2,4b–Jos 24*). Zum anderen sind dies Textüberlieferungen, wie das „Bundesbuch", das „joschijanische Deuteronomium" (Dtn 5–28*) und die deuteronomistischen Fassungen der Bücher Richter, Samuel und Könige. Alle diese Texte wurden im Exil zu einem Erzählbogen verarbeitet. „Das exilische Werk stand jedenfalls von seiner Anlage her unter der Dialektik Heil-Unheil und präsentierte den Verlauf der Geschichte in der Perspektive Gehorsam bzw. Ungehorsam gegenüber den durch Mose vermittelten Gottesgesetzen"[9] (Gen 2,4–2 Kön 25*). Zugleich ist damit zu rechnen, dass alle diese Vorlagen vor dem Hintergrund der zeitgenössischen Erfahrungen überarbeitet wurden. Diese Überarbeitungen werden häufig als „deuteronomistisch inspiriert“ etikettiert, weil sie in Kontinuität zu vorexilischen theologischen Traditionen die Zusammenhänge im geschichtlichen Rückblick zu erkennen suchten, um Ursachen für das Exil benennen zu können.

In frühnachexilischer Zeit, möglicherweise im Kontext der Wiedererrichtung des Tempels (vermutlich zwischen 520–515), entstand im Exil eine weitere Schrift,[10] die wegen ihrer deutlich eigengeprägten, priesterlich gefärbten Sprache als „Priesterschrift“ (P) bezeichnet wird. Diese Schrift hat ebenfalls eine komplexe Entstehungsgeschichte hinter sich, die wahrscheinlich aus einer Grundschrift (P^g) und Fortschreibungen (P^s) besteht.[11] Auch sie beginnt mit der Erzählung einer Weltschöpfung (Gen 1) und erzählt die Geschichte Israels mit ihrem Höhepunkt bei der Errichtung des Heiligtums am Sinai als Ort der sichtbaren Anwesenheit Gottes in der Welt. „Dieser Geschichtsentwurf, der Israel außerhalb des Landes am Sinai konstituiert und vermutlich auch bis an die Grenze des verheißenen Landes führt (...), ist von der Spannung zwischen der verwirklichten Gottesgegenwart am Sinai und der Verheißung des Landes gekennzeichnet. Diese Spannung zwischen „schon“ und „noch nicht“ könnte auf die Phase des Übergangs zwischen der Schlussphase des Exils und der sukzessive beginnenden Rückkehr der Gola in das Land weisen.“[12] Priesterschriftliche Texte zeichnen sich durch Wiederholungen, formelhafte Sprache und stereotype Formulierungen aus, wie dies die priesterschriftliche Schöpfungserzählung in Gen 1,1–2,3 exemplarisch zeigt. Geprägt durch deutliche Wiederholungen („Gott sah, dass es gut war“, „Es wurde Abend und es wurde Morgen: erster Tag“, etc.) wird, gegen die lebensfeindlichen Gegebenheiten am Anfang, von der Erschaffung einer Welt erzählt, die von Gott Ordnung und Struktur erhält. Diese Welt zeichnet sich dadurch aus, dass sie in sich funktioniert und nicht auf ein permanentes göttliches Eingreifen oder Inganghalten angewiesen ist. Auffallend ist die Verwendung des Begriffs „Gott“, der von Beginn der Erzählung an („Im Anfang erschuf Gott Himmel und Erde“, Gen 1,1) ohne Artikel verwendet wird. Dies ist deswegen ungewöhnlich, weil „Gott“ eigentlich ein Oberbegriff für eine Gruppe ist, aus der man Einzelne über ihren Eigennamen identifizieren müsste. In der Priesterschrift jedoch wird der ‚Gattungsname‘ wie ein Eigenname gebraucht, was voraussetzt, dass es in der Gattung nur ein Exemplar gibt. Dass bis heute diese Verwendung des Begriffs „Gott“ gebräuchlich ist, geht auf die in der exilisch-nachexilischen Zeit entwickelten monotheistischen Vorstellungen und den damit geprägten Begrifflichkeiten zurück. Dieses Gotteskonzept, das in dieser Zeit entwickelt wurde, findet auch sprachlich seinen Ausdruck in neu geprägten Worten, wie beispielsweise das Wort „schaffen“ (*brh*), das sich vor allem bei Deuterojesaja und in der Priesterschrift findet: Anders als im Deutschen kann das hebräische Wort nur Gott als Subjekt haben und verleiht damit der Einzigartigkeit des göttlichen Schaffens Ausdruck.

Die Entstehung von konkurrierenden Entwürfen und Erzählkomplexen zeigt die Vielfalt und die Lebendigkeit der Diskussion in exilisch-nachexilischer Zeit.

Nach 450 erfolgte eine Zusammenführung der beiden Textkomplexe, indem der exilische Darstellungszusammenhang und die „Priesterschrift“ ineinander gearbeitet wurden. So entstand das sog. „Große Nachexilische Geschichtswerk“, das wahrscheinlich Gen 1–2 Kön 25* umfasst. Weil diese beiden vorher getrennten Schriften zum Teil gleiche Themen behandeln, kam es zu Doppelungen, die literarisch unterschiedlich gelöst wurden: Erzählungen mit gleichem Thema wurden getrennt voneinander hintereinander angeordnet; dies ist z.B. der Fall am Anfang der Bibel, die durch die (jüngere) priesterschriftliche Schöpfungserzählung (Gen 1,1–2,3) eröffnet wird, worauf die ältere nicht-priesterschriftliche Schöpfungserzählung in Gen 2,4–24 aus dem Jerusalemer Geschichtswerk folgt. Eine andere Lösung war das Ineinanderarbeiten von zwei unterschiedlichen Erzählfäden, die aus unterschiedlichen Erzählzusammenhängen stammen. Das kann man heute noch an Wiederholungen, Spannungen oder Brüchen in den Texten erkennen, z.B. bei der Sintflutgeschichte (Gen 6–9) oder der Meerwundererzählung (Ex 14). Durch das Zusammenfügen der vorliegenden Textkomplexe wurden in dieser Phase noch einmal viele Einzeltexte überarbeitet, um einen übergreifenden Erzählzusammenhang zu schaffen.

Um 400 scheint dann das umfangreiche Werk in zwei Teile getrennt worden zu sein: in die Tora (Gen–Dtn) und die Vorderen Propheten (Jos–2 Kön). Damit wurde die Struktur des bisherigen Textkorpus grundlegend verändert: Während das „Große Nachexilische Geschichtswerk“ zuvor einen geschlossenen Zusammenhang von der Schöpfung bis zum Untergang Judas erzählt hatte, wurde dieser nun durch die Grenzziehung zwischen dem Buch Deuteronomium und dem Buch Josua aufgebrochen. Damit ist der Charakter deutlich verändert worden: Der Erzählzusammenhang der *Tora* bzw. des *Pentateuch* (Gen–Dtn) hat durch die Abtrennung ein offenes Ende erhalten. Nun endet die Tora vor der Landnahme. Der dadurch neu entstandene Geschehensbogen von der Schöpfung, über den Exodus und der Gabe der Tora am Sinai bis zum verheißenen Land erzählt den gründenden Anfang. Damit erhält die Tora nicht nur die Funktion, „Geschichte“ zu erzählen, sondern sie bietet durch ihr offenes Ende auch unterschiedliche Anknüpfungsmöglichkeiten und Gestaltungsspielräume für das Leben „im Land“, an das jede Generation, die die Tora liest, neu anschließen und es gestalten kann. Durch diese Veränderung wird der restliche Erzählverlauf zu Beispielen manchmal gelungener, aber auch misslungener kollektiver wie individueller Lebensgestaltung. Nur auf den ersten Blick scheint es, als wolle die biblische Überlieferung einen Geschichtsverlauf erzählen; schaut man genauer hin, wird deutlich, dass es sich bei der biblischen Überlieferung um einen theologischen Lehr- und Reflexionsraum handelt, der das Erzählen als Modus sowie das gelebte Leben und die erfahrene Geschichte als Ort für orientierende theologische Reflexion wählt. Mit der Abgrenzung der Tora von den anderen Schriften ist der Pentateuch im Prinzip abgeschlossen – von wenigen punktuellen Eingriffen abgesehen (z.B. evtl. Gen 14).

Dass der Abschluss der Tora zwischen 450 und 400 liegt, kann als gewisser Konsens in der Forschung bezeichnet werden. Ob dieser aber mit einer gezielten persischen Politik zusammenhängt, die lokales Recht als persisches Recht anerkennt, ist umstritten: Die These, dass die Fertigstellung der Tora mit einer persischen Reichsautorisation der Tora in Zusammenhang steht und dies der Hintergrund des sog. Artaxerxes-Reskripts in Esr 7,12–26 sei, wird kontrovers diskutiert.[13] Sicherlich handelte es sich bei der Fertigstellung der Tora um einen innerjüdisch motivierten Prozess, der sich um eine Definition dessen, was „Israel“ sei, bemühte. Dass die unterschiedlichen jüdischen Gruppen ihre Auffassungen im Pentateuch zusammengestellt haben und durch die persische Zentralregierung haben anerkennen lassen, um so den jüdischen way of life sicherzustellen,[14] ist nicht unplausibel. Mit dem nunmehr als Mose-Tora gestalteten Pentateuch wurde ein Kompromissdokument konkurrierender Gruppen geschaffen, das bis heute schriftgelehrte Auseinandersetzung und Auslegung erfährt.

In all diesen hypothetisch rekonstruierten Etappen der Entstehung der biblischen Schriften sind immer wieder ähnliche Prozesse zu beobachten: Die als schwierig bis katastrophal erlebte Gegenwart wird als Aufforderung verstanden, die eigene Vergangenheit in den Blick zu nehmen. Ihr Ziel ist es nicht, mit archivarischem Interesse zu rekonstruieren, was denn geschehen war, sondern es geht vielmehr darum zu verstehen, warum es so kommen konnte, wie es gekommen ist. Die (Re)Konstruktion der Vergangenheit liegt nicht in ihr selbst, sondern in der eigenen Gegenwart. Sie dient der Selbstvergewisserung, um die eigenen Erfahrungen verarbeiten zu können, nach der eigenen Identität zu fragen und herauszufinden, wie das eigene Handeln neu orientiert und in Zukunft gestaltet werden kann.

4. Die Königszeit in Israel und Juda (10.–6. Jh. v. Chr.)

Mit der Eroberung des Landes durch die Babylonier, der Zerstörung des Tempels und der Deportation großer Teile der Bevölkerung (597, 587 v. Chr.) wurden dem Staat Juda innerhalb von kurzer Zeit die Fundamente entzogen, die seit Jahrhunderten seine Identität ausgemacht hatten: die Herrschaft der Davidsdynastie in Jerusalem, der JHWH-Kult in Jerusalem sowie das Leben im Land. Vor dem babylonischen Exil (587 v. Chr.) gab es vom Beginn des 10. Jhs. v. Chr. an in Juda und in Israel das Königtum als politische Organisationsform im Rahmen einer sich entwickelnden Staatlichkeit. Nach der biblischen Erzählung sei dieses Königtum unter den Königen Saul, David und Salomo entstanden und nach Salomo (vgl. 1 Kön 12) in zwei Staaten, Israel im Norden und Juda im Süden, „zerfallen" (vgl. hierzu auch Kap. 6.6.).

Die Zeit der Königsherrschaften in Israel und Juda steht im Mittelpunkt dieses Kapitels. Dabei geht die Darstellung auf der Zeitskala einen Schritt „zurück" und nimmt die Jahrhunderte zwischen 1000 v. Chr. und 597/587 v. Chr. auf der Ebene der geschichtlichen Erfahrungen (Geschichte) und auf der Ebene der literarischen Verarbeitung (Geschichten) in den Blick.

Dabei zeigt sich, dass sich die durch das Exil zerbrochenen Größen, die Herrschaft der Davidsdynastie in Jerusalem, der JHWH-Kult in Jerusalem sowie das Leben im Land in den vorangegangenen Jahrhunderten in vielfacher Weise entwickelt und verändert hatten. Mindestens sechs grundlegende Beobachtungen lassen sich ausmachen, die für die Geschichte Israels und Judas – auch im Blick auf die in dieser Zeit entstehende, in der Hebräischen Bibel gesammelte Literatur – entscheidend waren:

Erstens waren die Jahrhunderte der Königszeit in Israel und Juda durch die Oberherrschaft der Assyrer geprägt, die in zunehmendem Maße, besonders ab dem 9. Jh. v. Chr., auf die Entwicklung im Westen Einfluss nahmen und als Weltherrscher die Geschicke der angrenzenden Völker bestimmten (vgl. dazu ausführlicher Kap. 4.1.).

Zweitens war für den syro-palästinischen Raum außenpolitisch nicht nur Assyrien, sondern auch der in Syrien erstarkte Staat von Aram-Damaskus bestimmend. Dieser dehnte im Laufe des 9. und 8. Jhs. seine Präsenz in das West- und Ostjordanland aus, was unweigerlich zu Konflikten mit Israel führte. So wechselten sich beide Staaten in ihrem Einfluss (z.B. auf die Jesreelebene oder Galiläa) ab.

Israel und Juda in der Königszeit

Herrschaft über Gebiete war in dieser Zeit nie durch fest definierte Außengrenzen begrenzt, sondern stellte – für uns heute eher ungewohnt – ein flexibles System wechselnder Einflusssphären dar. So waren Aram und Israel in vielen lokalen Auseinandersetzungen Gegner und kämpften gegeneinander, sie waren aber auch Verbündete im Kampf gegen die Assyrer. Aus assyrischer Perspektive war Aram der politisch, kulturell und ökonomisch entscheidende Faktor im syropalästinischen Raum. Daher konzentrierte sich der Angriff der Assyrer in erster Linie auf Aram. Auf diese Weise konnten sich im Windschatten der Auseinandersetzung zwischen Aram und Assur Kleinstaaten in der Region bilden und entfalten, zu denen Israel, aber auch Ammon, Moab, Edom und Juda zählten. 732 fiel Damaskus in die Hände der Assyrer.

Drittens gab es jahrhundertelang zwei Staaten: Israel als Königreich im Norden mit der (späteren) Residenz Samaria und einer eher multiethnischen Gesellschaft sowie Juda im Süden mit Jerusalem als Residenzstadt. Die Staaten Israel und Juda hatten je eine eigene politische Geschichte, verschiedene Königshäuser und unterschiedliche ökonomische Entwicklungen. Zugleich verstanden sie sich aber als verwandt, sprachen dieselbe Sprache (von dialektalen Unterschieden abgesehen) und maßen der Verehrung desselben Gottes JHWH einen besonderen Stellenwert bei.

Viertens gliedert sich die staatliche Zeit durch ein entscheidendes Ereignis in zwei Phasen: Die Zeit, in der Israel und Juda als zwei Staaten nebeneinander existierten, reichte nur bis zum Jahr 722 v. Chr. In diesem Jahr eroberten die Assyrer Israel, deportierten die Oberschicht und siedelten zum Teil neue Bewohner vor Ort an. Damit ergibt sich eine erste Phase der Königszeit, die bis 722 v. Chr. reicht und in der es zwei Staaten, Israel im Norden und Juda im Süden, gegeben hat. Daran schließt sich eine zweite Phase an (722–597 / 587 v. Chr.), in der nach der Eroberung Israels nur noch Juda existierte. Somit erlitt Israel durch die Assyrer dasselbe Schicksal, das Juda knapp 150 Jahre später durch die Babylonier widerfuhr. Aber anders als bei Juda haben sich die Spuren der in das assyrische Reich deportierten israelitischen Bevölkerung verloren. Der Untergang Israels, der globalpolitisch eine (eher kleinräumige) Erweiterung des assyrischen Imperiums im Westen bedeutete, war für Juda jedoch von elementarer Bedeutung: Durch die veränderte politische Lage und auch durch Flüchtlinge aus dem Norden erfuhr Juda in den folgenden Jahrzehnten einen wirtschaftlichen Aufschwung und nahm enorm an politischer Bedeutung zu.

Fünftens liegen erst seit dem 9./8. Jh. v. Chr. außerbiblische Texte vor, die indirekt oder direkt Zeugnis von der Geschichte Israels und Judas ablegen. Zudem lässt sich die Verwendung von Schrift und Schriftlichkeit nachweisen. Damit waren die Voraussetzungen geschaffen, dass Literaturproduktion überhaupt möglich war.

Sechstens war die staatliche Zeit eine theologiegeschichtlich wichtige Phase für die Entstehung der Schriften der Bibel: Es entstanden größere Textzusammenhänge, die später als normative Texte gesammelt und überliefert wurden (vgl. Kap. 3 und 5). Es ist davon auszugehen, dass die Phase der Produktion literarischer Texte spätestens nach 722 v. Chr. einsetzte. Damit speist sich unser Wissen über diese Zeit nicht nur aus der Archäologie und außerbiblischen Quellen, sondern auch aus den biblischen Texten selbst; dies sind die (Samuel- und) Königsbücher, aber auch Teile der Prophetenbücher (Amos, Hosea, Micha, Jesaja etc.). Dabei ist stets zu fragen, welche Texte möglicherweise aus vorexilischer Zeit stammen könnten und welche exilisch-nachexilisch überarbeitet wurden und daher eher die Zeit spiegeln, in der sie verfasst bzw. redigiert wurden als die Zeit, von der sie erzählen.

Die Königsbücher

Die Königsbücher schildern die Geschichte der monarchischen Herrschaft in Israel und Juda. Sie gliedern sich in drei große Hauptteile: Im ersten Teil wird der Tod des Königs David und die Geschichte seines Sohnes und Nachfolgers Salomo (1 Kön 1–11), im zweiten die Entwicklung von Israel und Juda bis zum Untergang Israels (1 Kön 12 – 2 Kön 17) und im dritten die Geschichte Judas bis zu dessen Untergang geschildert (2 Kön 18–25). Damit umfassen die Bücher die politische, militärische, soziale und theologische Geschichte von ca. vier Jahrhunderten.
In der Forschung wird die Entstehungsgeschichte der Königsbücher kontrovers diskutiert. Ein gewisser Konsens besteht darin, dass sie erst in persischer Zeit endredigiert wurden. Ebenso ist man sich darin einig, dass es eine komplexe Entwicklungsgeschichte gegeben hat. Vermutlich sind unterschiedliche vorexilische Überlieferungen im und nach dem babylonischen Exil in einem Erzählzusammenhang zusammengestellt worden, wahrscheinlich als Teil eines exilischen Darstellungszusammenhangs (s. Kap. 3.). Der Gesamtentwurf der Geschichte Israels und Judas aus judäischer Perspektive sollte erklären, wie es zum Untergang Israels und später Judas kommen konnte. Als Maßstab der

Bewertung und als entscheidende Begründung galt das „Fehlverhalten" der Könige v.a. auf religiösem Gebiet. Dieser Maßstab wurde allerdings erst durch die Reformen des Königs Joschija (Kultreinigung und Kultzentralisation) gewonnen (vgl. Kap. 4.4.6.), so dass die politischen oder religiösen Zustände, die vorher durchaus als „normal" galten, nun in einem anderen Licht erschienen und für die späteren Katastrophen der eigenen Geschichte verantwortlich gemacht wurden.
Das aus dem deutenden Rückblick erzählte Geschehen sollte erklären, wie es zu den politischen Katastrophen von (722 und) 587 v. Chr. kommen konnte. Das Verhalten der Königinnen und Könige und ihre Einstellung gegenüber dem Gott Israels wurden zum entscheidenden Kriterium. In der Darstellung wurde daher die Verehrung anderer Gottheiten hart verurteilt, die Alleinverehrung des Gottes Israels gefordert und die Kultzentralisation am Jerusalemer Tempel propagiert.
Neben der politischen Geschichte spielten Prophetinnen[1] und Propheten (Natan, Ahija von Schilo, Micha ben Jimla, Elija, Elischa, Hulda u.a.) eine große Rolle, die als Brückenfiguren zwischen Gott und den Menschen fungieren: Sie mischen sich in das Leben der Menschen, das politische Geschehen und die theologischen Belange ein; dabei äußern sie sich manchmal königsorientiert, manchmal königskritisch.
In den Königsbüchern wird ein Panorama der Geschichte Israels und Judas entworfen, das weniger als Geschichtsschreibung, sondern vielmehr als Theologie in erzählter Form zu verstehen ist: Der Versuch, ein Erklärungsmodell für den Untergang der beiden Staaten und die Zerstörung des Jerusalemer Tempels zu entwickeln, soll dazu beitragen, die Katastrophen der eigenen Geschichte zu verstehen und zu verarbeiten.

4.1. Das assyrische Reich (935–612 v. Chr.)

Als Assyrien wird das nördliche Gebiet des Zweistromlandes (heute: vor allem Irak) bezeichnet. Der assyrische Staat stellte vom 10. bis 7. Jh. v. Chr. zunehmend *die* beherrschende Macht im Vorderen Orient dar.

Vier Grundzüge der assyrischen Politik sind festzuhalten: Erstens zeichnete sich Assyrien durch permanente Expansionsbestrebungen aus, Gebiete wurden im Namen des Staatsgottes Assur erobert und in das eigene Reich integriert. Die Gebiete wurden zu assyrischen Provinzen mit einem Statthalter an der Spitze. Zweitens wurden Deportationen der Ober- und Mittelschicht des eroberten Gebiets im großen Stil durchgeführt: Vor allem widerständige Bevölkerungen wurden einzeln oder in kleinen Gruppen in anderen Gebieten angesiedelt und gegen andere Bevölkerungsgruppen ausgetauscht (die sog. Zwei-Wege-Deportation). Oft erhielten diese neue Funktionen und entwickelten so neue Loyalitäten. Damit sollte der Widerstand in der Bevölkerung gebrochen und die deportierte Mittel- und Oberschicht in das eigene System integriert werden. Drittens verfügten die Assyrer über eine überlegene Waffentechnologie (z.B. fahrbare Sturmböcke, Mauerbrecher, ausgereiftere Bogentechnik) sowie über ein stehendes Heer mit Streitwagenabteilungen und Reiterei, das außerordentlich schnell und wirkungsvoll eingesetzt werden konnte. Viertens verfügte der assyrische Staat über eine gut funktionierende Bürokratie und Administration.

Mit Blick auf die Verhältnisse im syro-palästinischen Raum lassen sich in den assyrischen Jahrhunderten immer wieder ähnliche Vorgänge beobachten: Unter dem Eindruck assyrischer Präsenz und seiner beeindruckenden militärischen Macht sahen sich die Kleinstaaten an der Peripherie des assyrischen Reichs zur Anerkennung der assyrischen Oberhoheit und der Zahlung von Tribute und Abgaben genötigt. Ließ der Druck, aus welchen Gründen auch immer, nach, bildeten sich lokale Koalitionen des Widerstands gegen die ferne Großmacht und führten zur Einstellung der Zahlungen. Die assyrische Zentrale reagierte auf solche Widerstände mehr oder minder direkt und erzwang durch erneute militärische Präsenz, Eroberungen und grausame Strafmaßnahmen erhöhte Tributen (Abgaben und Bereitstellen von Arbeitskräften). Dies ging oft mit Gebietsverkleinerungen einher und führte letztlich zum Ende der Eigenstaatlichkeit durch Eingliederung des betroffenen Gebiets in das assyrische Reich. Zugleich war damit die Anerkennung des Weltherrschaftsanspruchs des Staatsgottes Assur verbunden. Das Ziel dieser Annexionspolitik war eine *pax assyriaca*: Zuvor unabhängige Staaten wurden zu Vasallen. Dies galt nicht nur für die Gebiete im Westen, sondern für alle Anrainerstaaten.

In bisher ungeahntem Maße hatte das assyrische Reich eine militärische, ökonomische, kulturelle, religiöse und politische Durchsetzungskraft über Jahrhunderte entfaltet. So wundert es nicht, dass „Assur“ – aus der Wahrnehmung der biblischen Texte – zu einem Synonym für Unterdrückung, Unmenschlichkeit und Grausamkeit wurde. Andererseits jedoch bot die Eingliederung in das assyrische Reich auch die Chance einer Teilnahme am assyrischen Welthandel und damit eines bis dahin nicht möglich gewesenen ökonomischen Austauschs.

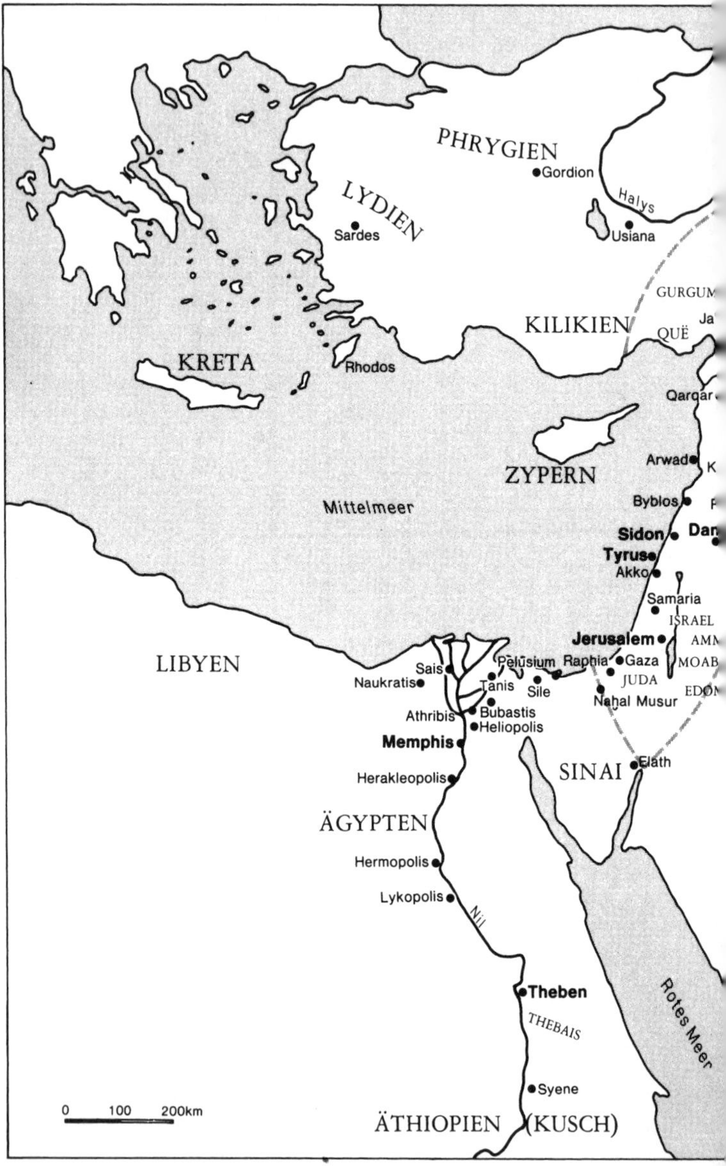

Das neuassyrische Großreich

URARTU
Van-See
Turušpa
NAÏRI
Urmia-See
MANNAI
Kaspisches Meer
ASSYRIEN
Guzana
Dūr-Šarrukēn
Ninive
Kalaḫ (Nimrūd)
Arbela
Oberer Zāb
Unterer Zāb
Ḫābūr
Assur
Arrapḫa
MADAI (MEDER)
Diyala
Ekbatana
Tekrīt
Euphrat
Tigris
Dēr
ELAM
Sippar
Kuta
Babylon
Borsippa
Nippur
Susa
BABYLONIEN
Larsa
Uruk
Ur
Meerland
Dūmā
ARABIEN
Persischer Golf
Ungefähre Ausdehnung des neuassyrischen Großreiches um 700 v. Chr.

König Aššurdan II. (935–912) und sein Nachfolger Adad-Nerari II. (912–891) schufen die entscheidenden Grundlagen durch militärische und ökonomische Reformen. Einer der herausragenden Herrscher war Assurnasirpal II. (884–859), dessen ausgedehnte Eroberungspolitik von systematischen Deportationen unterworfener Völker begleitet war. Zur Sicherung seines Reiches umgab er das assyrische Reich mit abhängigen Vasallenstaaten. Neben den alten Residenzstädten Assur und Ninive schuf er in Kalchu (Kalach, Nimrud) eine neue Residenzstadt, die er mit Hilfe von zwangsweise rekrutierten Arbeitern, Handwerkern und Künstlern großartig ausbauen ließ. In seinem Palast ließ er sich monumental in zahlreichen Kampf-, Jagd- und Kultszenen darstellen.

Ähnlich bedeutend war sein Sohn Salmanassar III. (859–824), der erstmals im mittel- und südsyrischen Raum militärisch aktiv wurde. Die Aramäer von Damaskus organisierten Widerstand gegen diese assyrische Eroberungspolitik; die große Schlacht bei Karkar am Orontes (853; Ahab von Israel wird ausdrücklich unter den Gegnern genannt) brachte jedoch zunächst keine eindeutige Entscheidung (vgl. HTAT 106). Weitere Feldzüge in den folgenden Jahren hatten dann aber Tributleistungen u.a. des Königs Jehu von Israel zur Folge (vgl. Text und Darstellung Jehus auf dem schwarzen Obelisken, vgl. HTAT 113). Nach dynastischen Unruhen konnte Schamsi-Adad V. (824–811) das Land wieder einigen.

Sein Sohn Adad-Nirari III. (811–783) bestieg als Minderjähriger den Thron, wobei die Regierungsgeschäfte von seiner Mutter Sammuramat (Semiramis, vgl. Ktesias und Herodot) geführt wurden. Die Expansionspolitik im Westen wurde fortgesetzt. In den assyrischen Texten werden auch die Könige von Israel als Tributpflichtige genannt.

Mit Tiglat-Pileser III. (745–727), der im Alten Testament mit seinem Thronnamen Pul genannt wird, erreichte die assyrische Expansionspolitik einen Höhepunkt: Tiglat-Pileser III. organisiert die Verwaltung neu, indem er die zu mächtig gewordenen Statthalter durch weniger mächtige in kleineren Verwaltungseinheiten ersetzte, die Eroberungs- und Annexionspolitik fortführte und diese zugleich religiös untermauerte.

Sein Nachfolger Salmanassar V. (727–722) setzte die intensiven Feldzüge in den Westen fort und unterwarf antiassyrische Aufstände im syrisch-palästinischen Raum. In diesem Zusammenhang wurde auch Israel erobert und annektiert. Die Belagerung von Samaria 725–722 und die Eroberung, wahrscheinlich durch seinen Nachfolger Sargon II. (722–705), war eine der wichtigsten Militäraktionen dieser Jahre (vgl. Kap. 4.3.4.).

Sargon II. selbst war durch einen Putsch an die Macht gekommen. Seine unbekannte, nichtkönigliche Herkunft verdeckte er, indem er sich den Namen „Sargon“ (akkad.: *šarru-kēn* = „rechtmäßiger König“) in Anlehnung an Sargon I. von Sumer und Akkad (um 2350) gab. Letzterer war Sohn einer Priesterin und eines unbekannten Vaters; deswegen legitimierte er sich durch eine Legende, die von seiner Aussetzung als Säugling in einem Binsenkörbchen und seiner Erwählung durch Ischtar berichtet (vgl. Kap. 6.2.). Unter der von Sargon II. begründeten Dynastie der Sargoniden erlebte Assur die größte Machtentfaltung. Aufstände im Westen führten ihn in den folgenden Jahren regelmäßig dorthin; er führte Deportationen und Umsiedlungen in großem Stil durch.

In den Jahrzehnten nach der Eroberung Israels und dessen Eingliederung in das assyrische Reich geriet Juda immer mehr in den Fokus assyrischen Interesses. So kam Juda zur Zeit des assyrischen Königs Sanherib (705–681), eines Sohnes Sargons II., erstmals mit den Assyrern in direkten Kontakt und musste Eroberungen (Erstürmung von Lachisch) und Gebietsabtretungen hinnehmen. In Sanheribs Regierungszeit fiel nicht nur die in 2 Kön 18–19 // Jes 36–37 geschilderte Belagerung und Rettung Jerusalems (701 v. Chr.) (vgl. Kap. 4.4.4.), sondern auch die für die Babylonier traumatische Eroberung Babylons (689 v. Chr.). Assur setzte zudem alles daran, das nach dem Höhepunkt der nubischen Dynastie schwächer werdende Ägypten zu besiegen. Unter den Königen Asarhaddon (681–669) und Assurbanipal (669–631) erlangte das assyrische Reich seine größte Ausdehnung und erstreckte sich bis nach Ägypten. Für den syro-palästinischen Raum war dies aber eine Zeit der Sicherheit und des Wohlstands. Assurbanipal tat sich durch sein Interesse an Wissenschaft und Gelehrsamkeit hervor. Er richtete in Ninive eine große Keilschriftbibliothek ein, in der die wichtigsten Literaturwerke Mesopotamiens gesammelt wurden.

In seinen letzten Jahren und Jahrzehnten wurde das assyrische Reich durch interne Zwistigkeiten und Auseinandersetzungen geschwächt; zugleich erstarkte unter Nabopolassar (626–605) das (neu-)babylonische Reich, das sich mit den Medern verbündete (vgl. Kap. 2.2.). Gemeinsam griffen sie das assyrische Reich an und eroberten Assur 614 v. Chr., Ninive 612 v. Chr. und Haran 609 v. Chr. Bis zum Ende des 7. Jhs. v. Chr. war Assyrien *die* entscheidende

Macht im Vorderen Orient. Auf die Assyrer folgten die Babylonier und Meder, später die Perser.

4.2. Die Entwicklungen in Israel und Juda (928–722/597 v. Chr.)

Der Beginn der Staatlichkeit in Israel und Juda ist sehr umstritten – dies liegt nicht nur an dem zur Verfügung stehenden Quellenmaterial, sondern auch an dem Begriff „Staatlichkeit“: Was ist nötig, damit ein Zusammenleben von Menschen als „Staat“ bezeichnet werden kann? Eine pragmatische Definition dieses Begriffs bestimmt einen Staat als ein über die Familie und Sippe hinausgehendes System, das dauerhafte Strukturen mit Steuern, Abgaben und Verwaltung aufweist, das militärisch organisiert ist, ökonomische und kulturelle Kontakte zur Umwelt hat, gesellschaftlich und sozial differenziert und arbeitsteilig organisiert ist und über Formen von Schriftlichkeit verfügt. Altorientalische und antike Staatlichkeit ist zudem nicht zu verstehen vor dem Hintergrund ‚starker‘ Staatlichkeit westeuropäischen Typs, in dem der Staat zentrale Bereiche durchdringt und regelt. Vielmehr verfügen antike Staaten über eine begrenzte Regelungsdichte und Regelungstiefe, so dass staatliches Handeln und staatliche Präsenz oft nur in wenigen Bereichen zum Tragen kommt.[2]

Die „Anfänge“ einer so definierten Staatlichkeit in Israel und Juda zu benennen, ist schwierig. Die biblischen Texte nehmen eine solche Gesellschaft bereits im 10. Jh. v. Chr. unter David und Salomo an; dies spiegelt aber eher Zustände aus der spätvorexilischen Zeit (7. Jh. v. Chr., vgl. Kap. 6.6.) und der exilisch-nachexilischen Zeit (6./5. Jh. v. Chr., vgl. Kap. 2.) wider.[3] Außerbiblisch gibt es keine Zeugnisse über die Herrschaft von David und Salomo. Die frühesten außerbiblischen Belege für Israel und Juda als Staaten stammen erst aus dem 9. Jh. v. Chr.: So werden Omri, König von Israel (882–871), auf der Mescha-Stele (um 840 v. Chr.)[4] und ein „Haus Davids“ auf der Tel-Dan-Inschrift (um 835)[5] erwähnt.

Beide Staaten haben eine jeweils unterschiedliche Entwicklung mit eigener politischer Organisation durchlaufen. Daher sind die Geschichten beider Staaten je für sich zu betrachten (Israel in Kap. 4.3. und Juda in Kap. 4.4.). Dabei ist ein deutliches Nord-Süd-Gefälle festzustellen: Meist sind in Israel im Norden Neuerungen ungefähr 100 Jahre früher zu finden als in Juda im Süden. Staatliche Strukturen – im Sinne eines „schwachen" Staates mit begrenzter Regelungstiefe – sind in Israel im Norden wohl ab dem 10. Jh., wahrscheinlich erst ab dem 9./8. Jh., in Juda im Süden erst ab dem 8. Jh. v. Chr. zu plausibilisieren. Es ist daher mit Ungleichzeitigkeiten in der ökonomischen und politischen, aber auch in der theologischen Entwicklung zu rechnen.

4.3. Israel von Jerobeam I. bis Hoschea (928–722 v. Chr.)

Um einen Überblick über die Geschichte von den Anfängen staatlich organisierten Lebens im Norden in Israel[6] (ab ca. Anfang des 10. Jhs. v. Chr.) bis zu dessen Untergang 722 v. Chr. zu erhalten, lassen sich diese Jahre aufgrund der politischen, ökonomischen und kulturellen Entwicklung, aber auch der sozialgeschichtlichen und theologischen Dynamik in drei Abschnitte gliedern: erstens die mit Jerobeam I. beginnende Zeit (10. Jh. v. Chr.), zweitens die Zeit der Omriden- und der Jehu-Dynastie (9./8. Jh. v. Chr.) sowie drittens jene Jahre, die von der sukzessiven Eingliederung Israels in das assyrische Vasallensystem gekennzeichnet sind und die zur Eroberung Israels führten (ca. 747–722 v. Chr.).

4.3.1. Jerobeam I. und seine Nachfolger (10./9. Jh. v. Chr.)

Nach der biblischen Darstellung in 1 Kön 11–12 erkannten die Stämme im Norden Rehabeam, den Sohn Salomos, nicht an. Während das „Haus Juda" kontinuierlich von der Davidsdynastie regiert worden sei, hätten sich die Stämme im Norden Jerobeam I. (928–907), dem Sohn Nebats, angeschlossen. Für seine Regierungszeit wird erstmals nicht eine runde Zahl von 40 Jahren (symbolisch für außergewöhnliche Länge) wie zuvor bei David und Salomo angegeben (vgl. 1 Kön 2,11; 11,42), sondern es wird in 1 Kön 14,20 die präzise Zahl von 22 Jahren genannt.[7] Jerobeam habe die Stämme im Norden von wechselnden Residenzen aus regiert (Sichem, Penuel und Tirza, vgl. 1 Kön 12,25). In der Forschung wird kontrovers diskutiert, wie die biblische Darstellung dieser ersten Phase der Staatlichkeit Israels einzuschätzen ist: Die einen gehen davon aus, dass es im Norden im 10. Jh. v. Chr. noch gar kein Königtum gegeben habe, sondern die Staatlichkeit im Norden erst mit den Omriden eingesetzt habe (9. Jh. v. Chr.; vgl. Kap. 4.3.2.). Vielmehr könne es sich bei Jerobeam auch um eine Spiegelfigur des späteren erfolgreichen Königs Jerobeam II. (789-748) handeln, der, wie Jerobeam für Juda, narrativ an den Anfang gesetzt worden sei.[8] Andere gehen von einer aus späterer judäischer Perspektive stark gefärbten Darstellung aus, der aber zu entnehmen ist, dass es mit Jerobeam ein einheimisches, wenn auch instabiles Königtum im Norden gegeben habe. Geht man von letzterer Möglichkeit aus, dürfte sich das Herrschaftsgebiet auf das zentralpalästinische Bergland beschränkt haben. In den übrigen Gebieten (Jesreelebene mit Megiddo, das Gebiet um Bet-Shean, Galiläa mit den Städten Kinneret, Hazor und Dan) hätte es wechselnde politische Konstellationen gegeben: Mal waren die lokalen Eliten unabhängig, mal werden diese Gebiete von Aram beherrscht. Von stabilen Grenzen kann man nicht ausgehen. Sozial und ökonomisch dürfte es sich im Norden anfangs um einen stammesmäßig organisierten Verband von Bauern und Viehzüchtern mit verschiedenen regionalen Zentren gehandelt haben. Eine wichtige Rolle für Israel scheint das Heiligtum in Bet-El gespielt zu haben. Nach 1 Kön 12 wurde dort von Jerobeam I. eine Stierfigur als Kultobjekt aufgestellt, die in den biblischen Texten herabsetzend als „Kalb“ bezeichnet wird.[9] Aus späterer judäischer Perspektive, für die der einzig legitime Kultort Jerusalem war, waren die Kulte im Norden illegitim. Daher betrachteten sie die Kultorte im Norden als einen Grund für den Untergang des Nordreichs. Für Israel hatte das Heiligtum von Bet-El eine zentrale Funktion: Dies ist nicht nur an der scharfen Kritik von Amos und Hosea (Am 3,14; 4,4–5; Hos 4,15; 5,8; 10,5) zu erkennen, sondern auch daran, dass das Heiligtum von Bet-El das Ende des Staates Israel 722 v. Chr. als JHWH-Heiligtum (!) überlebt (vgl. 2 Kön 17) und das kultreformerische Interesse Joschijas auf sich gelenkt hat (2 Kön 23 vgl. 1 Kön 13; vgl. auch Kap. 6.6.).

Gottesverehrung und religiöse Alltagspraxis

Offenbar hatte wohl jeder Clan und jede Sippe eigene theologische Traditionen und Bräuche; es scheint keineswegs eine einheitliche religiöse Vorstellung gegeben zu haben. Manche vermuten, dass der politische Zusammenschluss verschiedener Stammes- und Sippenverbände zu einer politischen Gemeinschaft auch zu einer theologischen Verbindung von einzelnen Gottheiten geführt hat, die entweder miteinander verschmolzen oder in ein familiäres und/oder hierarchisches Verhältnis geordnet wurden – ähnlich wie man dies auch für die menschlichen Vorfahren der einzelnen Sippen annimmt, die in ein familiär-genealogisches

Verhältnis gebracht wurden. Spuren hierzu finden sich zahlreich in den Erzelternerzählungen der Genesis (vgl. Kap. 6.1.). Bis in exilische Zeit (und wohl auch danach) wurden neben JHWH verschiedene Göttinnen und Götter in Israel und Juda verehrt.

In der Gottesverehrung und der religiösen Alltagspraxis können mindestens drei verschiedene Bereiche unterschieden werden: die familiäre Frömmigkeit, die lokalen Kultorte und der offizielle (Staats-)Kult in der Residenzstadt des Königs. Diese drei Ebenen religiöser Praxis stehen keineswegs nebeneinander, sondern gehen vielmehr ineinander über.

Die für den Alltag der Menschen wichtigste religiöse Praxis ist die persönliche bzw. familiäre Frömmigkeit. Diese Frömmigkeit thematisiert in erster Linie Angelegenheiten der Familie bzw. der bäuerlich strukturierten Gesellschaft wie Nachkommenschaft, Schwangerschaft, Geburt, Tod, Regen, Aussaat und Ernte etc. Sie findet im unmittelbaren Lebensumfeld der Familie statt; in den Wohnbereichen hat man z.B. viele Figurinen aus preisgünstigen Materialien wie Terrakotta gefunden. In politisch-theologischen Krisenzeiten hat sich diese Frömmigkeit als besonders stabil erwiesen.

Die lokalen Kulte finden meist an offenen Kultplätzen und Freilichtheiligtümern („Höhen") inner- oder außerhalb der Siedlungen statt und gehören zum religiösen Leben in einem Dorf (1 Sam 9,1–14). An diesen Orten sind Priester tätig, es finden Feste statt und man wallfahrtet dorthin. In der biblischen Literatur werden die „Höhen" aus der späteren (deuteronomistischen) Perspektive sehr kritisch betrachtet (z.B. Dtn 12,2–3). In diesen Kulten werden meist unterschiedliche Gottheiten verehrt. In den Darstellungen finden sich u.a. Stiere, anthropomorphe Gottheiten, nackte oder nur wenig bekleidete Göttinnen, die ihre Brüste stützen oder Lotuspflanzen in den Händen halten, aber auch Gottheiten vom Baal/Ben-Hadad-Typ, ein Götterpaar oder der thronende Gott El an der Spitze des Götterpantheons.

Im Staatskult steht meist eine Staatsgottheit im Zentrum. Diese ist vorrangig für die Belange der Dynastie und des Staats zuständig (Krieg und Frieden, Stabilität im Staat, die Sorge um die Königsfamilie). Das Besondere in Palästina ist, dass derselbe Gott JHWH in beiden Staaten, in Israel und in Juda, verehrt wurde. Die zentralen Kultzentren sind zugleich die politischen Zentren: Bet-El und seit den Omriden auch Samaria (Israel) sowie Jerusalem (Juda). Der oberste Priester ist der König. An den Kultstätten und dem Königshof ist Personal angestellt (Priester, Propheten etc.), das für seine Dienste entlohnt wird. Es steht dem König in theologischen wie politischen Fragen als Berater zur Seite, so z.B. in (kriegerischen) Entscheidungssituationen (vgl. 1 Kön 22; 2 Kön 3). Die vom Tempel oder dem Königshof finanzierten Experten waren der „Normalfall" der Prophetie. Die uns aus den biblischen Texten v.a. bekannten Propheten JHWHs wie Elija und Elischa oder Schriftpropheten wie Hosea oder Amos etc. grenzen sich von diesen deutlich in ihrer Unabhängigkeit und unerschrockenen Kritik ab (vgl. z.B. Am 7,14).

Die Königsbücher erzählen von der weiteren Entwicklung nur wenig: Auf den Efratiter Jerobeam I. folgte sein Sohn Nadab (907–906; 1 Kön 15,25–32), der aber zusammen mit der Königsfamilie schon bald ermordet wurde. Mit Bascha aus dem Stamm Issachar (906–883) begann eine neue Dynastie. Aus seiner 24-jährigen Regierungszeit ist nur wenig bekannt (1 Kön 15,33–16,7). Sein Sohn Ela (883–882) hielt sich nur kurz im Amt (1 Kön 16,8–14). Er wurde von seinem Streitwagenoffizier Simri (882), dem sprichwörtlichen Sieben-Tage-König, ermordet (1 Kön 16,18). Simri tötete sich selbst, als er vernahm, dass das Heer den General Omri zum König ausgerufen hatte. Andere Teile der Bevölkerung jedoch erhoben Tibni, den Sohn Ginats, zum König (882–878), so dass Omri erst vier Jahre später, nach Tibnis Tod, unbestrittener König in Israel wurde. Mit ihm begann eine zweite Phase in der Geschichte Israels im Norden.

4.3.2. Die Omridendynastie (882–841 v. Chr.)

Omri, der nur mit seinem militärischen Titel, nie mit dem Namen seines Vaters oder seinem Herkunftsort bezeichnet wird, herrschte nach 1 Kön 16,23 zwölf Jahre lang (882–871). Mit ihm verbinden sich wichtige Entwicklungen auf dem Weg Israels zu territorialer Staatlichkeit. Wahrscheinlich lässt sich von Staatlichkeit überhaupt erst mit der Omridendynastie im 9. Jh. v. Chr. sprechen. In späteren assyrischen Texten aus dem 8. Jh. v. Chr. sind Könige wie Jehu, aber auch das Gebiet von Israel fest mit seinem Namen verbunden.[10]

Mit den Omriden entsteht auch insofern eine neue Formation, als Juda nicht als eigenständig agierender Staat erscheint, sondern wahrscheinlich massiv vom Norden aus dominiert wurde und sich in einem Abhängigkeitsverhältnis gegenüber Israel befunden haben dürfte (vgl. Kap. 4.4.1.).[11] Omri gründete in Samaria eine Residenz (vgl. 1 Kön 16,24), die verkehrstechnisch günstig lag und zum Zentrum

Israels wurde. Er und vor allem sein Sohn Ahab bauten Samaria mit einer Akropolis, Steinarchitektur, Befestigungsanlagen und Verwaltungsbauten aus, was die überregionale Bedeutung der Stadt als Verwaltungszentrum erkennen lässt. Unter Omri und seinen Nachfolgern vergrößerte sich erstmals der bisher auf das zentralpalästinische Gebiet beschränkte Bergstaat zu einem Territorialstaat: „Dabei waren die Grenzen in beiden Richtungen wiederholt ein Problem und keineswegs beständig: Konkret kann nur für die kurze Periode von 880–840/837 v. Chr. (Omri bis Joram) und 800–738/32 v. Chr. (Joasch bis Pekach) damit gerechnet werden, dass die Ebenen von Jesreel und Bet-Shean sowie Galiläa unter dem Einfluss des Königs von Samaria standen. Vor Omri und von ca. 840/837–800 v. Chr. wurden diese ökonomisch potenten Gebiete von den Aramäern dominiert, nach 738/32 v. Chr. fielen sie an die Assyrer.“[12]

Omris Sohn, Koregent und Nachfolger Ahab (873–852) regierte 22 Jahre (1 Kön 16,29) und führte die politischen Ambitionen seines Vaters fort. So zeugt seine Heirat mit Isebel, der Tochter Etbaals, des Königs der Sidonier (1 Kön 16,31), von seinen außenpolitischen Kontakten. Er setzte die territoriale Erweiterungspolitik seines Vaters im Norden und im Ostjordanland fort, wie aus der um 840 v. Chr. zu datierenden Mescha-Stele deutlich wird. Diese wurde 1868 n. Chr. in Diban (Jordanien) entdeckt und ist ihrer literarischen Form nach eine Gedenkinschrift, in der der Herrscher in Ich-Form seine Regierungs- und Bautätigkeit preist. Genannt werden Omri und sein Sohn Ahab als Herrscher über Moab im Ostjordanland (HTAT 105).[13]

Ahab kooperierte in einer Koalition mit verschiedenen syrischen und phönikischen Kleinstaaten, die unter der Führung von Hadad-Eser von Damaskus gegen Salmanassar III. (859–824 v. Chr.) 853 v. Chr. bei Karkar kämpften (vgl. HTAT 106). In dieser Schlacht steuerte Ahab mit 2.000 Wagen das größte Streitwagenkontingent bei. Das Bündnis hielt einige Jahre und scheint nicht wirkungslos gewesen zu sein, wie die erneuten Kampagnen von Salmanassar III. in den Jahren 849, 848 und 845 zeigen. Innenpolitisch hat Ahab den Ausbau verschiedener Städte veranlasst,[14] in denen offenbar auch durchaus luxuriöse Bauvorhaben realisiert worden sind; so ist in 1 Kön 22,39 von einem „Elfenbeinhaus“ die Rede. Die Stadt Megiddo war mit Palastanlagen ausgebaut worden (Palast 6000 sowie Palast 1723 mit einem ummauerten Hof und eigenem Vier-Kammer-Tor). Diese gehören zu dem sog. *bit-hilani*-Palasttyp, der in Nordsyrien erstmals im frühen 9. Jh. nachzuweisen ist. Diese Bauten wurden dann an verschiedenen Orten in Israel (Megiddo, Samaria, Jesreel) im Laufe des 9. Jhs. v. Chr. kopiert.

Auf Ahab folgten sein Sohn Ahasja (852–851, vgl. 1 Kön 22,52; 2 Kön 1), der kinderlos starb, sowie ein weiterer Sohn Joram (851-842; 2 Kön 3,1), von dem ein großangelegter Feldzug gegen Moab in 2 Kön 3 erzählt wird. Dem biblischen Bericht zufolge ergibt sich trotz der Herrscherwechsel eine deutliche Kontinuität durch die Königinmutter Isebel, die Frau von Ahab, die eine entscheidende politische Rolle gespielt zu haben scheint. Der biblische Erzählverlauf legt in die Zeit von Ahab und Isebel die prophetische Tätigkeit von Elija und Elischa (1 Kön 17–2 Kön 13).

4.3.3. Die Jehu-Dynastie (842–748 v. Chr.)

Die antiassyrische Koalition zerbrach in den folgenden Jahren. Faktoren hierfür scheinen kriegerische Aktionen gegen Gebiete, die von Aram beansprucht wurden, und der Regierungswechsel in Aram zu dem neuen König und Usurpator Hasael (vgl. 2 Kön 8,7–15) zu sein sowie die Ermordung der Könige Joram von Israel (und seiner Mutter Isebel) und Ahasja von Juda (843–842), die in 2 Kön 9,15–29 und 2 Chr 22,5–9 dem Usurpator Jehu, auf der Tel Dan-Inschrift aber Hasael von Damaskus zugeschrieben werden.

Jehu (842–814), Heerführer unter Joram, hatte sich zum König erhoben und sei dabei nach 2 Kön 9,1–10,36 von prophetischen Kreisen, v.a. dem Umfeld Elischas, unterstützt worden. Die von ihm begründete Dynastie konnte sich länger als alle anderen in Israel halten. Der Regierungswechsel in Israel führte auch zu größeren politischen Turbulenzen in Juda (vgl. Kap. 4.4.2.). Mit Jehu, der sich Salmanassar III. unterwarf, war ein Politikwechsel gegenüber den Assyrern verbunden. Dies ist in beeindruckender Weise auf dem schwarzen Obelisken in Text und Bild dargestellt (841 v. Chr.), wo zu sehen ist, wie sich Jehu vor Salmanassar III. niederwirft; im Text wird er, der nach der biblischen Darstellung gegen das Haus Omris geputscht hat, als „Jehu vom Haus Omri“ bezeichnet: „Damals empfing ich (...) den Tribut des Jehu von Bit Humri (Beth-Omri).“ (vgl. HTAT 112–113).

Dynastische Unruhen in Assyrien nach Salmanassar III. bewirkten, dass der assyrische Druck auf den Westen nachließ. Dadurch wurde den Aramäern und den Kleinstaaten etwas mehr Handlungsspielraum eingeräumt. Die Aramäer unter Hasael drangen in das Gebiet Israels vor, angeblich sogar bis Gilead und Gat (2 Kön 10,32–33; 12,18–19), und zerstörten Megiddo. Jesreel und Galiläa gingen in aramäische Oberherrschaft über. Städte wie Dan und Hazor wurden zu aramäischen Zentren ausgebaut. Auf Jehu folgte sein Sohn Joahas (817–800; 2 Kön 13,1–9) und auf diesen dessen Sohn Joasch (800–784; 2 Kön 13,10–13). Die politische Situation änderte sich erst, als die assyrische Außenpolitik unter Adad-Nirari III. (811–783, vgl. Kap. 4.1.) bzw. der Regentschaft seiner Mutter Sammuramat im Westen aktiv fortgesetzt wurde (HTAT 121–123). Vier Kampagnen gegen Palästina-Syrien sind von Adad-Nirari III. belegt (805, 804, 802, 796).[15] Mit dem neuen assyrischen Engagement im Westen verstärkte sich der Druck von Aram. Zugleich war Joasch klug genug, den Assyrern 796 v. Chr. Tribut zu zahlen.

Joaschs Sohn und Nachfolger Jerobeam II. (789–748; 2 Kön 14,23) regierte 40 Jahre in Israel. In dieser langen Regentschaft erlebte Israel eine politische und wirtschaftliche Blüte. Die Grenze Israels wurde weiter nach Norden verschoben; an Aram verlorengegangene Gebiete kamen wieder hinzu. Unter Joasch und Jerobeam II. wurde der Ausbau Israels zu einem territorialen Flächenstaat weiter vorangebracht. Ohne die Kontrolle durch Aram prosperierte die Wirtschaft in den Städten. Davon zeugen u.a. die Ostraka aus Samaria, die 1910 bei Grabungen gefunden wurden.[16] Es sind Wirtschaftstexte aus der Zeit zwischen 795 (Joasch) und 776 (Jerobeam II.), die von Schreibern in Samaria angefertigt wurden. Sie wurden in einer Art Lagerraum im westlichen Teil der Akropolis gefunden. Diese Texte bezeugen eine beachtliche Expansion der Olivenölproduktion im 8. Jh. v. Chr. Für den im Vergleich zu Juda sehr viel früher einsetzenden wirtschaftlichen Aufschwung war auch die klimatisch bessere Situation im Norden verantwortlich, wo sich Wein- und Olivenanbau erfolgreicher realisieren ließen.

Besonders das Olivenöl war ein wichtiger Exportartikel nach Mesopotamien, Ägypten und Phönizien (vgl. Hos 12,2; Ez 27,17), wo Olivenbäume nur schlecht gediehen.

Olivenbaum und Olivenöl

Ein Olivenbaum trägt ca. 110 kg Oliven, aus denen ungefähr 25 Liter Öl zu gewinnen sind. Die Produktion von Olivenöl setzt eine komplexe Produktionsweise voraus: Erstens braucht ein Olivenbaum eine lange Phase des Wachstums, bevor er erste Früchte trägt. Diese Zeit betrug in der Antike ca. 50 Jahre, heute ist diese durch entsprechende Züchtungen auf sieben bis 15 Jahre reduziert worden. Das bedeutet, dass der Gewinn aus der Anlage eines Olivenhaines erst der folgenden Generation zugute kam.

Olivenbäume können sehr alt werden und wachsen langsam. Zudem kann man Oliven nur in jedem zweiten Jahr ernten. Daher verlangt die Olivenölproduktion stabile ökonomische und politische Verhältnisse, und es verwundert nicht, dass das Fällen von Olivenbäumen (bis heute) als ein großer Frevel gilt und in den biblischen Schriften ausdrücklich verboten wird (Dtn 20,19–20).
Zum Anbau und zur Veredelung von Olivenbäumen braucht es nicht nur das entsprechende Wissen (vgl. Röm 11,17–25), sondern auch für die Weiterverarbeitung der Oliven zu Öl mit den dafür nötigen Arbeitsgängen (Zerquetschen der Oliven, Entsteinen, Pressen) bedarf es besonderer Kenntnisse. Zahlreiche Olivenölpressen im ganzen Land zeugen von der großen Bedeutung der Olivenölproduktion und von technisch immer verfeinerteren Verfahren. Diese war im antiken Israel und Juda staatlich gelenkt und organisiert. Zudem braucht es nicht nur internationale Absatzmärkte für das Olivenöl, sondern auch eine Verkehrsanbindung für den Transport des fertigen Olivenöls. Olivenöl war ein in vielen Bereichen benötigtes Produkt nicht nur für Speisen (Num 11,8; 1 Kön 17,12; 2 Kön 4,2), sondern auch für Opfer (Lev 2; Ex 29,40; Num 28,5), zur Beleuchtung (Ex 27,20; Num 8,1–4), als pharmazeutisches Heilmittel (Jes 1,6; Lk 10,34), zur Körperpflege (Ps 104,15; Mi 6,15; Rut 3,3; Koh 9,8) oder auch zur Kranken- (Mk 6,13) und Leichensalbung (Mk 14,8; 16,1).

Israel war in den internationalen Handel eingebunden; die Möglichkeiten zum Export ergaben sich in erster Linie durch die Kooperation mit den Assyrern, denen man zu Tribut verpflichtet war.

Straßen und Handelswege

Der frühere Aufschwung in Israel im Vergleich zu Juda liegt unter anderem auch an seiner günstigeren Verkehrsanbindung, durch die das Gebiet als Durchgangsland mit wichtigen Handelsstraßen und -kreuzungen für die politisch Mächtigen interessanter war als das in der abgeschiedenen Bergregion liegende Juda. An der Küste führte eine der wichtigsten Handelsstraßen entlang, die von den Römern als *via maris* bezeichnet wurde. Diese kam aus Ägypten und teilte sich in Megiddo: Der eine Weg führte über Akko, Tyrus und Sidon am Meer entlang, der andere durch Galiläa über Hazor und Dan bzw. nach Damaskus, wo er auf die „Königsstraße", die zweite wichtige Nord-Süd-Verbindung, traf. Diese führte durch das Ostjordanland über Damaskus nach Mesopotamien. Im Süden bei Aqaba war sie mit der Weihrauchstraße verbunden, die

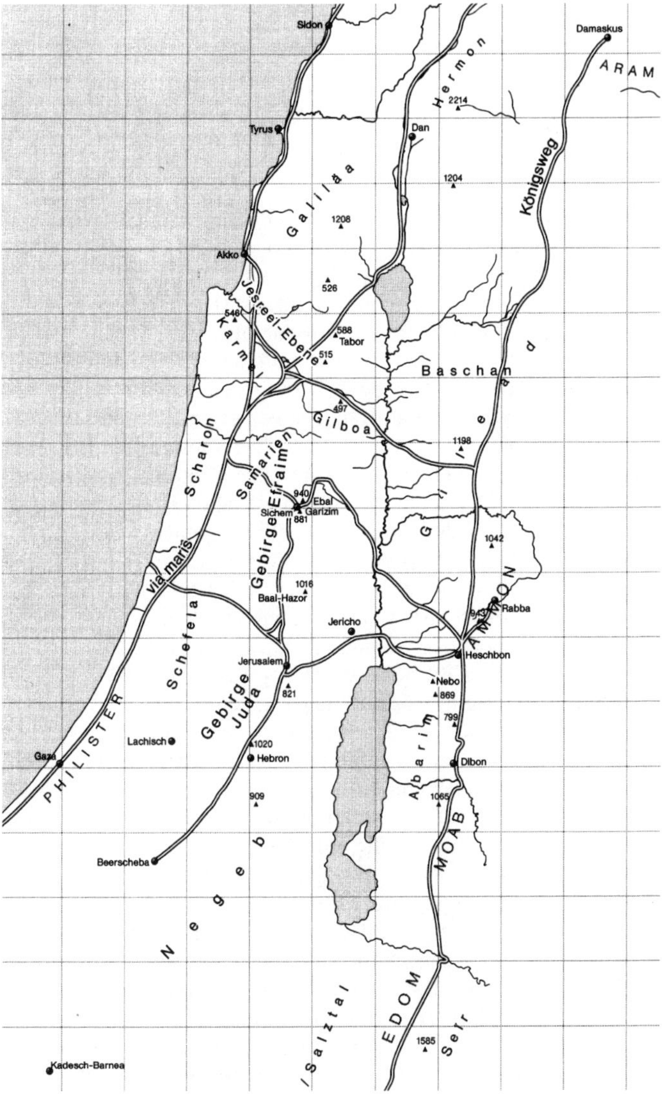

Straßen und Handelswege

von Arabien und Petra kam. Neben diesen drei international bedeutenden Verkehrsverbindungen gab es in Palästina drei Ost-West-Verbindungen, eine über Jerusalem und Jericho, eine über Samaria und eine dritte durch die Jesreelebene. Von Bedeutung ist daneben noch der durch das palästinische Bergland führende Weg von Beersheba und Hebron über Jerusalem und Sichem in die Jesreel-Ebene.

In dieser wirtschaftlich prosperierenden Phase wurden die Städte ausgebaut. Megiddo mit den Lagerhäusern oder Stallungen und dem Sechskammertor gehört in die politisch-wirtschaftliche Blüte der ersten Hälfte des 8. Jhs. unter König Jerobeam II. Diese Bauten wurden lange als „Ställe Salomos“ in die Zeit Salomos (10. Jh.) datiert (vgl. 1 Kön 5,6–7; 9,15–19; vgl. Kap. 6.6.). Heute werden sie jedoch als Funktionsbauten aus dem 8. bzw. 7. Jh. gedeutet.[17] Megiddo scheint ein zentraler Umschlags- und Handelsplatz gewesen zu sein, was sich an der Bebauung der Stadt ablesen lässt. Diese besteht zu ca. 80 % aus öffentlichen, administrativen, ökonomischen oder militärischen Funktionalbauten mit einer hochstehenden materiellen Kultur.

Voraussetzung für die neue arbeitsteilig organisierte Gesellschaft und den ökonomischen Aufschwung war, dass die Landwirtschaft nicht mehr nur für den eigenen Bedarf (Subsistenzwirtschaft), sondern genügend Überschuss produziert hat, mit dem die nicht von der Landwirtschaft lebenden Schichten versorgt werden konnten. Die landwirtschaftlichen Betriebe wurden größer. Damit entstand ein Großgrundbesitzertum, was zu einer Konzentration des Vermögens führte. Die Ländereien wurden an Bauern verpachtet, die die Pachtzahlungen durch die erwirtschafteten Erträge aufbringen mussten.[18] Durch Missernten oder andere Unglücksfälle konnte es aber dazu kommen, dass bisher freie und landbesitzende Bauern Kredite aufnehmen mussten. Wenn sie die Rückzahlungen nicht leisten konnten, weil die erwirtschafteten Erträge unter den geforderten Zahlungen lagen, gerieten sie in immer tiefere Abhängigkeit und Schulden. Diese Verschuldung spielte eine zentrale Rolle bei der Entstehung der antiken Klassengesellschaft. Im 8. Jh. v. Chr. entstand ein Großgrundbesitzertum, auf das sich das Vermögen konzentrierte und das die Ländereien an Bauern verpachtete. Erstmals werden auch Tagelöhner erwähnt. Zugleich internationalisierte sich der Handel, was neue Absatzmärkte eröffnete. Der expandierende Handel ermöglichte es, Waren zu exportieren, aber auch Luxusgüter zu importieren – nicht ohne Zufall hat man in Samaria z.B. wunderschöne Elfenbeinschnitzereien gefunden, die als Intarsien Möbel geziert haben dürften (vgl. Am 3,15; 6,4). Während die reiche Schicht immer reicher wurde, verarmte die Landbevölkerung zusehends. Des Weiteren musste der immer ausgefeilter werdende Verwaltungs- und Militärapparat finanziert werden; die dafür nötigen Steuern und Abgaben belasteten die Bevölkerung zunehmend. Durch eine deutliche Zunahme der Bevölkerung wurden Land, Ressourcen und Erträge knapper. Der neue Reichtum verschärfte die sozialen Missstände, die besonders von den Propheten Amos und Hosea angeprangert wurden.

Der Prophet Amos

Nach Am 1,1 dürfte Amos um 760 v. Chr. zur Regierungszeit Jerobeams II. im nördlichen Israel, v.a. wohl in der Hauptstadt Samaria und im Heiligtum Bet-El, aufgetreten sein. Er selbst kommt aus Tekoa in Juda, 15 km südlich von Jerusalem. Amos, der als Vieh- und Maulbeerfeigenzüchter vorgestellt wird (Am 7,12–15), dürfte aus einer eher wohlhabenden Schicht stammen. Dies ermöglichte ihm eine finanzielle Unabhängigkeit gegenüber der Gesellschaft, deren scharfer Kritiker er ist. Den ökonomischen Veränderungen, die einen sozialen Umwälzungsprozess in der Gesellschaft nach sich ziehen, hält Amos die Vorstellung einer Gesellschaft entgegen, in der Verteilungsgerechtigkeit herrscht. Diese gewinnt ihre Maßstäbe nicht von ihrem ökonomischen Wohlstand, sondern von der Lebenssituation der Armen und Benachteiligten sowie in der Orientierung an der Weisung des Gottes Israels. Als Strafe für die zahlreichen Verbrechen gegen die Armen wird die Verwüstung des Landes und die Verschleppung der Bevölkerung angekündigt: Unschuldige werden für Geld, Arme für ein Paar Sandalen verkauft (vgl. Am 2,6). Amos kritisiert das Luxusleben in der Hauptstadt Samaria (Am 3,9–4,3; 6,1–11), Gewalt gegenüber Schwachen (Am 3,10; 4,1), die Umgehung des bestehenden Rechts durch Bestechung (Am 5,7.10–12.14–15; 6,12) und schließlich die religiöse Verbrämung dieses Verhaltens (Am 4,4–5; 5,4–5.21–24).

Das Buch Amos lässt sich in vier Teile gliedern (Am 1–2; 3–6; 7–9,6; 9,7–15). Der Anteil an „echten" Worten des „historischen" Amos dürfte gering sein. Doch die Schlagkraft seiner Verkündigung zeigt sich eben auch darin, dass seine Worte einen solchen Eindruck hinterlassen haben, dass sie von kommenden Generationen gesammelt, erweitert und unter seinem Namen weiterentwickelt wurden. Ob sich in Am 3–6 oder in Am 1–2; 7–9 die früheste Amosbotschaft noch fassen lässt, ist umstritten. Wegen der anderen Bildwelt und der literarischen Komposition scheint Am 3–6 auf einen anderen Verfasserkreis zurückzugehen. Es könnte sein, dass Am 1–2*; 7–9* im Grundbestand vor dem Untergang des Nordens 722 schriftlich fixiert wurden. Die Kombination mit Am 3–6* dürfte aber erst nach 722 in Juda erfolgt sein.[19] In der Exilszeit wurde das Amosbuch redigiert und in exilisch-nachexilischer Zeit mit Am 9,7–15 abgeschlossen. Damit gilt Amos als der früheste Vertreter der Schriftprophetie.

Der Prophet Hosea

In Hos 1,1 wird das Auftreten des Propheten Hosea in die Zeit Jerobeams II. von Israel (789–748) und der vier judäischen Könige Usija (785–733), Jotam (758–743), Ahas (743–727) und Hiskija (727–698) datiert. Sein Wirken lässt sich auf die Zeit zwischen 750–722 v. Chr. eingrenzen. Er trat in erster Linie in Israel in Samaria und Bet-El auf. Sein Protest gilt dem Heiligtum von Bet-El „Haus Gottes", das er als Bet-Awen (= „Haus des Frevels") tituliert. Neben dem Protest gegen außenpolitische Maßnahmen ist Hosea vor allem ein an theologischen Fragen orientierter Prophet. Hosea scheint nicht unwesentlich an der Wende von einer unpolemisch-inklusiven zu einer polemisch-exklusiven JHWH-Monolatrie beteiligt gewesen zu sein. So kämpft er gegen „Baal" und gegen eine nicht namentlich genannte Göttin (Hos 14,9).
Das Buch Hosea lässt sich in drei Abschnitte gliedern (Hos 1–3; 4–11; 12–14), die jeweils als Rechtsstreit gestaltet sind, in denen JHWH als Kläger und Richter gegenüber Israel und Juda auftritt.[20] Dabei wird in jedem Abschnitt die Schuldverstrickung erläutert, aber sie alle enden für Israel und Juda heilvoll. Im ersten Abschnitt ist dies im Bild der Ehe gestaltet (Hos 1–3). Im zweiten Abschnitt (Hos 4–11) steht die Anklage als Deutehorizont der folgenden Worte zusammenfassend voran: „Es gibt keine Treue und keine Liebe und keine Gotteserkenntnis im Land. Nein, Fluch, Lüge, Mord, Diebstahl und Ehebruch machen sich breit, Bluttat reiht sich an Bluttat" (Hos 4,1–2). Darauf folgen spezielle Anklagen gegen Priester, Propheten oder das Volk, doch auch dieser Abschnitt endet im Herzensumsturz Gottes mit der Botschaft von der elterlich-mütterlichen Liebe JHWHs zu seinem Volk (Hos 11). Ebenso schildert der dritte Teil die Entwicklung von einer Gerichtsperspektive zur grenzenlosen Liebe JHWHs (Hos 14,5–9). Damit verbindet alle drei Teile die Frage nach der Erkenntnis Gottes (Hos 2,10.22; 4,1; 5,4; 6,3.6; 8,2; 10,12; 11,3).
Man vermutet, dass Hos 4–14* von Schülern Hoseas nach dem Fall Israels vermutlich in Juda schriftlich fixiert und erweitert worden ist.

Hos 1–3 dürfte eine eigene Wachstumsgeschichte haben und ist wohl erst in exilischer Zeit hinzugefügt worden. Daher ist die geschilderte Ehe Hoseas mit der Prostituierten Gomer und deren drei Kinder nicht biographisch auszuwerten (vgl. Hos 1–3*).[21]

4.3.4. Das Ende Israels (747–722 v. Chr.)

Nach der wirtschaftlichen Blütezeit unter Jerobeam II. geriet Israel im Norden in eine Situation der Instabilität, die als dritte Phase verstanden werden kann (vgl. Kap. 4.3.). Diese war von zunehmendem assyrischen Druck und der sukzessiven Eingliederung in das assyrische Reich gekennzeichnet. Dynastiewechsel und innenpolitische Auseinandersetzungen erschwerten Kontinuität, die Bevölkerung war zunehmend in Arm und Reich und in pro- und antiassyrische Gruppen aufgespalten. 747 v. Chr. wurde Secharja, der Sohn Jerobeams, Nachfolger auf dem Königsthron (748–747; 2 Kön 15,8–12). Er wurde aber bereits nach sechs Monaten gestürzt. Sein Mörder und Nachfolger Schallum (747; 2 Kön 15,13–16) hielt sich nur einen Monat im Amt und wurde durch Menahem abgelöst (747–737; 2 Kön 15, 16–17). Nach zwei Königsmorden innerhalb eines Jahres dauerte seine Regierungszeit zehn Jahre. Der Name Menahems ist auch in den Annalen Tiglat-Pilesers III. bezeugt (HTAT 140).

Zu den innenpolitischen Unruhen kam eine veränderte außenpolitische Lage: Unter Tiglat-Pileser III. (745–727) fand das assyrische Reich zu neuer Stärke und vermehrte den Druck auf den Westen. Tiglat-Pileser III. rückte nach Syrien vor (vgl. HTAT 139–149). 738 v. Chr. beugten sich Rezin von Damaskus und Menahem von Israel dem Druck und wurden tributpflichtig. 2 Kön 15,19–20 zufolge waren die Tributleistungen enorm. Menahem war der letzte König von Israel, der eines natürlichen Todes starb. Auf Menahem folgt Pekachja (737–735; 2 Kön 15,23–26), gegen den der Offizier Pekach (735–732; 2 Kön 15,27–31) kurze Zeit später putschte.

Nach dem Abzug von Tiglat-Pileser III., der in den folgenden Jahren im Norden und Osten seines Reiches beschäftigt war, regte sich schon bald Widerstand gegen die Abhängigkeit von Assyrien. Dieser wurde wohl von Rezin von Damaskus und Hiram II. von Tyrus organisiert; Pekach von Israel beteiligte sich daran (2 Kön 15,23.25). Dieser antiassyrischen Koalition sollte auch Ahas von Juda (743–727) beitreten, der sich jedoch weigerte. Diese Entscheidung war eine kluge

Einschätzung der realpolitischen Verhältnisse und zugleich der Versuch, einen politisch eigenen und von Israel unabhängigen Weg zu gehen. Rezin und Pekach versuchten, Juda unter Ahas zu zwingen, der antiassyrischen Koalition beizutreten (vgl. Jes 7,1.5–6). Die Ereignisse im Zusammenhang damit werden häufig mit dem etwas unklaren Begriff „syrisch-ephraimitischer Krieg“ bezeichnet. Dabei ist nicht gesichert, ob es überhaupt zu Kriegshandlungen gekommen ist, bzw. wie weit diese geführt haben. Die biblischen Berichte weichen im Einzelnen voneinander ab, so dass eine Rekonstruktion der Ereignisse nur schwer möglich ist (vgl. die unterschiedlichen Darstellungen in 2 Kön 15,29–30; 16,5.7–9 // 2 Chr 28,16–21; Jes 7,1–17; 10,27–32; Hos 5,5–14). Ahas von Juda rief jedenfalls die Assyrer zur militärischen Unterstützung an; unklar ist, ob Juda zu dieser Zeit bereits assyrischer Vasall war und Tributzahlungen leistete oder es jetzt erst wurde. Statt eine wirkungsvolle antiassyrische Koalition zusammenzubringen, erreichten die Verbündeten genau das Gegenteil: 733 v. Chr. griff Tiglat-Pileser III. mit einer Strafexpedition ein. 732 v. Chr. fiel Damaskus, wurde Assyrien einverleibt und in eine assyrische Provinz umgewandelt. Israel verlor die Jesreelebene, Megiddo, Dor und Ostjordanien und musste diese Gebiete an die Assyrer abtreten. Auf diese Weise wurden Israel wesentliche und ökonomisch starke Gebiete genommen und der Reststaat durch Deportationen geschwächt. Pekach wurde abgesetzt und getötet. Hoschea (732–724; 2 Kön 17,1–2) wurde von den Assyrern als neuer König eingesetzt und zu Tributleistungen verpflichtet (HTAT 147–149). Hoschea beteiligte sich jedoch schon bald an einem Aufstand (2 Kön 17,1–6), stellte die Zahlungen ein und provozierte damit die – nun mittlerweile fast routinemäßige – Strafaktion des assyrischen Königs Salmanassar V. (727–722 v. Chr.), der Hoschea gefangen nahm (2 Kön 17,4) und den Reststaat Israel besetzte.

Die Hauptstadt Samaria wurde belagert und schließlich erobert. Salmanassar V. starb 722. Sargon II. (722–705 v. Chr.) kam durch einen Putsch an die Macht. Beide assyrischen Könige beanspruchen in ihren Inschriften, Samaria erobert zu haben. Wie es sich genau verhielt, ist kaum zu rekonstruieren (HTAT 150–152).[22] Wie auch immer sich die Ereignisse im Einzelnen abgespielt haben mögen, die Hauptstadt Samaria wurde belagert und erobert. Samaria und der Reststaat Israel wurden von Sargon II. in das assyrische Reich integriert und in die assyrische Provinz Samarina umgewandelt. Damit ereilt Israel das gleiche Schicksal wie wenige Jahre zuvor Damaskus. Nach gut 150-jähriger Geschichte ist damit das Ende des Staates Israel eingetreten.

Wie üblich deportierte Sargon II. Teile der Bevölkerung. Aber anders als dies 2 Kön 17,6.23–24 nahelegt, wurden nicht *alle* Israeliten deportiert, sondern nur die für die Assyrer nützliche und zudem zu politischem Widerstand fähige Mittel- und Oberschicht. Die „große Prunkinschrift“ lässt Sargon sprechen: „Die Stadt Samaria eroberte ich. 27290/27280/24280? Menschen, die in ihr wohnten erbeutete ich. 50 Streitwagen hob ich unter ihnen aus und ließ die Übrigen ihre Berufe (wieder) aufnehmen. Meinen Eunuchen setzte ich über sie, und die Abgabe(n) des früheren Königs legte ich ihnen auf.“ (HTAT 152). Die Deportierten wurden bewusst an unterschiedlichen Orten des assyrischen Reichs angesiedelt. Damit verlieren sich die Spuren der aus Israel und Samaria deportierten Bevölkerung weitgehend – anders als bei der babylonischen Exilierung der Judäer 597 und 587. Die 722 v. Chr. Deportierten scheinen in der vor Ort ansässigen Bevölkerung aufgegangen zu sein. Zudem wurden schon bald neue Bewohner aus verschiedenen Gebieten des assyrischen Reiches in Samaria und Israel angesiedelt (2 Kön 17,24; HTAT 158). Diese brachten ihre Gottheiten mit, wobei allerdings die alten JHWH-Heiligtümer durchaus bestehen blieben und weitergeführt wurden (vgl. Bet-El in 2 Kön 17; vgl. auch Jer 41,4–5).

Für die Stadt und das Land selbst war die Beendigung der Autonomie und die Annexion durch Assyrien wirtschaftlich betrachtet keine Katastrophe. Vielmehr profitierte man von der Integration in das assyrische Reich: Die Städte in der Provinz Samarina wie Samaria, Megiddo, Hazor oder auch Dan wurden zu assyrischen Verwaltungszentren ausgebaut. Als Teil von Assyrien erschlossen sich ihnen durch den nun entstehenden Binnenhandel neue ökonomische Möglichkeiten und Vernetzungen.

Die Eroberung von Samaria, das Ende des Staates Israel und die Deportation der Bevölkerung waren allerdings weit mehr als nur politische Ereignisse, von denen viele Menschenschicksale betroffen waren. Es war auch ein großes theologisches Problem: Wie konnte es sein, dass Israel erobert werden konnte? Was war mit seinem Gott JHWH? Hatte er das Volk verlassen? War er nicht mächtig genug, sein Volk zu schützen? Und: Was bedeutete die politische Katastrophe im Norden für Juda im Süden, das mit Israel nicht nur die Sprache und die gemeinsame Herkunft teilte, sondern v.a. auch die Verehrung von JHWH als (Staats-)Gott?

Es ist auch anzunehmen, dass ein Teil der Bevölkerung Israels nach Juda geflohen war und so wirtschaftliches, technisches, kulturelles und theologisches Wissen aus dem Norden nach Juda gelangte. Wahrscheinlich trug dies viel zu dem beachtlichen politischen und ökonomischen Aufstieg in den folgenden Jahren und Jahrzehnten bei. Die Flüchtlinge brachten auch ihre theologischen Fragen im Blick auf den Untergang des eigenen Staates mit, so dass der Untergang Israels von 722 zum Auslöser theologischer Reflexionen in Juda wurde – zumal sich das bisher immer unterlegene Juda, das aber überlebt hatte, gegenüber Israel überlegen fühlen konnte. Diese Haltung dürfte sich in dem später in Juda entstandenen Geschichtswerk widerspiegeln, in dem die Geschichte Israels und Judas erzählt wird. In dieser werden alle Könige Israels ohne Ausnahme aus judäischer Perspektive als „schlecht" bewertet. Zugleich werden alle Probleme Israels auf die „Sünde" Jerobeams, seine Errichtung der Stierbilder in den Heiligtümern von Bet-El und Dan, zurückgeführt (1 Kön 12–13). Dies ist freilich eine spätere, judäische Perspektive aus der Zeit nach dem Untergang des Nordstaats, als der Tempel von Bet-El als Konkurrenz zum Jerusalemer Tempel wahrgenommen wurde (vgl. die Idee der Kultreinigung und Kultzentralisation im Reformprogramm des judäischen Königs Joschija 639–609; vgl. Kap. 4.4.6.). Von dieser Warte aus wird die Geschichte Israels als eine Geschichte des politischen und theologischen Niedergangs erzählt. Dabei passen allerdings der politische Erfolg und die ökonomische Prosperität Israels nicht in die Bewertungskriterien der Rahmenformulare in den Königsbüchern. Israel war vielmehr ein politisch nicht unbedeutender Staat mit vielen außenpolitischen Beziehungen und wirtschaftlichem Erfolg.

4.4. Juda von Rehabeam bis Zidkija (928–587 v. Chr.)

Die Entwicklung in Juda ist anders verlaufen als in Israel: Die biblische Erzählung schildert, dass sich das „Haus Juda" und der Stamm Benjamin nach dem Tod Salomos dessen Sohn Rehabeam angeschlossen hätten (1 Kön 12,20.21), während die übrigen Stämme im Norden Jerobeam gefolgt seien (vgl. Kap. 6.6.). Anders als das durch Herrscherwechsel geprägte Israel sei Juda – so die biblische Darstellung – bruchlos von der Davidsdynastie regiert worden.

Die Königsbücher, die aus viel späterer judäischer Perspektive erzählen, berichten über die Geschichte des Königreichs Juda nur vergleichsweise wenig. Weil das Rahmenformular[23] für die Könige Israels und Judas in den Königsbüchern für jeden König verwendet wird, fällt es nicht so auf, dass Juda nach Rehabeam bis zum Untergang Israels außerhalb der Rahmenformulare kaum eine Rolle spielt. Mit den Rahmenformularen und den in ihnen vorgenommenen Überkreuzdatierungen wird eine Parallelität erzeugt, die Juda deutlich mehr Bedeutung gibt, als es Juda von den Erzählungen her eigentlich zukommt. Fast alle anderen Erzählungen spielen in Israel. Der mittlere Teil der Königsbücher (1 Kön 12–2 Kön 17) ist daher keine Erzählung über die Staaten Juda *und* Israel, sondern erzählt de facto nur über Israel. Die wenigen Erzählnotizen über Juda berichten von überfälligen Renovierungsarbeiten (vgl. 2 Kön 12; 16,10–18) oder von den politischen Turbulenzen, die Atalja, die aus Israel (!) stammende Königin, auslöste (2 Kön 8,26; 11). Ansonsten nimmt Juda in den Erzählungen eine sekundäre Rolle ein und fungiert als Juniorpartner von Israel, von dem die eigentliche Aktivität ausgeht (vgl. 1 Kön 22; 2 Kön 3).

Während die Königsbücher eine bruchlose Kontinuität der Davidsdynastie nahelegen, ist dies in den vergangenen Jahren angefragt worden und wird zunehmend als ein literarisches Konstrukt aus späterer judäischer Perspektive verstanden. In diesem Zusammenhang werden die in den Königsbüchern erzählten Allianzen zwischen Israel und Juda als Indiz für eine deutliche Abhängigkeit Judas von Israel verstanden: Juda im 9./8. Jh. v. Chr. sei de facto von dem nördlichen Staat Israel aus regiert worden; es ist sogar nicht unplausibel anzunehmen, dass es sich bei den in der Chronologie namensgleichen Königen in Israel und Juda um dieselben Könige handelt.[24]

Auf diese Weise sei der Einfluss Israels auf Juda – auch dynastisch – viel größer als bisher angenommen. Diese Dominanz Israels über Juda wird zudem auch dadurch begünstigt, dass die politischen, ökonomischen, kulturellen und technischen Entwicklungen in Juda im Vergleich zu Israel erst mit einer Verzögerung von ungefähr 100 Jahren einsetzten. Es verwundert daher nicht, dass Juda in den assyrischen Texten erst sehr spät Erwähnung findet. Der früheste und erste außerbiblische Beleg für das „Haus Davids" ist die Inschrift auf der Tel Dan-Stele (um 835 v. Chr.). Erst in der zweiten Hälfte des 8. Jhs. ist von einer Loslösung Judas von Israel auszugehen, mit der allerdings zugleich der Eintritt Judas in die zunehmende assyrische Vasallität einherging. Von einem eigenständig agierenden Staat und einer politischen Autonomie gegenüber Israel lässt sich in Juda somit erst im ausgehenden 8. und im 7. Jh. v. Chr. sprechen.

4.4.1. Juda im 10. Jh. v. Chr.

Unter dem Königreich Juda muss man sich eine abgeschieden liegende Bergregion im Hinterland vorstellen, wo eine kleinräumige, agrarische Gesellschaft von Bauern und Kleinviehzüchtern in Subsistenzwirtschaft in Dörfern und Clans organisiert lebte.[25] Weder aus dem 10. noch aus dem 9. Jh. v. Chr. sind aus Juda materielle Zeugnisse erhalten, die für einen zentral regierten, territorial organisierten Staat sprechen würden. Archäologische Forschungen der letzten Jahre haben zu einer neuen Einschätzung geführt, die das biblische Bild von einem zentral regierten Flächenstaat unter David und Salomo im 11./10. Jh. v. Chr. revidiert (vgl. Kap. 6.6.). Wie groß das Gebiet von Juda tatsächlich war, ist umstritten. Jerusalem war in dieser Zeit ein kleines Dorf ohne monumentale Architektur und Schriftlichkeit.[26] Grabungen zeigen, dass das früheisenzeitliche Jerusalem nach einer Besiedlungslücke wohl nur eine bescheidene dörfliche Siedlung von 1 ha und ca. 200 Einwohnern war. Die einzige nicht privat-häusliche Architektur könnte die sog. „gestufte Steinstruktur" („stepped stone structure") sein. Diese besteht aus zwei Komponenten: einem Fundament aus Steinterrassen und einem darüber liegenden Oberbau mit Schuttkern und gestuftem Steinmantel (55 Stufen). Datierung und Funktion dieser Struktur sind umstritten: Wenn diese nicht in das 10. Jh. v. Chr., sondern in das 9. Jh. v. Chr. zu datieren sind, dann verfügt Jerusalem im 10. Jh. v. Chr. über keinerlei größere Architektur.[27] Jerusalem im 10. Jh. v. Chr. dürfte daher ein bescheidenes Dorf mit wenigen, kleinen Häusern gewesen sein. Damit ist Jerusalem im 10. Jh. v. Chr. ein typisches judäisches Bergdorf – nicht wesentlich größer oder kleiner als andere auch. Sicherlich hatte dieses Dorf nicht die beherrschende Stellung einer Hauptstadt und eines zentralen Verwaltungssitzes inne.

Die in den Königsbüchern erzählte Fortführung der Dynastie mit Rehabeam ist historisch kaum zu belegen. Es könnte sein, dass es sich auch bei Rehabeam um eine Figur handelt, die aus späterer judäischer Perspektive dazu dient, Kontinuitäten narrativ zu konstruieren. Der Feldzug des ägyptischen Pharaos Schoschenk I. (945–924 v. Chr.; biblischer Name: Schischak) in Palästina, den man traditionell um 926 v. Chr. ansetzt, erzählt von der Plünderung des Tempels und des Palastes (vgl. 1 Kön 14,25–26). Ägyptische Quellen über diesen Feldzug hingegen sparen Juda und Jerusalem aus.[28] Die Befunde deuten darauf hin, dass Juda und die Region insgesamt unter ägyptischer Vorherrschaft stand.

Der Tempel von Jerusalem

In Jerusalem stand nicht der einzige Tempel im Land. Vielmehr gab es wohl in den Städten und Dörfern in der Königszeit Kultorte mit z.T. sehr alter Tradition.[29]
Nach den biblischen Erzählungen war es Salomo, der neben einem Palast auch einen Tempel erbauen ließ (1 Kön 6–7; 2 Chr 2–4). Dies ist der Tempel gewesen, der bei der Eroberung durch die Babylonier 587 v. Chr. zerstört wurde. Der „zweite" Tempel wurde unter persischer Herrschaft (515 v. Chr.) neu gebaut und über 450 Jahre später von Herodes monumental ausgebaut, bis er kurze Zeit darauf von den Römern zerstört (70 n. Chr.) und nicht wieder errichtet wurde.[30] Seitdem gibt es im Judentum keinen (Tempel-)Kult mehr.
Die kultische Tradition Jerusalems ist alt. Vermutlich befand sich in Jerusalem ursprünglich ein Sonnenheiligtum. Interessanterweise war der Jerusalemer Tempel mit seiner Front nicht zur Stadt, sondern immer nach Osten zum Ölberg hin orientiert. Diese Ost-West-Orientierung ist typisch für Sonnenheiligtümer. Archäologisch liegen weder über die Lage noch über das Aussehen des ersten und zweiten Tempels Erkenntnisse vor, weil Grabungen aus politischen und religiösen Gründen im Bereich des ehemaligen Tempelbergs, des heutigen Haram ash-Sharif, an dem sich die heiligen Orte des Islams mit dem Felsendom und der Al-Aqsa-Moschee befinden, nicht durchgeführt werden können.
In den biblischen Texten wird der Tempel als ein in der Region typischer Langhaustempel beschrieben, der drei Bauelemente hat: die Vorhalle mit den Säulen Jachin und Boaz vor dem Eingang (1 Kön 7,21), die Halle mit dem Tisch der Schaubrote (Ex 25,23–30; Ez 41,22), den Lampen (1 Kön 7,48–49; vgl. Ex 25,31–40; 37,17–24) sowie dem Räucheraltar und hinter dem Vorhang das Allerheiligste mit dem leeren Kerubenthron.[31] Die Bibel erwähnt kein Kultbild JHWHs, im Dekalog ist ein solches sogar ausdrücklich verboten. Der Brandopferaltar, das „eherne" (= bronzene) Meer (ein riesiges Wasserbecken mit einem Fassungsvermögen von ca. 39.000 Liter Wasser) und der Kesselwagen für Wasser, das man zum Abspülen der Opfer brauchte, standen im Vorhof (1 Kön 8,64; 9,25; 2 Kön 16,10–16). Welchen Anhalt in der Realität diese literarischen Beschreibungen haben, lässt sich nur schwer abschätzen. Die Königsbücher berichten von Renovierungsarbeiten am Tempel (2 Kön 12,5–7; 16,17; 18,4; 22–23).
Im Jerusalemer Tempel wurde in der Königszeit nicht nur JHWH verehrt, sondern auch andere Gottheiten. Über die Hinweise in den Königsbüchern, welche Kulte abgeschafft worden seien, lassen sich Ver-

mutungen anstellen, welche Kulte es gegeben haben könnte: Aschera, eine Göttin (1 Kön15,13; 2 Kön 21,7; 23,6), die „eherne Schlange" (2 Kön 18,4), das Himmelsheer (2 Kön 21,5; 23,4), ein Sonnenwagen (2 Kön 23,11), Tammus, ein Fruchtbarkeitsgott (Ez 8,14) und weitere.
Drei Gruppen aus dem Stamm Levi waren wohl nach der joschijanischen Reform am Tempel beschäftigt: Leviten (frühere Landpriester), Priester und der Hohepriester. Sie erfüllten unterschiedliche kultische Aufgaben. Priester sind im Alten Orient Spezialisten, die den Kult durchführen, Tiere schlachten, sich mit den unterschiedlichen Opferformen (Brand-, Speise-, Heils-, Reinigungsopfer etc.) und Fragen von rein und unrein auskennen. Außer den täglichen Opfern (morgens und nachmittags bzw. abends) gab es besondere Opfer an Festtagen, zu besonderen Anlässen und solche aufgrund von Gelübden. Die wertvollsten Stücke des Opfertieres (das Fett!) gebührten der Gottheit und wurden ihr zu Ehren verbrannt. Mit dem Fleisch wurden die Priester entlohnt, die das Opfer durchführten. Bei bestimmten Opferarten wurde das restliche Fleisch bei einem Fest mit der ganzen Familie verzehrt.
Zur Tempelliturgie gehören neben den Opfern auch das Gebet und die Musik mit entsprechenden Musikinstrumenten und Liedern. Zugleich war der Tempel nicht nur ein religiöses, sondern auch ein Handelszentrum: Nicht nur weil Opfertiere vor Ort erworben werden konnten und eine Logistik für die Pilger bereit gehalten werden musste, sondern auch, weil der Tempel die Funktion einer Bank erfüllte und finanzielle Einlagen verwaltete.
Der Tempel von Jerusalem gilt als der Ort, an dem JHWH seinen Thron hat (Ps 9,12) und als König residiert (Ex 15,17ff.; Jes 24,23) bzw. wo er seinen Namen wohnen lässt (Dtn 12,5). Der Ort, an dem der Tempel steht, wird in den biblischen Texten als der „Zion" bezeichnet, der als von Gott erwählt (Ps 132,13) bzw. als von ihm gegründet (Jes 14,32) gilt (vgl. zur Zionstheologie auch Ps 46; 48; 110). Der Jerusalemer Tempel war somit über Jahrhunderte der Ort der Kommunikation mit Gott, an dem man Gott begegnen, ihn verehren und Gemeinschaft erleben konnte.

4.4.2. Juda im 9. und 8. Jh. v. Chr.

Nach den Königsbüchern folgen auf Rehabeam Abija (911–908; 1 Kön 15,1–8; 2 Chr 13,1–23), Asa (908–867; 1 Kön 15,9–15.16–24; 2 Chr 14,1–5; 15,8–19; 16,1–6.11–14) und Joschafat (870–846; 1 Kön 22,43; vgl. 2 Kön 3). Das Verhältnis zwischen Israel und Juda dürfte seit der Omridenherrschaft in Israel (882–841) von Israel aus dominiert worden sein. Das Leben in Juda blieb eher auf die Bergregion beschränkt. Dies zeigt sich an den Funden von Kuntillet-AĐrĐd, jener Handelsstation 50 km südlich von Kadesch-Barnea (9./8. Jh. v. Chr.). Bei den dort gemachten Funden fehlen judäische Namen gänzlich, aber es finden sich nordisraelitische und phönizische Namen. Dies lässt darauf schließen, dass der judäische Einfluss nicht bis in den Süden gereicht hat, sondern Kuntillet-AĐrĐd eine Handelsstation Israels im Süden war.

In den Königsbüchern werden innenpolitische Unruhen in Juda interessanterweise erst durch dynastische Verbindungen zwischen dem davidischen Königshaus in Juda und den Omriden in Israel erzählt: Joram (851–843; 2 Kön 8,18) heiratete Atalja, eine Tochter Ahabs aus dem Haus Omri (2 Kön 8,18.26). Auf Joram folgte sein Sohn Ahasja (843–842; 2 Kön 8,25–29). Allerdings kam er bei der Revolte von Jehu ums Leben, bei der dieser den König von Israel tötete und in Israel die Macht übernahm. Nach judäischem Verfassungsrecht übernahm daraufhin die Königinmutter Atalja (842–836; 2 Kön 11) die Herrschaft in Juda für den noch unmündigen Kronprinzen Joasch. Sie wurde jedoch durch priesterliche Kreise in Juda getötet, die selbst die Vormundschaft über den erst sieben Jahre alten Joasch (836–798; 2 Kön 12,1–3) ausüben und damit ihren Einfluss auf den vorzeitig zum König Eingesetzten geltend machen wollten. Joasch war fast 40 Jahre lang König, wurde dann aber ermordet. Von seinem Nachfolger Amazja (798–769; 2 Kön 14,1–22) werden kriegerische Auseinandersetzungen mit Israel erwähnt. Darauf folgt die Regierungszeit Usijas/Asarjas (785–733; 2 Kön 15,1–7)[32] und seines Sohnes und Koregenten Jotam (758–743; 2 Kön 15,32–34). Diese Darstellung, die im Wesentlichen dem narrativen Bogen der Königsbücher folgt, lässt sich historisch gegenlesen als eine Zeit der Dominanz Israels gegenüber Juda: Der starke Einfluss der Omri- als auch der Jehu-Dynastie auf den Süden hat sich möglicherweise nicht nur im politischen Einfluss geltend gemacht, sondern könnte auch darin bestanden haben, dass aus der nördlichen Dynastie Mitglieder in Juda installiert wurden und auf diese Weise Juda von Israel aus mitregiert wurde. Ein Indiz hierfür sind u.a. die vielen namensgleichen Könige in Israel und Juda.[33] Juda jedenfalls scheint von der wirtschaftlichen Blütezeit unter Jerobeam II. (789–748) profitiert zu haben (vgl. Kap. 4.3.3.). In diese Zeit fallen auch die ersten Zeugnisse ökonomisch-technischer Aktivität neben der Landwirtschaft; so lässt sich z.B. in Bet-Schemesch Olivenöl- und Textilproduktion nachweisen.

Erst ab der Mitte des 8. Jhs. v. Chr. scheint Juda eine territorialstaatliche Struktur mit den entsprechenden ökonomischen Voraussetzungen erreicht zu haben. So kann von einer voll entwickelten Staatlichkeit gesprochen werden. Erstmals lässt sich deutlich eigenständiges politisches Agieren unter Ahas (743–727; 2 Kön 16,1–4) feststellen. Ahas bat – gegen den Rat Jesajas (Jes 7,1–9) – Assyrien um Hilfe gegen die antiassyrische Koalition von Israel und Damaskus (der sog. „syrisch-ephraimitische Krieg“, siehe Kap. 4.3.4.). Damit wurde Juda vermutlich erstmals als ein politisch eigenständiger Akteur von den Assyrern wahrgenommen. Diese Hilfe wurde von Ahas mit dem ersten Stadium der Vasallität Judas gegenüber Assyrien erkauft, indem man sich zu Abgaben und Tributen verpflichtete. Aus dieser Zeit stammt der zweite außerbiblische Beleg, der nun erstmals von „Juda“ (nicht mehr von einem „Haus Davids“!) spricht (HTAT 140).

Der Prophet Jesaja

Der Prophet Jesaja trat in Juda ungefähr zeitgleich zu Hosea in Israel auf. Seine Berufung lag im Todesjahr von Usija/Asarja; er wirkte unter den judäischen Königen Jotam (758–743), Ahas (743–727) und Hiskija (727–698). Der „historische" Jesaja ist, wenn überhaupt, hinter bestimmten Texten des sog. Protojesajabuchs (Jes 1–39*) greifbar. Aber auch diese Kapitel sind immer wieder überarbeitet und durch andere Partien ergänzt worden. Die biographischen Hinweise auf den Propheten Jesaja selbst sind sehr dünn. Jesaja war verheiratet und hatte (mind.) zwei Söhne (Jes 7,3; 8,3.18). Er war, wie alle Propheten, ein politisch engagierter Zeitgenosse. Möglicherweise hatte Jesaja verwandtschaftliche Beziehungen zum Hofe und so auch leichteren Zugang zu den Königen. Er war ein deutlicher Kritiker der assyrienfreundlichen Politik von Ahas (vgl. Jes 5,25–30; 7–8; 9,7–20; 17,1–6; 28,1–4). Jesaja erlebte die Eroberung und Zerstörung von Samaria 722 v. Chr. mit. Auch unter dem Nachfolger, König Hiskija, vertrat Jesaja seine assyrienkritische Haltung im Gegensatz zur politische Elite in Juda. Nach 701 v. Chr. ist von Jesaja nichts mehr überliefert. Dass Jesaja unter Manasse den Märtyrertod gestorben sei, spielt auf 2 Kön 21,16 an, ist aber eine Legende aus hellenistisch-römischer Zeit.

Die Gliederung und das Textwachstum von Jes 1–39* sind umstritten. Weitgehender Konsens besteht jedoch darin, dass das Buch um zwei Kerne herum gewachsen ist: Jes 6–8*, die sog. „Denkschrift" Jesajas aus der Zeit des sogenannten „syrisch-ephraimitischen Krieges", und den Assurzyklus (Jes 28–35*).
Ein wichtiges theologisches Thema bei Jesaja ist der Zusammenhang von Heil und Gericht, der eng mit der Berufung des Propheten (Jes 6) zusammenhängt: Jesaja wird berufen, um dem Volk angesichts der kultischen und sozialen Verfehlungen und Korruptionen den Untergang anzukündigen. Zugleich hält Jesaja die Hoffnung auf einen politischen Neuanfang aufrecht, wie er sich in den Herrschaftserwartungen auf einen neuen König aus der Davidsdynastie zeigt („Spross Isais" = „Wurzel Jesse", Immanuel; Jes 7,14; 8,23–9,6; 11,1–5).[34]

4.4.3. Juda im 7. Jh. v. Chr.

Das 7. Jh. v. Chr. brachte für Juda entscheidende Veränderungen: Dadurch, dass Israel und Damaskus versucht hatten, Juda in die antiassyrische Koalition einzubinden, Juda sich aber geweigert und Assyrien zu Hilfe gerufen hatte, trat Juda erstmals auch international als eigenständig handelnder politischer Akteur auf. Die Abgrenzung von Israel bezahlte man mit assyrischer Vasallität.

Neben dem wirtschaftlichen Aufschwung im 8. Jh. v. Chr. bereicherten auch Flüchtlinge aus dem Norden das Leben in Juda, was sich deutlich an der Entwicklung der Stadtgeschichte von Jerusalem ablesen lässt. Die von Juda erbetene Hilfe der Assyrer verhinderte einerseits, dass Juda in den Strudel der territorialen Eroberungen und der Expansion des assyrischen Reichs geriet. Andererseits führten die Ereignisse des Jahres 722 Juda deutlich vor Augen, welche Gefahr für die Eigenstaatlichkeit von dem übermächtigen assyrischen Reich ausging. Ähnlich wie Israel zuvor versuchten die Judäer letztlich erfolglos, einen eigenen politischen Weg zu gehen. Das 7. Jh. v. Chr. war durch drei unterschiedliche Ausrichtungen der Politik geprägt, die jeweils mit den Königen Hiskija, Manasse und Joschija verbunden sind. Mit Micha und Jesaja sind erstmals Stimmen judäischer Prophetie überliefert.

Der Prophet Micha

Der Prophet Micha stammte aus Moreschet Gat, einem 35 km von Jerusalem entfernten Ort in der Schefela. Er trat in der Zeit der judäischen Könige Jotam, Ahas und Hiskija auf (vgl. Mi 1,1). Micha hatte wohl die Stellung eines Dorfältesten. Wie Amos in Israel, so prangerte Micha in Juda politische und v.a. soziale Missstände an. In kräftigen Worten klagte Micha die soziale Zerklüftung der Gesellschaft an und forderte Veränderungen: „[1]Weh denen, die Unheil planen und böse Taten auf ihren Lagern! Wenn es Tag wird, führen sie es aus; denn sie haben die Macht dazu. [2]Sie wollen Felder haben und reißen sie an sich, sie wollen Häuser haben und bringen sie in ihren Besitz. Sie wenden Gewalt an gegen den Mann und sein Haus, gegen den Besitzer und sein Eigentum" (Mi 2,1–2). Im Michabuch findet sich eine deutliche Gesellschaftskritik, die beklagt, dass die Armen ausgebeutet und die Reichen immer reicher wurden.
Das Buch Micha gliedert sich in vier Abschnitte, in denen sich Heils- und Unheilsankündigungen abwechseln (Mi 1–3; 4–5; 6–7,7; 7,8–20). Im Michabuch dürfte der historische Micha am ehesten hinter Mi 1–3* zu greifen sein. So ist zu vermuten, dass die im 7. Jh. v. Chr. angefertigte „Michadenkschrift" (oder „Auftrittsskizzen") Mi 1–3* im Exil nach 587 um Mi 4,8–5,3 ergänzt und dann in der Perserzeit zu Mi 1–5* erweitert wurde.[35] Im 5. Jh. v. Chr. könnte dann der Abschnitt Mi 6,1–7,7, in dem sich zeitgenössische Sozialkritik findet, hinzugefügt worden sein. Erst die Schlussredaktion hat den Abschluss Mi 7,8–20 hinzugesetzt. Bedeutend ist das Michabuch u.a. wegen seiner Vision eines universalen, vom Zion ausgehenden Friedens (Mi 4,1–5; vgl. Jes 2,2–5) und den messianischen Texten (Mi 4,14–5,3), die im Neuen Testament rezipiert wurden (vgl. Mt 2,5–6).

4.4.4. König Hiskija (727–698 v. Chr.)

Hiskija (727–698; 2 Kön 18) war der Sohn und Nachfolger von König Ahas. Im 8./7. Jh. v. Chr. ist ein deutlicher Ausbau Jerusalems festzustellen:[36] Von einst 5 ha, dann ca. 10 ha wuchs das Stadtgebiet von Jerusalem um das Fünffache auf ca. 50 bis 60 ha an. Die Bevölkerungszahl stieg – wahrscheinlich in einem graduellen Wachstum –von einst 1.000 auf 15.000 Bewohner an. Während die Stadt bisher nur die alte „Davidsstadt", den schmalen Bergrücken zwischen dem Kidrontal und Tyropoiontal eingenommen hatte, erweiterte sich nun die Stadt: Westlich des Tyropoiontals schloss sich ein Neubaugebiet an, das *mišnæh* „Zweitstadt" genannt wird. Weil Hiskija die Gefahren, die mit Assyrien verbunden waren, erkannte, traf er verschiedene Sicherheitsvorkehrungen für Jerusalem. Jerusalem wurde sowohl durch den Ausbau der Stadtmauer als auch durch den Bau des Siloahtunnels in Jerusalem abgesichert. Für den Fall der Belagerung, wie man dies am Beispiel von Samaria ja unmittelbar vor Augen hatte, musste auch die Wasserversorgung der Stadt gesichert werden (2 Kön 20,20 / 2 Chr 32,1–4.30; Jes 22,9b; Sir 48,17). Die einzige Quelle der Stadt, die Gihonquelle, lag außerhalb der befestigten Stadt im Kidrontal und war durch einen Schacht zugänglich. Hiskija ließ einen 553 Meter langen unterirdischen Tunnel, den sog. Siloahtunnel, graben, um das Wasser von der Quelle unter der Stadt in ein Wasserbecken, den Siloah-Teich, innerhalb der Stadtmauer zu führen. Dies war ein Meisterwerk altorientalischer Ingenieurkunst: Wie aus der Inschrift des Siloahtunnels hervorgeht, die 1880 n. Chr. gefunden wurde (HTAT 180 vgl. Jes 8,6), hat man den Tunnel von zwei Seiten unterirdisch in den Fels geschlagen, und beide Tunnelläufe haben sich 44 Meter unter der Erde tatsächlich getroffen. Mit dieser Anlage konnte Hiskija die Wasserversorgung Jerusalems im Falle einer Belagerung sichern.

Wegen der ständigen Überbauung der Stadt bis heute ist die Baugeschichte nur schwer nachzuzeichnen. Die Prosperität von Jerusalem im späten 8. und 7. Jh. v. Chr. lässt sich auch an den Grabanlagen in Jerusalem im Kidrontal am Fuß des Ölbergs ablesen, wo sich erstmals vornehme und aufwendig gestaltete Felskammergräber z.T. mit Inschriften finden lassen. Mit dieser Entwicklung ging einher, dass nun auch Juda zu den zentral verwalteten Staaten gehörte, in denen sich Schriftlichkeit in Form von Inschriften, Siegeln und Siegelabdrücken findet. Obwohl die Städte nicht die Größe und den Standard vergleichbarer Städte im Norden erreichten, war doch eine deutliche Urbanisierung zu verzeichnen. Im Land ist eine Massenproduktion von Keramikgefäßen, v.a. von großen Vorratskrügen, festzustellen. Die zahlreich gefundenen Vorratskrüge waren mit einem Stempelaufdruck versehen, der die Buchstaben *lmlk* (= „für den König") und z.T. auch das Emblem einer geflügelten Sonne oder eines Skarabäus (vermutlich die königlichen Insignien) zeigt. Sie lassen auf eine zentral organisierte Verwaltung der Steuern und Abgaben und auf eine gesteigerte Öl- und Weinproduktion schließen. Diese wirtschaftliche Prosperität ist nicht allein als ein Umschichtungs- und Veränderungsprozess in der Bevölkerung zu deuten, sondern dürfte vor allem durch die Kooperation mit dem assyrischen Reich zustande gekommen sein, durch die internationaler Handel auf gesicherten Verkehrswegen ermöglicht wurde.

Zunächst setzte Hiskija die proassyrische Politik seines Vaters Ahas fort. Doch nach dem Tod Sargons II. (705 v. Chr.) versuchte auch Hiskija von Assyrien unabhängige Wege zu gehen, wie dies die Könige Israels bereits vor ihm unternahmen: Hiskija, aber auch andere Verbündete im Westen, stellten um 705/704 die Tributzahlungen an Assyrien ein (2 Kön 18,7). Der Regierungswechsel von Sargon zu Sanherib schien dazu günstig zu sein, zumal Sanherib zunächst mit der Sicherung seiner Herrschaft im Norden und Osten beschäftigt war. Vermutlich hatten Juda und Ekron mit ägyptischer Unterstützung ein Abkommen gegen die Assyrer getroffen. Welche Rolle Hiskija dabei genau spielte, ist schwierig zu ermitteln. Als Sanherib aber freie Hand hatte, reagierte das assyrische Reich wie gewohnt: 701 wandte sich Sanherib nach Westen und setzte seine Ansprüche mittels verschiedener Feldzüge durch. Wie bereits häufig zuvor sank der Widerstand mit der Angst vor den anrückenden Assyrern, so dass die Einwohner ihnen mit Unterwerfungsgesten, Begrüßungsgeschenken und Abgaben entgegen zogen. Sanherib eroberte Ekron und griff Juda an. Weite Teile des Landes gerieten schnell unter seine Kontrolle. Viele judäische Dörfer und Städte wurden erobert. Nach Sanheribs eigenen Angaben nahm er 46 judäische Städte ein. Die Bevölkerung wurde getötet oder in großer Zahl deportiert. Zu den eroberten Städten zählt Lachisch, ein zentraler Verwaltungssitz und Militärposten in der Schefela. Verschiedene Berichte liegen über den Feldzug Sanheribs vor (vgl. HTAT 181–182). Zudem ist die Eroberung von Lachisch auf einem monumentalen Relief dargestellt. Dies befand sich in Raum XXXVI im Südwestpalast der assyrischen Könige in der Hauptstadt Ninive und besteht aus 2,5 m hohen und 18,9 m langen Steinplatten. Dies zeigt, dass die Eroberung von Lachisch von überregionaler Bedeutung war und dazu geeignet, Macht und Überlegenheit der assyrischen Könige über die Provinzen zu veranschaulichen. Ausmaß und Anbringungsort des Reliefs zeigen, welche Bedeutung der Einnahme von Lachisch von assyrischer Seite beigemessen wurde.

Lachisch war eine der gut befestigten Städte, umgeben von einer doppelten Verteidigungsmauer mit Wachtürmen und gesichert durch ein Sechskammertor mit einer zweiten, rechtwinklig vorgelagerten Toranlage. In der Stadt befand sich auf einer erhöhten Terrasse eine Residenz mit Gebäude- und Lagerhauskomplexen, die den als „Ställe“ von Megiddo bekannten Anlagen ähneln. Zudem wurden 65 private Siegel, über 478 mit der Aufschrift *lmlk* „für den König“ gestempelte Krughenkel und viele ungestempelte Vorratskrüge mit einem Fassungsvermögen von 39 bis 52 Litern gefunden. Insgesamt lassen die Funde auf eine gut organisierte Administration und einen Verwaltungssitz von überregionaler Bedeutung schließen.

Nach der Eroberung von Lachisch wandte sich das assyrische Heer der Hauptstadt Jerusalem zu. Die Assyrer umzingelten die Stadt und belagerten sie. Sicher ist, dass die assyrischen Truppen plötzlich von Jerusalem abzogen, ohne die Stadt einzunehmen. Das wurde in Juda – gerade angesichts dessen, was man jüngst in Lachisch erlebt hatte – als ein großes Wunder wahrgenommen: Plötzlich war Jerusalem gerettet! Der Grund für den Abzug der Assyrer ist bis heute ungeklärt. Es ist gut möglich, dass er mit innen- oder anderen politischen Schwierigkeiten zusammenhing, die gegenüber der Einnahme von Jerusalem Priorität besaßen. Die biblischen Texte erklären die plötzliche und unerwartete Rettung von Jerusalem damit, dass ein „Bote/Engel JHWHs“ im Lager der Assyrer in einer Nacht 185.000 Mann erschlagen habe. Als Sanherib am nächsten Morgen die vielen Leichen gesehen habe, habe er die Belagerung von Jerusalem abgebrochen und sei nach Ninive zurückgekehrt (2 Kön 19,35–36 vgl. Jes 37,36–37; vgl. 2 Chr 32,1–23). Aus biblischen und assyrischen Quellen (2 Kön 18,14–16; HTAT 181–182) wissen wir, dass Hiskija dem assyrischen König Sanherib Tributzahlungen hinterhergeschickt hat. Von daher dürfte es wahrscheinlich sein, dass Hiskija keine andere Wahl sah, als sich dem assyrischen König zu unterwerfen. Die als „Rettung“ wahrgenommene Verschonung Jerusalems war allerdings ein zweifelhafter Erfolg. Tatsächlich handelte es sich um eine große Niederlage für Juda, denn – gemäß der üblichen Strafmaßnahmen der Assyrer – verkleinerte Sanherib das Gebiet Judas auf Jerusalem und das unmittelbare Umland. Hiskija herrschte nur noch über Jerusalem, das seine wirtschaftlich und verkehrstechnisch wichtigen Gebiete verloren hatte und wieder ein Stadtstaat war. Die Schefela, die der Nutznießung durch Aschdod, Gaza und Ekron unterstellt wurde, war als agrarisches Zentrum mit einer Olivenölgewinnung von ca. 1.000 Tonnen Jahresproduktion verloren und stand ganz unter assyrisch-staatlicher Aufsicht. Die Bevölkerung wurde in weiten Teilen dezimiert und deportiert. Die Städte und Dörfer in Juda standen unter assyrischer Kontrolle. Dennoch gehören die Ereignisse des Jahres 701 zu den großen Rettungserfahrungen in der Geschichte Judas, die das judäische Selbstverständnis geprägt und zu wichtigen theologischen Veränderungen geführt haben. Erst wenige Jahre war die Eroberung und Zerstörung Israels her. Die meisten alteingesessenen Judäer oder Neujudäer und die ehemaligen Flüchtlinge aus dem Norden hatten den Untergang der Stadt Samaria und des Staates Israel noch selbst erlebt. Als Zeitzeugen des Jahres 722 v. Chr. erlebten sie nun die überraschende Rettung Jerusalems vor den Assyrern. Diese Erfahrung empfanden sie als Beweis für die Uneinnehmbarkeit Jerusalems: Die Stadt und der Tempel stehen unter dem unüberwindlichen Schutz JHWHs. So gab die Rettungserfahrung von 701 v. Chr. der Zionstheologie mit ihrer Überzeugung von der Uneinnehmbarkeit des Zions und des Tempels von Jerusalem als Sitz der Gottheit JHWH starken Auftrieb. Damit war auch eine Erklärung für den Untergang des Nordstaats verbunden: In Israel sei zwar auch JHWH verehrt worden, aber nicht an der Stelle und in der Art, wie es ihm gebühre. So konnten im Rückblick die „Erfolglosigkeit" Israels und sein Untergang und der „Erfolg" Judas als die beiden Seiten derselben Medaille gedeutet werden.

In 2 Kön 18,4–5.22 wird zudem eine Kultreform Hiskijas berichtet, die am Beginn seiner Regierungszeit stattgefunden habe: Er habe die Kulthöhen im Land und verschiedene Kultformen beseitigt und Kultgegenstände wie die Kupferschlange (vgl. Num 21,4–9; 2 Kön 18,4) aus dem Jerusalemer Tempel entfernt. Damit wird Hiskija ein erster Versuch zur Zentralisation des Kultes in Jerusalem zugeschrieben. Ob eine Reform unter Hiskija tatsächlich stattgefunden hat, lässt sich nur schwer abschätzen. Archäologisch gibt es dafür jedenfalls keine Belege. Manche Exegeten setzen eine erste Fassung des Deuteronomiums bereits unter Hiskija an, die aus dem sog. hiskijanischen „Kultgesetz" (Dtn 12–26*) bestanden habe. Diese sei entweder unter Hiskija entstanden oder reflektiere nachträglich seine Reformen. Dieser Textkomplex sei aber noch nicht als Vertrag (= *b^erit*, meist als „Bund" übersetzt) gestaltet.[37]

Die Erfahrungen von 722 und 701 gehen spätestens im Exil in die Darstellung der eigenen Geschichte ein, die Bedrohungs- und Rettungssituationen reflektiert und Kausalitäten konstituiert. Vor diesem Hintergrund wird in der Überlieferung der Königsbücher gemäß der eigenen Bewertungskriterien ein sehr positives Urteil über Hiskija abgegeben (2 Kön 18,3–4).

4.4.5. König Manasse (698–642 v. Chr.)

Die auf Hiskija folgende über 55-jährige Herrschaft des Königs Manasse (698–642) und seines Sohnes Amon (641–640) war geprägt von großer Loyalität gegenüber den assyrischen Königen Asarhaddon und Assurbanipal, unter denen das assyrische Reich seine größte Ausdehnung (bis nach Ägypten!) und seine Blütezeit erreichte. Daher fällt das Urteil über die beiden Könige, v.a. über Manasse, in den Königsbüchern so negativ aus (2 Kön 21,2–9). Wahrscheinlich stellte Juda auch Truppen für die Ägyptenfeldzüge zur Verfügung. Es könnte sein, dass Juda im Gegenzug dazu den Negev erhielt, u.a. mit den Städten Beersheba, Hazeva und Kadesch-Barnea, die in den Erzählungen vom Auszug aus Ägypten und der daran anschließenden Wüstenwanderungszeit eine besondere Rolle spielen. Im Laufe des 7. Jhs. v. Chr. sind dort Urbanisierungsbemühungen und der Bau von Befestigungsanlagen zu verzeichnen, die von dem florierenden Handel mit Edom und Arabien zeugen. Als Transportmittel werden hierzu nun auch Kamele eingesetzt, mit denen es möglich war, weite Wüstenstrecken zu durchqueren und über diesen Weg Fernhandel mit Luxusgütern zu organisieren (vgl. Kap. 6.1.). Durch die südlichen Gebiete Judas, die Gegend von Beersheba, durch das Hochland von Edom und die südliche Küstenebene führten nun wichtige Karawanenstraßen, was im 7. Jh. ein Bevölkerungswachstum auslöste. Die Schefela blieb bis in die Zeit Joschijas allerdings unter assyrischer Kontrolle. Insgesamt profitierte Juda von der *pax assyriaca* durch den blühenden Handel und die politische Stabilität. Zu den Leistungen, die die Vasallen an Assur abzuliefern hatten, gehörten nicht nur Abgaben und Tribute, sondern auch Arbeitskräfte. So war Juda zur Zeit Manasses unter den Vasallen, die Arbeitskräfte und Sklaven für den Bau von „Vorratshäusern“ in Ninive unter dem König Asarhaddon stellen mussten (vgl. Kap. 6.2.).

Es wird diskutiert, ob mit der assurfreundlichen Politik assurfreundliche Kulte in Jerusalem während der Regierungszeit Manasses verbunden waren (2 Kön 21,1–18). Mehrheitlich geht man davon aus, dass mit der assyrischen Oberherrschaft kein Zwang verbunden war, lokal assyrische Kulte zu etablieren. Wohl aber lässt sich zeigen, dass der Einfluss aramäisch-assyrischer Kulte und Symbolsysteme hoch war und die Ausdrucksformen vor Ort geprägt haben, so etwa der Mondgott von Haran oder die Himmelskönigin. „Der modischen Angleichung an die assyrische Kultur und Religion stehen führende konservative Kräfte skeptisch gegenüber, da sie darin die Preisgabe der gewachsenen, traditionellen Identität sehen. Dass dadurch eine produktive Spannung in der Gesellschaft entsteht, die nicht zuletzt die Literaturproduktion im 7. Jh. v. Chr. enorm anregt, sollte davor bewahren, den kulturellen Wandel mit den Deuteronomisten pauschal zu verurteilen."[38] Religion war in Juda wie in Israel sowieso ein plurales Phänomen: Auf den Höhen und offenen Kultplätzen hat man zahlreiche kleine Ascherafigurinen gefunden. Der Kult für Baal, Astarte, Milkom der Ammoniter, Kamosch der Moabiter, Astarte der Sidonier ist, wenn auch meist in negativer Abgrenzung, belegt (vgl. 1 Kön 11,5; 2 Kön 23,13; Jer 11,13; Ez 8).

Jerusalem erlebte in dieser Zeit einen ungeheuren Aufschwung. Erstmals findet sich monumentale Steinarchitektur mit Quadersteinen und Steinkapitellen. Die in 2 Kön so negativ bewertete Herrschaft Manasses schuf wohl erst den wirtschaftlichen Wohlstand, der auch für die theologische Literaturproduktion Voraussetzung war, die im 7. Jh. v. Chr. in Juda verstärkt einsetzte.

Amon (641–640) setzte die Politik seines Vaters Manasse fort, fiel aber nach 2 Kön 21,23–24 einer Hofintrige zum Opfer, hinter der wohl führende Vertreter des *Am HaAretz*, der landbesitzenden judäischen Elite, standen.

Alltag in Israel und Juda der Königszeit

Geschichte ist nicht nur die politische Entwicklung im engeren Sinne oder die Geschichte einer Königsdynastie, von Kriegen oder großen Projekten, sondern auch die Geschichte des Alltags. Während bei der ersteren nur wenige Menschen und meist nur die Oberschicht erfasst werden, geht es bei einer sozialgeschichtlichen Rückfrage darum nachzuzeichnen, wie sich das Leben für breite Schichten der Bevölkerung gestaltete. Dieser Aspekt darf nicht fehlen, wenn es um die Geschichte(n) Israels und Judas geht.[39]

In der Königszeit leben die Menschen in Dörfern bzw. Städten, die grob in drei Gruppen klassifiziert werden können: die Wohnstadt, bei der keine Planung erkennbar ist (z.B. Tell Bet-Mirsim), eine Stadt mit beschränkter administrativer oder militärischer Funktion (z.B. Tell es-Seba) sowie ein administratives und militärisches Zentrum (z.B. Megiddo oder Lachisch). Die Wohnhäuser in dieser Zeit sind – nach wie vor – typische Drei- bzw. Vier-Raum-Häuser mit einem nicht überdachten Hof in der Mitte, einem überdachten Teil und einem oder zwei Räumen, die sich zum Hof hin öffnen. Die letztgenannten Räume sind

Wohn-, Lager- und Wirtschaftsräume und dienen als Stallungen für die Tiere. Die Wohnräume sind ohne Fenster, Licht fällt durch die Tür herein. Wohlhabendere Häuser haben ein zweites Stockwerk. Das Flachdach kann aber auch als Lagerraum bzw. als ein durch Zelte sonnengeschützter, aber luftiger und daher sehr angenehmer Lebensraum genutzt werden. Der Boden ist aus gestampftem Lehm, z.T. aber auch gepflastert. Die Fundamentmauern aus Stein sind meist ca. 60 bis 80 cm hoch, darauf wird dann mit sonnengetrockneten Lehmziegeln gemauert. Einrichtungen zum Auffangen des Wassers gibt es meist nicht, Regenwasser musste daher versickern. Durch die zum Innenhof orientierte Bauweise konnten die einzelnen Anlagen eng aneinander gebaut werden, was zu einer optimalen Nutzung der Fläche führte. Dies war deshalb besonders wichtig, weil es erlaubte, den Umfang der Stadtmauer möglichst gering zu halten. Die Straßenführung ergab sich somit durch die unregelmäßig aneinandergebauten Hausinseln. Neben repräsentativeren Palast- und Verwaltungsbauten, die seit dem Ende des 8. Jhs. v. Chr. meist über Innenhöfe mit angrenzenden Empfangsräumen verfügten, gab es noch Funktionalbauten (sog. Pfeilerbauten) in den Städten, die als Ställe (vgl. die sog. „Ställe Salomos" in Megiddo), meist jedoch als Lagerräume dienten. Hier wurden Vorräte angelegt, Abgaben gesammelt und Waren umgeschlagen.
Bei den Stadtmaueranlagen kann zwischen massiven Stadtmauern, die 4 bis 5, sogar bis 9 Meter breit sein konnten, und Kasemattenmauern unterschieden werden: Bei letzteren wurden zwei dünnere Mauerringe errichtet, die durch regelmäßige Zwischenmauern in einzelne Räume untergliedert waren, die man zu Friedenszeiten als Lager- und Abstellräume nutzen, in Kriegszeiten aber auch aufschütten konnte. So wurde nicht nur Baumaterial gespart, sondern auch Raum in der Stadt gewonnen. Die Kasemattenmauer war überdacht, so dass der Mauerring um die Stadt begehbar war. In regelmäßigen Abständen befanden sich oftmals Türme. Üblicherweise gab es nur ein Zugangstor zur Stadt, das eine besonders empfindliche Stelle in der Verteidigung darstellte und daher besonders gesichert werden musste. Das Tor war durch Vorsprünge eigens befestigt, die im Innern in ein bis drei Kammern auf jeder Seite untergliedert waren und auf diese Weise ein Zwei-, Vier- oder Sechskammertor ergaben. Bei besonders wichtigen Städten, wie etwa im Fall von Lachisch, läuft der Zugang zur Stadt in einem 90°-Winkel im Stadttor und kann mitunter noch durch ein weiteres vorgelagertes Tor gesichert sein. Das Tor hat in einer Stadt nicht nur verkehrs- und verteidigungstechnische Funk-

tion, sondern ist der einzige Ort in der Stadt, der gewissermaßen einen öffentlichen Platz und ein kommunikatives Zentrum darstellt. Daher gibt es Tore mit Steinsitzbänken im Innern (so in Tell es-Seba). Jeder, der die Stadt betritt oder verlässt, muss durch das Tor; man trifft sich, unterhält sich und kann das Neueste austauschen. Im Tor wird auch von den Ältesten Recht gesprochen und in Konfliktfällen vermittelt (vgl. Rut 4).

Ein wichtiges Problem, das jede Stadt lösen musste, war die Wasserversorgung: Sie musste regelmäßig und zuverlässig erfolgen und vom Stadtinnern aus erreichbar sein, um auch im Belagerungsfall zugänglich zu bleiben. Daher ergaben sich sehr unterschiedliche, meist sehr aufwendige und teure Wasserversorgungsanlagen (vgl. die Anlagen in Megiddo, Hazor, Lachisch, Jerusalem etc.), die für jede Stadt von lebenswichtiger Bedeutung waren.

Die Menschen lebten in erster Linie von Ackerbau und Viehzucht, aber auch von Handwerk, Produktveredelung und Handel. Abgaben mussten an die Herrschaft gezahlt, Frondienste geleistet werden. Der Handel, v.a. der Fernhandel, war ein königliches Monopol. Privatwirtschaft im überregionalen Sinn gab es nicht. Zentrale Tauschgüter waren neben Edelmetallen und Edelsteinen auch Keramik, Geräte, Waffen und andere Gegenstände aus Bronze und Eisen sowie Schmuck. Geldverkehr mit Münzen kam erst in persischer Zeit auf, im Alltag der Menschen wurde Münzgeld sogar erst in hellenistisch-römischer Zeit üblich. Alle, auch die Bauern, lebten in meist befestigten Siedlungen; zu ihrer täglichen Arbeit auf dem Feld gingen sie hinaus und kehrten abends wieder in die Dörfer zurück (vgl. Rut 2–3). Interessanterweise hat man in den Städten kaum Handwerksbetriebe gefunden; möglicherweise lagen deren Werkstätten außerhalb der Stadt. Dies könnte v.a. bei der Keramikproduktion der Fall gewesen sein, wo möglicherweise waldigere Regionen bevorzugt wurden. Man ernährte sich von Gerste und Weizen (Gerstenbrot Ri 7,13; 2 Kön 4,42) sowie von Hülsenfrüchten wie Linsen und Erbsen. Das Getreide wurde von Dezember bis Februar gesät, es wuchs im Frühjahr. Bei der Ernte wurde das Korn geschnitten, zu Garben gebunden und zur Tenne gebracht (vgl. Rut 3), die sich außerhalb der Stadt befand. Dort wurde das Getreide von Hand oder mit Zugtieren und einem Dreschschlitten gedroschen und dann geworfelt, um die Spreu vom Korn zu trennen. In Säcke, Kisten und Gefäße gefüllt konnte es transportiert oder in Gruben oder Speichern gelagert werden. Unter den Fruchtbäumen finden sich Oliven-, Feigen-, Granatapfel- und Mandelbäume sowie Dattelpalmen. Olivenbäume wurden in Terrassen angebaut. Geerntet wurde im Spätherbst, dann wurde das Öl gepresst und in großen Krügen aufbewahrt. Weinberge waren häufig mit einer Mauer umgeben (Jes 5,1–7), innerhalb befand sich oft auch eine Kelter. Die Lese war bereits im August. Die Trauben wurden an Ort und Stelle gepresst. Die Kelter war oft in den Fels gehauen und bestand aus einem höher gelegenen Tretplatz und einem tiefer gelegenen Sammelbecken. Most und Wein wurden in Tonkrüge abgefüllt; zum Transport konnten auch Schläuche verwendet werden (Jos 9,4.13; 1 Sam 1,24; 10,3; 25,18). Trag- und Reittiere waren v.a. Esel. Kamele waren teuer und nur für lange (Wüsten-)Strecken geeignet (vgl. Kap. 6.1.). Nutztiere waren Rinder, Schafe und Ziegen, die außerhalb der Stadt lebten; daher wurden Hirten benötigt. Die Nahrung war weitgehend vegetarisch: Brot, Milchprodukte, Honig, Früchte, Gemüse. Fleisch wurde nur bei Opferfesten und festlichen Angelegenheiten wie Hochzeit oder Geburt gegessen. Die Zubereitung bestand daher v.a. aus dem Backen von Gerstenbroten, wohl in runden Fladen, wofür die Körner zuerst mit einer Handmühle, die in jedem Haushalt vorhanden war und aus einem flachen Reibstein aus Basalt bestand, zerrieben werden mussten. Kochtöpfe in verschiedenen Größen wurden in jedem Haus gefunden (Ex 27,3; 1 Sam 2,13–14). Als Gewürze werden Salz (ein Luxusgut!), aber auch Kümmel, Dill und Koriander erwähnt (Ex 16,31; Num 11,7; Jes 28,25). Milch und Honig galten als Delikatessen. Der Honig stammte von wilden Bienenvölkern (1 Sam 14,25ff); ob es Bienenzucht gab, ist nicht gesichert. Aus frischer Milch und Dickmilch wurden Getränke hergestellt (Ri 4,19), aber auch Käse zubereitet (1 Sam 17,18; 2 Sam 17,29). Die Kleidung bestand aus Wolle und Flachs. Die Wolle musste zu Garn gesponnen werden. Man hat zahlreiche Spindeln und durchbohrte Scheiben gefunden. Die Stoffe wurden aus Garnen gewebt. Wahrscheinlich sind diese auch gefärbt worden. Leider gibt es nur wenige Darstellungen von Kleidung. Es scheint zum einen eine Art Hemdkleid gegeben zu haben, das bis zu den Knöcheln reichte und kurze Ärmel hatte, und zum anderen ein Wickelgewand, das mit einem Gürtel gehalten wurde. Ein Umhang wurde zudem durch eine Nadel zusammengehalten, an der, jedenfalls bei Reichen und Grundbesitzenden oder mit der Verwaltung Betrauten, ein (Roll-) Siegel befestigt werden konnte, das man (im Sinne einer rechtskräftigen Unterschrift) auf noch feuchtem Ton abrollen konnte. Es gab wohl nur eine dünne Oberschicht, für die größerer Luxus in Frage kam. Der größte Teil der Bevölkerung lebte relativ einfach, was an der schlich-

ten, aber sehr praktischen Gebrauchskeramik abzulesen ist. So war die Gesellschaft in zwei Schichten geteilt: eine Oberschicht mit Amtsträgern, Statthaltern, Großgrundbesitzern, und eine große Bauernschaft. Die Bauern lebten als Pächter und mussten, unabhängig von Ernten und Einnahmen, ihre Pacht abliefern. Bei Missernten oder familiären Unglücksfällen konnten sie leicht in Schuldknechtschaft geraten, was ein zunehmendes Problem war und die soziale Kluft in der Gesellschaft zusehends vergrößerte.
Zum Leben gehört der Umgang mit den Toten. In den Texten und archäologischen Zeugnissen zeigt sich ein komplexes Übergangsritual, um den Weg zwischen den unterschiedlichen Welten zu begleiten, bei dem unsere Begriffe von „Leben" und „Tod" nicht recht greifen. Für seine (erste) Bestattung wird der Gestorbene gewaschen, gesalbt, bekleidet und geschmückt; zudem werden ihm Grabbeigaben mitgegeben: Amulette, persönliche Gegenstände und – sehr wichtig – Nahrung und Kleidung. Die Angehörigen trauern um ihn sieben Tage (1 Sam 31,13). Es gibt unterschiedliche Grabformen (Gruben-, Fels-/Höhlen-, Kammergräber), Sarkophage spielen nur am Rande eine Rolle und sind eher ausländischer Import (v.a. aus Ägypten). Nach etwa einem Jahr kommt es zur Zweitbestattung des Toten: Nachdem das Fleisch verwest ist, werden die Knochen an einen besonderen Ort im Grab gelegt, an dem die Gebeine aller dort Bestatteten, meist Familienmitglieder, gesammelt werden. Die Totenpflege ist Aufgabe der Familie (es gibt dafür kein Kultpersonal), weil der Tote Teil der sozialen Gemeinschaft bleibt; man kann den Toten um Rat fragen (1 Sam 28). Es gibt regelmäßige Totengedenkfeiern, bei denen man die Toten mit Nahrungs- und Libationsgaben (Trankopfer) versorgt und am Grab gemeinschaftliche Totenmähler hält. Weil die Toten zum Leben dazugehören, befinden sich die Grabfelder auch meist in der Nähe der Lebenswelt unmittelbar bei den Siedlungsräumen: Sie gehören zur *Lebenswelt* des Dorfes. Die starke Ablehnung gegenüber unterschiedlichen Formen der Totenverehrung in den biblischen Schriften (wahrscheinlich aus exilischer Zeit) weist auf eine verbreitete und zugleich heftig bekämpfte Praxis hin, v.a. die Nekromantie (Dtn 18,11; Lev 19,31; 20,6.27; Jes 8,19; 65,4; 1 Sam 28; vgl. auch Koh 9,2–6; Ijob 14,21). Schließlich leben die Toten,[40] wenn auch mit erloschenen Kräften in einer eigenen, staubigen Welt, die oft als Scheol bezeichnet wird (vgl. Ps 88,11; Spr 2,18; 21,16; Jes 26,14.19; Ijob 3,13–18; 14,12.14). Den Menschen verlässt im Tod die Lebenskraft (im Hebräischen *„näfäsch"* vgl. Gen 35,18; 2 Sam 1,9; Jer 15,9), der Lebensa-

tem („*n^e^schamah*" vgl. 1 Kön 17,17) bzw. der Lebensgeist („*ruach*" vgl. Ps 104,29; 146,4). Die Scheol wird nicht unbedingt als Ort in der Unterwelt gedacht, sondern bezeichnet einen lebensfeindlichen „Un"-Ort.
Der liturgische Festkalender der Königszeit ist kaum zu rekonstruieren: In den biblischen Schriften finden sich verschiedene Festkalender. Zudem ist offen, ob es daneben noch weitere Feste gab. Heute geht man davon aus, dass die drei großen Wallfahrtsfeste, die einen agrarischen Ursprung haben, später mit einem Ereignis aus der Geschichtserinnerung Israels verbunden wurden: An Pessach-Mazzot wird der Beginn des Frühjahrs und der Gerstenernte (Mazzot vgl. Ex 12,17; 23,15; 34,18) und der Auszug aus Ägypten gefeiert (Pessach; vgl. Ex 12,11.21–23; Dtn 16,1–8); am Wochenfest, 50 Tage später, das Ende der Ernte (Ex 23,16; 34,22; Dtn 16,10.16) und die Offenbarung Gottes am Sinai (Ex 19,1; 2 Chr 15,10ff); am Laubhüttenfest (Dtn 16,13.16; Lev 23,34) im Herbst die Zeit der Weinlese (Ex 23,16; 34,22) und die Wüstenwanderung (Lev 23,42).

4.4.6. König Joschija (639–609 v. Chr.)

Nach 2 Kön 21,23–24 setzten führende Vertreter des *Am HaAretz* den achtjährigen Joschija (639–609) auf den Thron und übten für den noch Minderjährigen die Regierungsgeschäfte aus.

Mit der Zeit Joschijas waren nicht nur eine Reihe von Reformmaßnahmen verbunden, sondern auch intensive theologische Reflexionen und eine literarische Produktivität, die in den biblischen Texten erhalten sind. Diese Texte sind deutlich von der „joschijanischen" Perspektive geprägt. Joschija wird in der Wertung der Königsbücher als der positivste König dargestellt. Mit ihm ist im erzählerischen Duktus der Königsbücher der glanzvolle Höhepunkt der Geschichte Judas erreicht. Daher verwundert es nicht, wenn die Königsbücher von Joschija als einzigem König sprechen, der „ganz den Wegen seines Vaters David" folgend gewandelt sei (2 Kön 22,2). Joschija wird zum Maßstab, der nicht nur die Texte, die von Joschija sprechen, prägt, sondern auch die Art und Weise, wie von der Vergangenheit erzählt wird: So lassen die biblischen Schriften die Herrschaft Joschijas beispielsweise als Wiederherstellung der Herrschaft des Urahns und Königs David erscheinen (vgl. dazu Kap. 6.6. und 6.4.).

Joschijas Regierungszeit fiel in eine Periode zunehmender Schwäche des assyrischen Reichs, das seine Ansprüche im Westen nicht mehr mit demselben Druck durchsetzen konnte wie in den Jahren und Jahrzehnten zuvor (vgl. Kap. 2.2.). Nach der Blütezeit des assyrischen Reichs unter den Königen Asarhaddon (681–669) und Assurbanipal (669–631) setzten interne Machtkämpfe ein. Assurbanipals Söhne wurden nicht als Nachfolger anerkannt. Zugleich griffen die erstarkten Babylonier unter Nabopolassar (626–605) und die Meder unter König Kyaxares (625–585) das assyrische Reich an. Die Babylonier eroberten 612 v. Chr. Ninive, die Meder 614 v. Chr. Assur (vgl. Kap. 2.2).

Innerhalb weniger Jahre wurde die seit Jahrhunderten die Welt beherrschende und schreckenverbreitende Großmacht erobert und verschwand von der politischen Bildfläche. Das unbesiegbare Großreich hatte ein plötzliches Ende gefunden. Gerade der Untergang der Stadt Ninive hinterließ einen ungeheuren Eindruck. In den bisher von Assyrien beherrschten Gebieten entstand ein Machtvakuum.

Im syro-palästinischen Raum erstarkte seit langem erstmals wieder Ägypten unter der 26. (saitischen) Dynastie. Unter den Pharaonen Psammetich I. (664–610) und Necho II. (610–595) mischte sich Ägypten wieder in die Außenpolitik ein und nutzte seinen politischen Handlungsspielraum. Aufs Ganze gesehen, war der ägyptische Einfluss nur ein kleines Intermezzo zwischen der Oberherrschaft der Assyrer und der der Babylonier, war aber in der Wende vom 7. zum 6. Jh. v. Chr. ein wichtiger Einflussfaktor im syro-palästinischen Raum. Die Assyrer erfuhren ihrerseits von den Ägyptern Unterstützung gegen die Babylonier, im Gegenzug dazu verzichtete Assyrien auf die Gebiete westlich des Eufrat. Als Necho 609 nach Palästina zog, um dem assyrischen Reststaat in Haran zur Hilfe zu eilen, stellte sich ihm der judäische König Joschija bei Megiddo entgegen und wurde getötet (2 Kön 23,29 vgl. 2 Chr 35,20–24). Zwischen 609 und 605 beanspruchte Ägypten die Vorherrschaft in Palästina; in dieser Zeit war Juda ein Vasall Ägyptens und zu Tributen verpflichtet.

Die Zeit der Herrschaft Joschijas (639–609) war von dieser Verschiebung der politischen Kräfte gekennzeichnet: Die Macht der Assyrer nahm ab, der Einfluss Ägyptens im Vorderen Orient zu. Durch diese Verschiebungen ergaben sich, wenn auch kein Machtvakuum, so doch gewisse Freiräume. Die biblischen Schriften legen nahe, dass es unter Joschija territoriale Erweiterungen gegeben habe. Es könnte sein, dass die unter Hiskija verlorengegangene Schefela wieder unter judäische Herrschaft kam. Lachisch wurde wieder aufgebaut und war ein wichtiger Militärstützpunkt. Ebenso könnte der Negev in judäischem Besitz gewesen sein. Zudem scheint es wahrscheinlich, dass Joschija Teile des ehemaligen Israels für Juda beansprucht hat (vgl. Joschija in Bet-El [Israel!] in 2 Kön 23,15–20). Juda hatte zur Zeit Joschijas mit einer Bevölkerung von ungefähr 75.000 eine dichte Besiedlung; ca. 20 % der Gesamtbevölkerung lebten in Jerusalem. Das städtische Leben erreichte einen solchen Höhepunkt erst wieder in römischer Zeit. Der Staat wurde effizient verwaltet und war zentral organisiert. Insofern erscheint an diesem Punkt die Politik Joschijas als eine direkte Fortsetzung der Politik Manasses.

Innenpolitisch werden aus der Regierungszeit Joschijas eine Reihe von Reformmaßnahmen berichtet, die sich in das Jahr 622 v. Chr. datieren lassen. Zwei Dinge sind dabei zu unterscheiden: Kultreinigung und Kultzentralisation (2 Kön 22–23)[41].

2 Kön 22–23 erzählt, dass bei Renovierungsarbeiten im Tempel von Jerusalem ein altes, in Vergessenheit geratenes Buch („*Sefer HaTora*“ = „das Buch der Tora/Weisung“) gefunden worden sei (2 Kön 22,1–8).[42] Was in diesem Buch steht, wird an keiner Stelle der Erzählung berichtet. Aber die Wirkung, die es auslöste, sei weitreichend gewesen: Als es dem König vorgelesen wurde, habe dieser seine Kleidung zerrissen und verlangt, dass es der in der Jerusalemer Neustadt wohnenden Prophetin Hulda zur Authentifizierung vorgelegt werde (2 Kön 22,9–14). Daraufhin seien die Spitzenvertreter des Jerusalemer Tempels zu der Prophetin gegangen. Sie habe von einem Unheil für Juda gesprochen, das hereinbrechen werde, weil anderen Gottheiten geopfert und der Anspruch der Alleinverehrung JHWHs nicht erfüllt worden sei; allerdings habe sie zugleich einen Aufschub angekündigt, der in der Person von Joschija begründet sei (2 Kön 22,15–20). Als der König die Worte der Prophetin vernommen habe, habe er zuerst die Worte des *Sefer HaB^erit*“ (= „Bundesbuches“; 2 Kön 23,2) öffentlich verlesen und dann einen „Bund“ schließen lassen, um von nun an die Gebote des Buches zu befolgen (2 Kön 23,1–3). Sodann habe er umfangreiche Reformmaßnahmen am Jerusalemer Tempel durchgeführt, die Gegenstände für Baal, Aschera und das Himmelsheer beseitigt, Kultstätten im Land sowie Kulte für andere Gottheiten wie Astarte, Kemosch oder Milkom verboten (2 Kön 23,4–14). Seine Maßnahmen hätten sich auch auf den Kult von Bet-El erstreckt, jenem alten Heiligtum, das nicht in Juda, sondern auf dem Gebiet des ehemaligen Israel lag

(2 Kön 23,15–20). Abschließend habe Joschija veranlasst, das Pessachfest in der im „Bundesbuch“ vorgeschriebenen Weise zu feiern (2 Kön 23,21–23; vgl. Dtn 16,1–8).

2 Kön 22–23 schildert die Reformmaßnahmen in einer lebendigen Erzählung. Es wird sehr kontrovers diskutiert, ob es sich dabei tatsächlich um ein altes, in Vergessenheit geratenes Buch handelt, an das in der Zeit Joschijas wieder angeknüpft wurde, oder ob die Erzählung von der Auffindung des Buches dazu gedient habe, die angestrebten Reformmaßnahmen durch die Erzählung über ein „altes“ Buch zu legitimieren.

Was ist der Inhalt des aufgefundenen Buches? Darüber schweigen die biblischen Texte. Seit Wilhelm Martin Leberecht de Wette[43] (1805) wird vermutet, dass es sich um ein Ur-Deuteronomium handele. Andere rechnen damit, dass das Buch für die Reformmaßnahmen Joschijas geschrieben worden sei, aber altes Material enthalte und ältere Traditionen verarbeite.[44] „Leider gibt es aber in der Forschung so gut wie keinen Konsens über die Anfänge und die genauere Geschichte der deuteronomistischen Literatur. Die innere Schichtung des Deuteronomiums selbst ist nicht überzeugend geklärt. Es bleibt offen, was an historischer und gesellschaftlicher Realität hinter dem Phänomen steht. War es wirklich eine ‚Bewegung‘? Oder handelt es sich um ‚Literatur‘, hinter der nur wenige Individuen stehen, seien es Literaten, Theologen oder Staatsbeamte? Gibt es einen fixierbaren geographischen oder gesellschaftlichen Ansatz (Israel oder Jerusalem für die Anfänge, die Heimat oder Babylonien für die Exilzeit, Leviten oder Propheten oder Weisheitslehrer oder Hofleute als Trägergruppen?)“[45]

Ob unter Joschija eine Kultzentralisation vorgenommen wurde, ist schwierig zu ergründen: Aus einer nationalen Unabhängigkeitsbewegung ist die Konzentration des Kults in Jerusalem nicht erklärbar. Soziale Anliegen waren mit der Zentralisation auch nicht verbunden – im Gegenteil: Die Kultzentralisation, wenn sie denn mehr als nur ein Programm war, hatte durchaus Auswirkung auf das alltägliche Leben der Menschen[46] und war daher keineswegs einfach durchzusetzen. Finanzielle Gründe können kaum den Ausschlag gegeben haben. Interessanterweise begründet das Dtn nirgends die Einzigkeit des Kultorts in der Alleinverehrung JHWHs oder der Einzigkeit Israels. Die einzige biblische Begründung ist die Zentralisationsformel selbst (vgl. Dtn 12,4–7, wo allerdings nur von einer „Stätte“, nicht von Jerusalem die Rede ist), die die Forderung schlicht auf den Willen JHWHs zurückführt und die Forderung der

Kultzentralisation zudem mit der Davidsverheißung an das judäische Königtum in Jerusalem bindet (vgl. 2 Sam 7).

Umstritten ist, ob sich die Maßnahmen zur Kultreform archäologisch nachweisen lassen. Man kann davon ausgehen, dass in Juda de facto der Kult auf Jerusalem konzentriert war.

Dass Joschija eine maßvolle Kultreform in Angriff genommen habe, ist hingegen wahrscheinlicher. Allerdings darf der Versuch nicht darüber hinwegtäuschen, dass in Jerusalem im Bereich der Davidsstadt mehr als 2.000 Figurinen gefunden wurden, die auf Verehrung JHWH-fremder Gottheiten schließen lassen.

Die Kultreform Joschijas ist wahrscheinlich ein programmatischer Entwurf. Eine wirkliche Durchsetzung der Kultzentralisation hat es wohl erst in der Perserzeit gegeben. Der mit persischer Autorität und wahrscheinlich auch persischem Geld ausgestattete Teil der in der Diaspora lebenden alten und neuen Elite baute den Tempel in Jerusalem wieder auf und brachte den „eigentlichen" Kult wieder in Gang. Damit werden die in der Zeit Joschijas greifbaren Ideen mit über 100-jähriger „Verspätung" umgesetzt. Aber auch in persischer Zeit gelang dies nur bedingt: Neben dem Jerusalemer Tempel gab es einen JHWH-Tempel auf der Nilinsel Elephantine in Ägypten, der 410 v. Chr. zerstört wurde. Auf dem Berg Garizim bei Sichem/Samaria wurde ein kultisches Zentrum mit Tempel der Samaritaner gegründet, einer Gemeinschaft, die ihre eigene Version des Pentateuchs (den sog. Samaritanischen Pentateuch) verwendet. Möglicherweise gab es auch einen JHWH-Tempel der Tobiaden in Araq el-Emir (Ostjordanland, Anfang 2. Jh. v. Chr.). Josephus berichtet zudem von einem Tempel der Oniaden in Leontopolis.

609 v. Chr. wurde Joschija in Megiddo vom ägyptischen Pharao Necho getötet (2 Kön 23,28–30 vgl. 2 Chr 35,20–24).[47] Auf Joschija folgte sein Sohn Joahas (609; in Jer 22,11: Schallum), den Necho aber nach kurzer Zeit absetzte (2 Kön 23,33–34). An seiner Stelle wurde Eljakim, der Sohn Joschijas, eingesetzt, der in Jojakim (608–598) umbenannt wurde. Diesem legte Necho einen hohen Tribut auf (2 Kön 23,31–35). Mit der Schlacht bei Karkemisch (605) änderte sich die weltpolitische Situation: Die Babylonier betraten als neue Weltmacht nun auch im Westen die politische Bühne (vgl. Kap. 2.2.).

5. Die Entstehung des Jerusalemer Geschichtswerks und anderer Textüberlieferungen (8.–7. Jh. v. Chr.)

Der Untergang des Staates Israel (722 v. Chr.) regte in Juda eine vielfältige theologisch-literarische Produktivität an. Aus der deutenden Retrospektive wurde in Juda über die bisherige Geschichte im Wissen um den Untergang Israels nachgedacht. Dabei ist wichtig im Blick zu haben, dass die literarischen Texte weitgehend die judäische Perspektive wiedergeben. Diese dürften schwerpunktmäßig in den knapp 150 Jahren zwischen dem Untergang Israels (722 v. Chr.) und dem Untergang Judas (587 v. Chr.) entstanden sein.

In exilisch-nachexilisch-persischer Zeit wurden diese Textkomplexe gesammelt, z.T. redigiert und verändert in neue Erzählkontexte eingefügt. Daher ist umstritten, welche Texte vorexilisch zu datieren sind. Dies ist für jeden Text einzeln zu prüfen und somit bleibt die zeitliche und kontextuelle Verortung der Texte immer hypothetisch. Dass es jedoch eine umfangreiche vorexilische theologische wie literarische Reflexion gab, ist so gut wie unbestritten. Ohne sie wäre die Produktivität in exilisch-nachexilischer Zeit nicht vorstellbar. Durch die literarischen Verarbeitungen der großen theologischen und politischen Krisen in vorexilischer Zeit lagen Deutemuster, Denkschemata und Reflexionsprozesse vor, die im und nach dem Exil aufgenommen, neu angewendet, modifiziert oder in Frage gestellt werden konnten. Aus der deutenden Rückschau erscheinen somit die Prozesse der Theologie- und Literaturgeschichte nicht als linear voranschreitend, sondern als aufeinander verweisend und sich gegenseitig bedingend.

Das Münsteraner Pentateuchmodell (vgl. Kap. 3.) geht davon aus, dass das sog. „Jerusalemer Geschichtswerk“ (Gen 2,4b–Jos 24*) in der mittleren bis späten Königszeit entstanden ist.[1] Wahrscheinlich ist das Jerusalemer Geschichtswerk die erste Schrift, die in vorexilischer Zeit einen Erzählbogen aufspannt, in dem die Geschichte(n) Israels von der Schöpfung bis zur Landnahme reichen (Gen 2,4b–Jos 24*). Dieser Erzählzusammenhang ist im Exil unter Integration älterer Traditionen bis zum Ende des Königtums weitererzählt worden (= „Exilischer Darstellungszusammenhang“ Gen 2,4b–2 Kön 25*).

Das Jerusalemer Geschichtswerk selbst, dessen Umfang unklar und im Einzelnen nur schwer zu rekonstruieren ist, ist vor dem politischen und theologischen Hintergrund sowohl der Eroberung Israels als auch des Verhältnisses Judas zur assyrischen Weltmacht zu sehen, das von Vasallität und Bündnisverpflichtung, von Kooperation und Repression geprägt ist. Einen weiteren wichtigen zeitgenössischen Kontext bildet die Prophetie, besonders die Propheten Amos und Hosea. Die mit der Krise von 722 verbundenen Veränderungen sowie der zunehmende Druck von assyrischer Seite auf Juda führten zu einer verstärkten Reflexion über die eigene Identität und Orientierung gebenden Traditionen. Im Kontext dieses Prozesses könnte das Jerusalemer Geschichtswerk als eine erste übergreifende Geschichtsdarstellung entstanden sein, die in bereits bestehende größere Erzählbögen einzelne Erzählzusammenhänge einfügt. Damit ist ein Zusammenhang geschaffen worden, der von der Schöpfung bis zur Eroberung Kanaans (Gen 2–Jos 24*) reicht. Im Jerusalemer Geschichtswerk kristallisieren sich zwei Schwerpunkte heraus, die zum einen den Untergang Israels erklären und zum anderen neue Perspektiven für die eigene Situation entwickeln sollen: Erstens wird ein Bogen geschlagen von den Landverheißungen an die Erzeltern über die Volkwerdung Israels beim Exodus bis zur Eroberung und Inbesitznahme des Landes – gegen den gerade erlebten Verlust des Nordstaats. Zweitens wird die Beziehung Israels zu JHWH in kritischer Anlehnung an aktuelle assyrische Vertragsterminologie als „Bund", der am Sinai geschlossen wurde, neu formuliert (Ex 19–24*; 32*; 34*). Die Sinaiperikope dürfte durch JG geschaffen sein, ihr Höhepunkt liegt bei der kult- und sakralrechtlichen Ausrichtung des Privilegrechts (Ex 34,6–26*). Mit der in diesen Bundesschluss integrierten Erzählung über das Goldene Kalb als Abfall vom Bund mit JHWH konnte zudem ein theologisches Erklärungsmodell für den Untergang Israels geschaffen werden. Weitere wichtige theologische Schwerpunkte des Jerusalemer Geschichtswerks sind die Gabe des Landes durch JHWH (vgl. z.B. Gen 15,1–18*), die Treue JHWHs zu seinen Verheißungen sowie die kämpferische Programmatik einer JHWH-Alleinverehrung (vgl. Gen 35,1–7*).

Es wird vermutet, dass bei der Komposition des Jerusalemer Geschichtswerks auf alte, bereits bestehende Erzählungen zurückgegriffen worden ist, die zu einer genealogisch verketteten Familiengeschichte zusammengefügt wurden. Die verschiedenen bestehenden Überlieferungen sind durch sog. „Brückentexte", wie Gen 15*; Ex 34*; Jos 24*, in den neuen Erzählkontext eingefügt worden.

Weiterhin nimmt das Münsteraner Pentateuchmodell an, dass eine erste Fassung des Deuteronomiums (Dtn 5–28*) als eine eigene Quelle nach 650 entstand und in Zusammenhang mit den Reformen von König Joschija stand. Wann dieses Werk in seinen größeren literarischen Zusammenhang eingefügt wurde, ist umstritten: Dies geschah entweder in exilischer Zeit oder bereits unter Joschija.[2]

Die im Anschluss an das Münsteraner Pentateuchmodell vertretene Hypothese geht davon aus, dass eine vielleicht schon unter Hiskija entstandene Gesetzessammlung (Dtn 12–26*) zu Dtn 5–28* als JHWH-Gesetz erweitert wurde. Das deuteronomische Gesetz gliedert sich, wie etwa der Codex Hammurapi, in Prolog (Dtn 5–11), Gesetzeskorpus (Dtn 12–26)[3] und Epilog mit Segen und Fluch (Dtn 28). Das Gesetzeskorpus lässt sich in drei Gesetzesblöcke aufteilen: das sog. „Privilegrecht JHWHs", in dem sich Sozialregelungen im Kontext liturgischen Rechts finden (Dtn 12,2–16,17), ein „Verfassungsentwurf", in dem die Ämtervergabe gewaltenteilig konzipiert ist (Dtn 16,18–18,22), sowie straf- und zivilrechtliche Bestimmungen (Dtn 19–25). Zudem wurde der Charakter des Gesetzes insofern verändert, als dass das Gesetz in Form eines assyrischen Vasallenvertrags gestaltet ist. Man kann zeigen, dass der Kern des Segen- und Fluchkapitels in Dtn 28,20–44 literarisch aus den Thronnachfolgevereidigungen Asarhaddons (VTE § 56; 38A–42; 63–65) übernommen worden ist.[4] Dies ist ein hochinteressanter Vorgang: Um das Verhältnis zwischen JHWH und seinem Volk zu beschreiben, wählten die Theologen[5] in joschijanischer Zeit die Form assyrischer Vasallenverträge für ihr eigenes theologisches Nachdenken. Damit wird deutlich, dass die Verfasser aus literarisch, theologisch und juristisch gebildeten Kreisen stammen und zur Jerusalemer Führungselite gehören dürften, die mit assyrischen Rechtstexten vertraut waren. Für die zeitliche Fixierung ergibt sich folgender Zeitkorridor: Die Gestaltung des Dtn als Vasallenvertrag kann nicht vor 672 geschehen sein, denn dies ist das Jahr des Loyalitätsschwures auf den Thronnachfolger von Asarhaddon. Zugleich dürfte diese vor 612, dem Jahr der Eroberung Ninives und des Unterganges des assyrischen Reiches, das zugleich das Ende der Vasallitätsbindung an Assyrien bedeutete, erfolgt sein.

Mit diesem außerbiblischen Bezug hat man erstmals Daten, die erlauben, die Literaturgeschichte des Deuteronomiums zu datieren und historisch einigermaßen sicher einzuordnen. Daher ergibt sich mit dieser Fassung des Dtn ein erster Fixpunkt in der Textentstehung, der in die zweite Hälfte des 7. Jhs. v. Chr. einzuordnen ist. Dabei sind die assyrischen Verträge nicht einfach imitiert, sondern sie sind im eigenen Kontext theologisch neu gedeutet worden: Anders als in den assyrischen Vasallenverträgen sind nun nicht der assyrische König bzw. assyrische Gottheiten die Vertragsgeber, sondern JHWH ist der Gesetzgeber und schließt mit dem Volk Israel einen beidseitigen Vertrag („Bund"). Diese Konzeption von Segen und Fluch und die Idee, das Verhältnis von JHWH und Israel als einen beidseitigen Vertrag zu konzipieren, wurden in exilischer Zeit zu einem Problem: Nach der Logik des Dtn würde das Exil bedeuten, dass der Fluch zu Recht eingetreten und der Vertrag zwischen Gott und Israel beendet sei. Damit konnte man zwar das katastrophale Ende erklären, aber keinen Neuanfang in Aussicht stellen. Im Exil (Priesterschrift, Ezechiel etc.) ist die Vertragskonzeption daher theologisch überdacht und so konzipiert worden, dass JHWHs Treue, sein Erbarmen und seine Gnade weit über seine Vertragsverpflichtungen hinausreichen.

6. Erzählungen über die Anfänge

In Gen 1–9 wird die Erschaffung der Welt und der Menschen durch Gott erzählt. In diesen Kapiteln geht es um die grundlegenden Bedingungen des Menschseins. Mit diesen Erzählungen über die Schöpfung und die Bedrohung der Welt durch eine große Flut steht Israel nicht allein, sondern die Völker der antiken Welt haben schon lange vor Israel unterschiedliche Erzählungen (Mythen) über den „Anfang“, sowohl der Welt im Ganzen als auch ihrer Stadt, ihres Tempels, ihres Landes, der herrschenden Dynastie, ihrer Gesellschaftsform usw. entwickelt (z.B. Schöpfungsepen, Sintfluterzählungen, Zeugung eines Königs durch eine Gottheit u.a.). Die Erzählungen am Anfang der Bibel stehen mit diesen altorientalischen (assyrisch-babylonischen und ägyptischen) Erzählungen im Gespräch – mit vielen Gemeinsamkeiten, aber auch interessanten Unterschieden (Umgestaltungen, Auslassungen, Ersetzungen etc.).

Nach den mythischen Ursprungserzählungen beginnen die Erzählungen über die wechselvolle Geschichte Gottes mit den Menschen in der nachsintflutlichen Welt. In diesen Geschichten stehen einzelne Figuren im Mittelpunkt, die Mitglieder *einer* Familie sind. In drei bzw. vier Generationen wird die Geschichte der Familie von Abraham und Sara erzählt (Gen 10–11; 12–36). Diese bilden einen ersten großen Erzählzusammenhang, in dem die Anfänge Israels in Form einer *Familiengeschichte* erzählt werden (Kap. 6.1.).

Die zweite große Erzählung über die Anfänge Israels folgt in den Büchern Exodus, Levitikus, Numeri und Deuteronomium, in denen vom Auszug des Volkes Israel aus Ägypten und der Gabe der Tora am Sinai erzählt wird. Sie beschreiben den Weg, der Israel bis an die Grenze des verheißenen Landes führt. Nach der ersten Erzählung über die Anfänge Israels als Familiengeschichte im Buch Genesis schildert der zweite Erzählzusammenhang die Anfänge in Form einer *Volksgeschichte* (Kap. 6.2.).

Zusammengehalten werden diese beiden großen, ganz unterschiedlichen Erzählungen über die Anfänge Israels durch die Josefsgeschichte (Gen 37–50), die als Brücke beide miteinander verbindet und erzählt, wie die Familie von Jakob nach Ägypten kam und dort zu einem Volk geworden ist (Kap. 6.3.).

Mit der Erzählung über den Todestag des Mose (Dtn 1,1–5; 34) mit seiner großen Rede, in der er die Gesetze vom Sinai erneut in Erinnerung ruft (Dtn 4,44–28,68), endet der Erzählbogen von Auszug und Wüstenzeit. Zugleich endet damit auch der Erzählbogen der Tora, des Fünf-Buchs („Pentateuch“).

Mit dem Einzug in das verheißene Land unter dem neuen Anführer Josua setzt ein neuer Erzählbogen ein. Dies schlägt sich formal darin nieder, dass die Vorderen Propheten bzw. die Geschichtsbücher beginnen.[1] Im Unterschied zur Tora folgen nun keine Gesetzessammlungen mehr. Dafür wird von dem Leben im verheißenen Land erzählt. Die Schilderungen fangen mit der „Landnahme“ im Buch Josua an (Kap. 6.4.), werden durch das Richterbuch mit den Erzählungen über das Leben im Land, als es noch kein Königtum gab, fortgesetzt (Kap. 6.5.) und münden schließlich in die Geschichten über das Königtum in Israel unter den ersten Königen Saul (1 Sam 1–15), David (1 Sam 16–1 Kön 2) und Salomo (1 Kön 2–11; Kap. 6.6.).

Bei allen Erzählungen ist zu unterscheiden zwischen der Zeit, in der die geschilderte Textwelt das Geschehen ansiedelt (Textwelt, Zeit der Handlung, Buchzeit) und der Zeit bzw. den Zeiten, in der die Texte entstanden sind (Entstehungszeit, Zeit der Verfasser, Autorenzeit; vgl. Kap. 1.). Gemäß dieser Differenzierung gibt es für jeden Erzählzusammenhang eine doppelte Perspektive: Zum einen werden die Erzählungen mit dem historischen Kontext konfrontiert, von dem die erzählte Textwelt berichtet, zum anderen wird der Blick auf die Entstehungszeiten der Erzählungen gerichtet, um zu fragen, wann wer aus welchem Anlass und zu welchem Zweck die biblischen Geschichten erzählt hat.

6.1. Gen 12–36: Die Erzelternerzählungen

Die Erzelternerzählungen[2] erzählen von den drei bzw. vier Generationen der Familie von Abraham und Sara (Gen 12,1–23,20), Isaak und Rebekka (Gen 24,1–28,9), Jakob mit Lea und Rahel und seinen zwölf Söhnen (Gen 28,10–35,20). Die Familie stamme ursprünglich aus Ur in Chaldäa in Babylonien und sei noch unter dem Vater Terach nach Haran in Syrien ausgewandert (Gen 11,31). Von dort seien Abraham und Sara auf Gottes Geheiß nach Kanaan gezogen (Gen 12,1–3). Von nun an werden die Wanderungen der Familie von Abraham und Sara im syro-palästinischen Raum erzählt.

Die Erzelternerzählungen berichten von einer kleinbäuerlichen, (halb-)nomadischen Welt. Das Leben spielt sich in erster Linie in Zelten, nicht in den Häusern einer Stadt ab. Der Haupterwerb ist die Viehzucht (Ziegen, Schafe, Esel, Rinder); auch von Landwirtschaft

(Gen 26,12; 27,28.37) und Weinanbau (Gen 27,28.37) ist die Rede. In der Rechtsstellung werden die Erzeltern als sog. Schutzbürger (Gen 21,23; 23,4), d.h. als Fremde und Geduldete, geschildert. Sie lebten – so wird es erzählt – in Distanz zu den eingesessenen Bewohnern des Landes, konnten aber durchaus auch Grundbesitz erwerben (Gen 23; 33,19) oder in den Dienst der ansässigen Bevölkerung treten (Gen 29,15ff).

Die Geschichten jeder einzelnen Erzelterngeneration sind nach ähnlichen Mustern und Themen aufgebaut: Um einen Mann und eine Frau gruppiert sich eine Sippe, die sich an bestimmten Orten aufhält. Ihre Sorge gilt ihrem materiellen und wirtschaftlichen Überleben sowie der Sicherstellung ihrer Nachkommenschaft. Wanderungen, Hunger und die Frage nach der Fruchtbarkeit kennzeichnen die jeweiligen Erzählungen.

Die Geschichten der Genesis erzählen anschaulich und lebendig von der Lebenswelt Saras und Abrahams und deren Nachkommen. Daher ist man auf den ersten Blick versucht, die erzählte Textwelt für die Beschreibung einer realen Lebenswelt von historischen Persönlichkeiten zu halten.[3] Interessanterweise geben die Erzählungen der Genesis selbst keinen weiteren Hinweis für eine „historische" Verortung – anders als etwa die Erzählungen der Königsbücher mit ihren identifizierbaren Datierungen über die Könige von Israel und Juda. Zudem ist wichtig zu wissen, dass keine außerbiblischen Zeugnisse bekannt sind,[4] die die im Buch Genesis berichteten Figuren belegen würden.[5] Erst in den Königsbüchern finden sich Zeitangaben, die eine innertextliche (!) Rekonstruktion der Zeitangaben ermöglichen. Demnach müssten Abraham und Sara um 2300 bis 2200 v. Chr. gelebt haben.[6] Aus der Perspektive der vorderasiatischen Archäologie würde man sich damit am Ende der Frühbronzezeit (3200–2200 v. Chr.) befinden. Daher stellt sich nun die Frage, ob die im Buch Genesis geschilderten Erzählungen in dieser Zeit „historisch" plausibel anzusiedeln sind. Dies soll an vier exemplarischen und für die Erzelternerzählungen zugleich zentralen Motiven und Topoi erörtert werden:

Die Wanderungen von Terach und seinem Sohn Abraham (Gen 11,27–32; 12ff.)

Immer wieder wurde versucht, die erzählten Wanderungen mit historisch belegbaren oder vermuteten Völkerwanderungsbewegungen zu koordinieren, z.B. mit der kanaanitischen um 3000 v. Chr., der amoritischen oder einer aramäischen im 2. Jt. v. Chr. In Palästina lassen sich jedoch keine solchen massiven Wanderbewegungen nachweisen. Vielmehr haben sich Bevölkerungsverschiebungen meist aus Versorgungsengpässen ergeben und zu kleinräumigen Veränderungen in der Siedlungsstruktur geführt. Vor allem ist bei den erzählten Wanderwegen der Erzeltern keine realistische Route zu erkennen. Mitunter werden Tausende von Kilometern zurückgelegt, ohne dass hierfür ein Grund ersichtlich ist (vgl. Gen 12,9–10; 13,1.17; 18,1; 20,1; 22,19). Das lässt weder auf reale (Völker-)Wanderungen schließen, noch sich aus einer (halb-)nomadischen Existenz ableiten. Vielmehr scheint es umgekehrt zu sein: Wanderungen sind als literarisches Mittel zu erachten, um einzelne Überlieferungen, die an bestimmten Orten hängen, miteinander zu verbinden. Deswegen müssen die Figuren der Erzählungen von Ort zu Ort wandern, um einen Erzählverlauf herzustellen. Interessanterweise sind einzelne Orte mit bestimmten Figuren verbunden: So liegen die im Zusammenhang mit Abraham und Sara genannten Orte schwerpunktmäßig im Süden (Mamre, Hebron, Beersheba), während die von Jakob, Lea und Rahel handelnden Erzählungen eher in Mittelpalästina, im Ostjordanland und im Nordosten angesiedelt sind (Sichem, Bet-El, Penuël, Haran). Die im Erzählumfang knapperen Überlieferungen über Isaak und Rebekka als mittlere Generation verbinden beide Räume miteinander. Diese Beobachtung hat dazu geführt, dass von einer frühesten Phase der Überlieferung auszugehen ist, in der diese Geschichten in voneinander getrennten Erzählkränzen in verschiedenen Regionen erzählt wurden.

Die Orte der Erzelternerzählungen

In den Erzelternerzählungen werden Orte genannt, deren Besiedlungsgeschichte archäologisch erforscht wurde, so z.B. „Ur in Chaldäa". In Ur, einem alten Ort in Südmesopotamien, lebten erst seit dem 8. Jh. v. Chr. Aramäisch sprechende Chaldäer. Würde es sich bei dem Hinweis, dass Terach und seine Sippe aus „Ur in Chaldäa" stammen und von dort weggezogen sind (Gen 11,31), um eine „historische" Notiz handeln, könnten Terach und Abraham frühestens im 8. Jh. v. Chr. aus Ur in Chaldäa aufgebrochen sein. Nach der biblischen Erzählung wären Abraham und Sara dann erst in der mittleren Königszeit in Israel angekommen, zumal sie laut Gen 11,31 zuvor noch für längere Zeit in Haran gewohnt haben. Ein anderes Beispiel ist der Ort „Gerar im Philisterland" (Gen 20,1.2; 21,32; 26,1.6.17.20.26), der in den Abrahamerzählungen eine wichtige Rolle spielt. Ausgrabungen haben ergeben, dass Gerar ein bedeutender Ort war – allerdings nur in der ersten Hälfte des 2. Jahrtausends und dann im späten 8. und 7. Jh. v. Chr. Die (indogermanischen) Philister jedoch haben die kanaanäische Küste um 1200 v. Chr. erreicht (Gen 10,14; 21,32 u.ö.), zu einem Zeitpunkt, als Gerar keine Besiedlung aufweist.

Die Kamele

In den Erzählungen um Abraham (Gen 12,16) und besonders in den Erzählungen um Rebekka und Isaak werden häufig Kamele erwähnt.[7] Das einhöckrige Kamel oder Dromedar als domestiziertes Last- und Jagdtier ist in Palästina erst nach 1000 v. Chr. über die Midianiter (= Ismaeliter) bekannt geworden (Ri 8,24–26). In den Erzelternerzählungen ist das Kamel ein Statussymbol, um den Reichtum Jakobs (vgl. Gen 30,43; 32,8.16) und des Pharaos (Gen 12,16) zu veranschaulichen. Dass der Pharao Kamele besessen habe, darf aber als unwahrscheinlich gelten, da Kamele weder in ägyptischen Texten noch auf Bildern nachzuweisen sind; zudem gibt es kein ägyptisches Schriftzeichen für „Kamel“. Auch wenn das Kamel bereits um 1000 bekannt war, wurde es als wüstentaugliches Transportmittel jedoch erst intensiv im 8. bis 7. Jh. v. Chr. im assyrischen Reich verwendet. Denn das Kamel ist das einzige Tier, das lange Wüstenstrecken ohne Wasser- und Nahrungsaufnahme durchhalten kann.[8] Damit war das Kamel die Voraussetzung für den weltweiten Handel mit Luxusgütern (z.B. seltenen Gewürzen, Edelsteinen oder Harzen / Weihrauch) aus Südarabien. Von diesem Handel wird aber bereits in den Erzelternerzählungen z.B. in Gen 37,25 berichtet. Der wirtschaftlich lukrative Karawanenhandel kann sich aber wegen des noch nicht domestizierten Kamels nicht in der „Zeit Abrahams“, sondern erst im assyrischen Reich entwickelt haben. Die Kamele und Kamelkarawanen der Erzelternerzählungen müssen somit aus viel späterer Zeit stammen.

Die Lebensweise als Kleinviehnomaden

Fragt man heute Menschen danach, wie sie sich die Lebensweise von Abraham und Sara, Isaak und Rebekka, Jakob und Lea und Rahel vorstellen, so beschreiben die meisten sie als arabische Karawanenhändler oder Beduinen. Diese Vorstellung findet sich in entsprechenden Hollywood-Filmen, aber auch in vermeintlich zutreffender didaktischer Veranschaulichung. Diese nicht-sesshafte Lebensweise ist nur *eine* Form des Nomadentums und zwar das unabhängige, ethnisch definierte Nomadentum. Diese Art des Nomadentums ist aber erst durch die Domestizierung des Kamels entstanden, weil das Kamel die technische Voraussetzung dafür darstellt, großräumig Wüstengebiete durchqueren zu können.[9] Der Ort dieser Nomaden ist die Wüste, nicht das Kulturland; letzteres meiden sie eher oder betreten es nur gezielt, z.B. zu Raubzügen (vgl. Ri 6). Doch damit hat die Lebenswelt der (Halb-)Nomaden des 2. und 1. Jts. v. Chr. wenig zu tun. Bei dieser Art des Nomadentums handelt es sich um die schon viel länger existierende Form des sogenannten Transhumanznomadentums,[10] das man auch als Halbnomadentum, bäuerliches Hirtennomadentum oder Kleinviehnomadentum bezeichnet. Dies ist die Form des Nomadentums, wie sie in den Erzelternerzählungen geschildert wird: Es sind saisonal bedingte Wanderungen von Bauern, Viehzüchtern oder Hirten, die eigentlich in Dörfern wohnen und die noch nicht abgeweidete Gegenden aufsuchen, um dann wieder in das eigene Dorf zurückzukehren. Heute ist diese Form des bäuerlichen Nomadentums bei den Schäfern in den Rheinauen, in der Almwirtschaft oder im Leben der Cowboys zu finden. An diesen zeitgenössischen Beispielen wird deutlich, dass dieses Nomadentum keine Vorstufe gegenüber einer vermeintlich höher stehenden Sesshaftigkeit darstellt. Im Gegenteil: Sie ist eine spezialisierte, nicht auf Subsistenzwirtschaft basierende bäuerliche Lebensweise, die eine sesshafte, arbeitsteilige, polymorphe Gesellschaft mit entsprechenden Absatzmärkten voraussetzt.

Diese vier Beispiele zeigen, dass die Erzelternerzählungen nicht im 3. oder 2. Jt. v. Chr. spielen können, sondern Erzählungen sind, die über viele Jahrhunderte gewachsen sind und die unterschiedliche Zwecke und Funktionen erfüllen. Die ältesten Spuren dürften sich in den Erzählungen finden, die die Funktion haben, einen Ort, einen Kult, ein Heiligtum oder einen Ortsnamen (vgl. Sichem, Bet-El, Penuel oder Mamre) zu begründen bzw. dessen Funktion oder Entstehung zu erläutern. Viele dieser Orte tragen Gottesnamen wie „El Olam" in Beersheba (Gen 21,33), „El von Bet-El" (Gen 31,13; 35,7) oder „El Roï" von Beer-Lahai-Roï (Gen 16,13–14). Diese bezeichnet man auch als sog. „ätiologische" (d.h. erklärende, deutende) Erzählungen. Ebenso dürften zu den alten Spuren die eigentümlichen Gottesbezeichnungen gehören: „der Gott (deines, meines, unseres) Vaters Abraham / Isaak / Jakob" (Gen 26,24; 28,13; 32,10; 46,1; Ex 3,6 u.ö.), der „Schrecken Isaaks" (Gen 31,42.53) oder „der Starke Jakobs" (Gen 49,24; Jes 1,24 u.ö.). Dabei scheint es sich nicht unbedingt um JHWH, sondern um mehrere, verschiedene Gottheiten zu handeln (vgl. Gen 31,53). Diese wurden in die biblische Überlieferung so eingebaut, dass sie mit JHWH, dem Gott Israels, identifiziert werden konnten.[11] Mit anderen Worten: In den Erzelternerzählungen sind noch polytheistische Züge zu erkennen.

Wahrscheinlich haben die Erzählungen einen mündlichen Überlieferungsprozess hinter sich. Wie weit dieser zurückreicht, ist nur sehr schwer zu sagen; sicher wird er nicht bis in das 3. oder 2. Jt. v. Chr. gehen. Mündlich tradierte Erinnerungen reichen in der Regel nicht weiter als drei Generationen und damit lediglich ca. 100 Jahre zurück. Heute geht man davon aus, dass die Orte den Ausgangspunkt für den Überlieferungsprozess bilden: Am Anfang sind die Sagen an einen bestimmten Ort gebunden und erzählen von seiner Besonderheit. Die einzelnen Geschichten geben dabei unterschiedliche lokale Traditionen aus dem Norden und dem Süden wieder und sind an bestimmten Orten bzw. Regionen besonders intensiv erzählt und tradiert worden. Diese ortsgebundenen Erzählungen sind vermutlich anschließend mit einer bestimmten Figur verbunden worden. So lokalisiert man die Jakob-Esau-Erzählungen eher im Norden (Zentralpalästina und Ostjordanland), die Abraham-Erzählungen eher im Süden (Beersheba, Mamre, Hebron). Erst danach sind die einzelnen Figuren nachträglich miteinander verwandtschaftlich verbunden und zu einem Familiensystem zusammengestellt worden. Dies ist wahrscheinlich nach den Ereignissen des Jahres 722 geschehen (vgl. Kap. 4.3.4.), dem Untergang des Nordreichs Israel, der nicht nur mit einer Deportation der Bevölkerung Samarias, sondern auch mit einem deutlichen Zuzug an Flüchtlingen aus dem Nordreich Israel ins Südreich Juda einherging. Im Kontext dieser Umwälzungen stellte sich die Frage nach der gemeinsamen Geschichte und Identität neu. Zu diesem Zweck wurde auf alte Erzähltraditionen zurückgegriffen. Die bestehenden Erzählkränze um Abraham und Sara, Isaak und Rebekka, Jakob und seine Familie wurden – wahrscheinlich im Kontext des Jerusalemer Geschichtswerks (vgl. Kap. 5.) – so miteinander verbunden, dass man die einzelnen Figuren in ein familiäres Verhältnis brachte und genealogisch miteinander verband. So wird z.B. erzählt, dass Abraham Altäre in Bet-El und Sichem (Gen 12,7–8), aber auch in Hebron (Gen 13,18) errichtete. Damit werden bedeutende Kultzentren des Nordreichs und das alte Zentrum des Südens zusammengebunden und eine Brücke zwischen Nord und Süd geschlagen. Somit werden die einzelnen, ursprünglich ortsgebundenen Sagen zu einer gemeinsamen Geschichte und die Erzeltern werden als *eine* Familie zu den *gemeinsamen* Vorfahren des gesamten Volkes.

In der in exilisch-nachexilischer Zeit (2. Hälfte des 6. Jhs. v. Chr.) entstandenen Priesterschrift und in dem Großen Nachexilischen Geschichtswerk (Gen 1,1–2 Kön 25*) haben die Erzeltern – und gerade Abraham – eine wichtige Funktion: Der übergreifende Erzählbogen, der von den Anfängen der Schöpfung bis zum Untergang des Königtums reicht (Gen 2,4–2 Kön 25*), setzt – nicht zufällig – mit den Erzählungen um Abraham und Sara und der großen Wanderbewegung ein, die die Erzeltern auf Gottes Geheiß aus Ur in Chaldäa nach Haran in Nordmesopotamien (Gen 11,27–32) und anschließend von dort in ein ihnen unbekanntes, aber von Gott versprochenes Land führt. Diese Wanderbewegung schildert den Weg, zu dem die Exilierten im 6. Jh. v. Chr. aufgefordert worden sind: den Weg aus Babylonien (= Ur in Chaldäa) in das ihnen unbekannte Land, das sie, die sie in der zweiten oder dritten Generation in Babylon bzw. in Persien leben, nicht kennen oder das ihnen fremd geworden ist. So spiegelt die Textwelt der Erzelternerzählungen (Gen 12) das babylonische bzw. persische Weltreich wider: Abrahams Ursprung liegt in Ur, in Babylonien!

Die Erzelternerzählungen beginnen mit der Aufforderung Gottes an Abraham aufzubrechen. Mit dem Aufbruch verheißt Gott Abraham zu einem großen Volk zu werden, ein Land in Besitz zu nehmen (Gen 12,7 vgl. auch Gen 26,3; 28,13), von Gott gesegnet und zugleich ein Segen für alle Menschen zu sein (Gen 12,1–3; vgl. auch 17,6; 22,17; 27,29; 35,11). Damit sind die wichtigen Themen der nachexilischen Zeit angesprochen: der Verlust des Landes, die unsichere Zukunft, Identität als Volk und die Frage nach dem Segen Gottes in der theologischen Krisenzeit des Exils. Wo war Gott in den Katastrophenjahren seit 597 und 587? In den Erzelternerzählungen werden Antwortversuche aus der Zeit des Exils gegeben, die in die Anfänge Israels zurückverlegt werden: die Erwählung Abrahams durch Gott, der ewige Bund, den Gott mit Abraham und seinen Nachkommen geschlossen hat (Gen 17) oder die Erfüllung der Nachkommensverheißung gegen alle Schwierigkeiten und Unwahrscheinlichkeiten. So spiegeln sich die Fragen nach der eigenen Identität im Exil in diesen Erzählungen wider. Es werden bestimmte Bräuche, die sich erst in und nach der Exilszeit als Identitätsmerkmale allgemein durchgesetzt haben, wie z.B. die Beschneidung als Bundeszeichen für alle männlichen Nachkommen (Gen 17), in die Erzählungen des Anfangs zurückverlegt.[12] Damit legitimiert sich die Neuordnung Israels in exilisch-nachexilischer Zeit durch die Erzelternerzählungen, die positive Anknüpfungspunkte für neue Konzepte anboten, um einen Neuanfang jenseits der zerbrochenen staatlichen, davidsdynastie- und tempelorientierten Bezüge zu ermöglichen.

Dass Abraham und Sara trotz aller widrigen und unwahrscheinlichen Umstände doch noch einen Sohn, den Verheißungsträger (!), bekommen haben, war eine Botschaft der Hoffnung in der Gegenwart des Exils.

Bei den Erzeltern geht es nicht um eine „Es-war-einmal“-Welt, sondern um die politischen, theologischen, persönlichen Fragen, die die Menschen zutiefst beschäftigt haben. Mit den Erzelternerzählungen sind Geschichten am Anfang situiert worden, die zu erzählen scheinen, „wie es war“, die aber eigentlich erzählen wollen, wie es weitergehen könnte.[13] In ihnen werden Modelle des Glaubens erzählt, damit die Leserinnen und Leser durch die alten Geschichten inspiriert werden, um ein Verständnis für ihre eigene Gegenwart und Perspektiven für ihre Zukunft zu entwickeln.[14]

6.2. Ex–Dtn: Mose, der Auszug aus Ägypten und die Wüstenwanderung

Der Auszug aus Ägypten ist die zentrale Erzählung Israels: Die Geschichte von der Versklavung in Ägypten und dem durch Gott ermöglichten Auszug in die Freiheit prägt das Selbst- und Gottesverständnis des Judentums bis heute zutiefst. Erst durch den Auszug und die Wüstenwanderung wurde das Volk Israel zum Volk Gottes. Der Weg aus Ägypten in die Freiheit, der aber nicht in die Sicherheit, sondern in die Unsicherheit der Wüste führte, wurde für Israel zum Ort der Begegnung mit JHWH. Gefeiert wird diese Erinnerung im Judentum bis heute im Pessachfest, und zwar nicht als ein vergangenes, sondern als ein sich in dieser Feier aktuell vollziehendes Ereignis.[15]

Das Buch Exodus erzählt den Auszug aus Ägypten und den Weg durch die Wüste bis zum Sinai,[16] das Buch Numeri den Weg vom Sinai durch die Wüste nach Moab bis an die Grenze des verheißenen Landes. In der Mitte der Tora steht das Buch Levitikus, das am Sinai spielt, und in dem Weisungen erteilt werden, die für das Leben Israels im Land konstitutiv sein sollen. Anders formuliert: Der Aufenthalt am Sinai mit Bundesschluss und Gabe der Tora (Ex 19,1–Num 10,10) wird durch die Schilderungen der Wüstenwanderung (Ex 15,22–18,27 und Num 10,11–20,29) gerahmt und durch den Aufenthalt im Ostjordanland (Num 21–36) und die Erzählung über den Todestag des Mose (Dtn) abgeschlossen.

Die zentrale Figur der Handlung ist Mose. Von ihm wird erzählt, dass er als Kind ausgesetzt werden musste, als Ägypter aufgewachsen sei (Ex 2,1–10),[17] einen Totschlag begangen habe und daraufhin nach Midian geflohen sei (Ex 2,11–22). Dort habe er eine „ausländische" (!) Frau geheiratet und später den Gott JHWH als den Gott seiner Vorfahren kennengelernt (Ex 3). Durch die Figur des Mose werden in der Exoduserzählung der Aufenthalt Israels in Ägypten, der Auszug, die Gottesbegegnung am Sinai mit der Gabe der Tora und die Wüstenwanderung bis zum Einzug in das Land zusammengebunden. Mit den einzelnen Erzählungen sind auch unterschiedliche Rollen verbunden, in denen Mose als Prophet (vgl. Dtn 34,10), Gottesmann (Dtn 33,1; Ps 90,1), Wundertäter und Magier (Ex 17,1–7; Num 20,2–13), Richter (Ex 18), politischer Anführer, Mittler zwischen Gott und Israel etc. auftritt.[18] Mit Moses Tod schließt die Tora – aber nicht mit dem Einzug in das von Gott verheißene Land, sondern vor dem Übergang ins Ostjordanland. Das Erzählende der Tora ist offen gestaltet (Dtn 34).

Wie ist diese literarische Textwelt aus einer historischen Perspektive zu bewerten? Zugespitzt gefragt: Ist der Exodus historisch? *Christian Frevel* beantwortet diese Frage so:

> „Der Exodus – so wie die Bibel ihn schildert – ist *nicht* historisch. Die wichtigsten Gründe für diese aus historischer Perspektive eindeutige Aussage sind: (a) Die biblische Chronologie, die den Exodus 480 Jahre vor den Tempelbau datiert und damit um 1440 v. Chr. unter Pharao Thutmosis III. (1479–1425 v. Chr.) datiert, ist konstruiert und widerspricht gleichzeitig der Beteiligung der Israeliten am Bau der Ramsesstadt unter Ramses II. (1279–1213 v. Chr.). (b) Die in der Exoduserzählung berichteten Routen des Auszugs widersprechen sich. (c) Die Bibel geht in Ex 12,37; Num 11,21 von 600.000 Personen aus, in Num 1,46; 2,32 sogar von 603.550 wehrfähigen erwachsenen Männern. Eine solche Gruppe kann unmöglich in der Wüste überleben, dazu reichen die Wasservorkommen der natürlichen Quellen nicht aus. Abgesehen davon finden sich auf der Sinaihalbinsel *keine* archäologischen Spuren einer 40-jährigen Massenbewegung in der SB-Zeit [= Spätbronzezeit, B.S.]. (d) Die Oase Kadesch ('Đn el-QuudĐrat), in der sich Israel mehrfach und längere Zeit aufgehalten haben soll (Num 13,26; 20,1; Dtn 1,46 u.ö.), ist in der SB- bis zur EisenIIB-Zeit im 8. Jh. v. Chr. nachweislich nicht besiedelt. Vergleichbares gilt für Arad (Num 21,1), das ostjordanische Heschbon (Num 21,25f.) oder die Hafenstadt Ezjon-Geber (Num 33,35f.). (e) Für die Zeit der 19.–21. Dynastie sind in Ägypten weder eine Massenflucht noch eine Massenvertreibung von Semiten nachweisbar. Ägyptische Quellen schweigen sich über den Exodus vollständig aus. Da auch keiner der biblischen Belege zeitgenössisch ist und deren Quellenwert zudem begrenzt bleibt, ist der historische *Nachweis* eines Exodus aussichtslos."[19]

Allein die verschiedenen *innerbiblischen* Datierungsmöglichkeiten,[20] die Ortsangaben und die unterschiedlichen Wegstrecken[21] machen es somit unmöglich, das erzählte Geschehen als einen „historischen“ Bericht zu verstehen.

Zudem gibt es in ägyptischen und anderen Quellen keine Hinweise für einen Aufenthalt „Israels“ in Ägypten. Es finden sich jedoch Berichte über nomadische Bewegungen nach Ägypten. Dabei sind zwei Gruppen interessant: Zum einen werden in ägyptischen Texten aus der Zeit von Thutmosis II. (1493–1490) bis Ramses III. (1184–1153) die sog. „Schasu“, eine Gruppe semitischer Kleinviehhirten, erwähnt.[22] Zum anderen sind seit dem 2. Jt. v. Chr. in allen Ländern des Alten Orients sog. „Hapiru“ bezeugt.[23] Letzteres scheint keine Bezeichnung für ein Volk, sondern für Menschen mit geringem Rechtsstatus und unterem sozialem wie wirtschaftlichem Stand zu sein, die meist friedlich, aber auch in kriegerischer Auseinandersetzung mit der städtischen Bevölkerung lebten.[24] In ägyptischen Texten wird deutlich, dass asiatische bzw. semitische Bevölkerungsgruppen als Kriegsgefangene oder als Wirtschaftsflüchtlinge im Nildelta lebten. Ägypten war somit das Zielland für diejenigen, die vor Hunger und Dürre flohen, um von der sehr viel stabileren landwirtschaftlichen Lage durch die regelmäßigen Nilüberschwemmungen und der damit auf die Felder gespülten Fruchtbarkeit zu profitieren (Gen 12,10–20 vgl. 26,1; 41,55–42,3; 43,1f.). Aber gerade im 13. Jh. v. Chr. auf dem Höhepunkt der Machtentfaltung Ägyptens war die Grenze zwischen Palästina und Ägypten überwacht und mit einem System von Garnisonen, Mauern, Brunnen, Kornspeichern versehen. Schnelle Truppenverschiebung waren möglich. Keine Gruppe hätte unbeobachtet, ohne Spuren in den Archiven zu hinterlassen, diese Grenze passieren können.

Die biblischen Texte können daher nicht aus der Zeit des (erzählten) Exodus stammen, sondern sind erst viel später entstanden. Das bedeutet, dass die Erzählungen nicht von einem Geschehen des 13. oder 12. Jhs. v. Chr. berichten. Daher lautet die Frage: Wer hat wann aus welchem Anlass und zu welchem Zweck von einem „Exodus“ erzählt?[25]

Interessanterweise finden sich die wahrscheinlich ältesten literarischen Belege nicht im Buch Exodus, sondern im Zwölfprophetenbuch und zudem in Israel (Hos 8,11–13; 9,3–4; 11,1–6; 12,8–14 vgl. Am 2,10; 3,1, 9,7). Dabei wird vorausgesetzt, dass sich die Zuhörer und Leser etwas unter der Chiffre „Ägypten“ vorstellen können. Zugleich fällt auf, dass in diesen Texten „Ägypten“ oftmals in Parallele zu „Assur" steht. Daraus ist zu schließen, dass nicht Erfahrungen aus Ägypten, sondern solche aus der Zeit Hoseas mit den Assyrern und der imperialen Politik von Sargon II. (722–705), Sanherib (705–681) und Asarhaddon (681–669) Anstoß und Motor waren (vgl. Kap. 4.). Diese literarische Überblendung des assyrischen Horizonts der Exoduserzählung sei an drei Aspekten exemplarisch erläutert.[26]

Erstens: Von einem Tonprisma (Prisma Ninive A) aus dem Jahr 673 wissen wir, dass sich der assyrische König Asarhaddon das Material für sein „Vorratshaus" in Ninive von seinen Vasallen liefern und von deren Sklaven hat erbauen lassen. Unter diesen Vasallen wird explizit der judäische König Manasse (698–642 v. Chr.; vgl. Kap. 4.4.5.) genannt.[27] Ganz offensichtlich wussten die Judäerinnen und Judäer im 7. Jh. v. Chr. nur zu gut, was es bedeutet, als billige Arbeitskräfte zu Großbauprojekten fremder Könige herangezogen zu werden. Von daher verwundert es nicht, dass für die Bezeichnung der in Ex 1,11 von den Israeliten zu erbauenden „Vorratsstädte" (hebr.: *'arē miskᵉnōt*) ein assyrisches Lehnwort (assyr.: *maškanu*) verwendet wird. Neben dem assyrischen Horizont ist zugleich auch der zeitgenössische ägyptische Hintergrund wichtig: In das 7. Jh. v. Chr. fallen die ambitionierten Bauprojekte im Nildelta der 26. Pharaonendynastie (der Saiten) unter Psammetich I. (664–610) und seinem Sohn Necho II. (610–595), die sich die alten Pharaonen zum Vorbild nahmen und neue Städte mit großen Vorratshäusern im Nildelta errichteten.

Zweitens: Die Erzählung über die Kindheit von Mose nimmt ein altes, literarisches Vorbild auf, das in der Zeit des 7. Jhs. v. Chr. neu belebt worden war: König Sargon I. von Akkad (um 2340–2284 v. Chr., auf akkadisch: *šarru-k en* = „der König ist legitim") war unbekannter, nichtdynastischer Herkunft, die durch eine Legende legitimiert wurde. Diese erzählt, dass er als Säugling in einem Binsenkörbchen ausgesetzt worden sei.[28] Viele Jahrhunderte später ist diese Legende von Sargon II. (722–705) zu seiner eigenen Legitimierung aufgegriffen worden (vgl. Kap. 4.1.) und scheint von dort in die Kindheitsgeschichte des Mose übernommen worden zu sein.

Drittens: Die Bundesvorstellung, die sich im Kontext der Auszugsüberlieferungen findet, ist entscheidend von assyrischen Vasallenverträgen (= „Bund") geprägt, mit denen die Assyrer das Verhältnis zu ihren Vasallen definiert haben. Dieser „Bund" ist ein Vertrag, in dem die Assyrer die Aufgaben, Abgaben und Pflichten festlegen und durch Treueeid den Gehorsam ihrer Unterworfenen verlangen. Diese Verträge sind in den biblischen Texten mit umgekehrtem Vorzeichen gerade in der deuteronomistischen Literatur rezipiert worden, indem das Buch Deuteronomium in seinen frühen Fassungen einen Gegenvertrag zu seinen assyrischen Vorbildern entwirft (vgl. Kap. 5.). Der assyrische Loyalitätseid ist in der deuteronomistischen Literatur natürlich nicht auf den assyrischen König, sondern auf JHWH bezogen (vgl. Dtn 13*; 28*) – ihm allein ist Israel treu! Dass diese subversive Gegenlektüre im Kontext der Exodusüberlieferung, der Erzählung von der Befreiung aus Unfreiheit und Versklavung, angesiedelt ist, spricht für sich.

Im babylonischen Exil und in persischer Zeit werden die Exodusüberlieferungen neu erzählt. Nun dienen die Exoduserzählungen dazu aufzufordern, aus dem Leben im babylonischen bzw. persischen Reich aufzubrechen und auszuziehen, um im eigenen Land leben zu können. Dass der Ort dieses Narrativs nicht das Ägypten des 13. Jhs. v. Chr. ist, sondern vielmehr die Situation des Exils, ist bei Deuterojesaja (Jesaja II) zu erkennen. Hier wird die Möglichkeit, aus dem Exil in das versprochene Land zurückzukehren, als Exodus[29] beschrieben (Jes 48,20–21; 52,11; 55,12). Aber auch in den Erzählungen des Auszugs selbst kann man exilisch-persische Horizonte aufzeigen; dies soll an vier Aspekten exemplarisch aufgezeigt werden: Erstens lernt das Volk Israel beim Auszug aus Ägypten eines der Identitätsmerkmale kennen, das im Exil entscheidend wurde: den Sabbat. Im biblischen Text wird erzählt, wie das Volk Israel in der Wüste erstmals[30] den Sabbat durch die am sechsten Tag zu findende doppelte Menge Manna und das Fehlen von Manna am siebten Tag entdeckt (Ex 16,23–27.30); am Gottesberg und auf der Wüstenwanderung wird es dann mit dem Sabbat immer vertrauter,[31] dessen Beachtung im „Zehnwort“ (Zehn Gebote, Dekalog) explizit genannt und ausführlich begründet wird.[32] Ähnlich verhält es sich zweitens mit den Speisegeboten, die ihren (historischen) Ort im Exil haben, aber in der Textwelt der Bibel am Sinai verkündet werden. Aus dieser Perspektive ist es dann drittens auch keine Kuriosität mehr, wenn von 600.000 Männern und ungezählten Frauen und Kindern in der Wüste erzählt wird, die schnell die Wasservorräte des gesamten Sinai und Negev erschöpft hätten; diese Zahlenangabe hat vielmehr die Funktion, das *ganze* Volk Israel als Adressat der Tora und des dort geschlossenen Bundes am Sinai zu verorten. Viertens mussten in exilischer und persischer Zeit neue Organisationsformen der Gemeinschaft (z.B. die „Ältesten“, „Familienoberhäupter“) gefunden werden, die in die Zeiten des Exodus rückprojiziert wurden und die dadurch ihre besondere Legitimation erhielten.[33] So durchzieht die Frage nach Leitungsstrukturen die gesamte Exodus- und Wüstenwanderungsüberlieferung. In diesen Erzählungen werden Probleme deutlich, die sich erst nach dem Ende des Staates in exilisch-persischer Zeit ergeben haben: In den Murrgeschichten der Wüstenwanderung (vgl. Ex 16–17; Num 11; 12; 13–14; 16–17) spiegeln sich die Schwierigkeiten mit der Einhaltung und Durchsetzung der neuen Ordnung (evtl. der Tora) sowie die Fragen nach der Legitimität der neuen Leitungsstruktur wider: So wird in Num 11 und 12 vom Widerstand gegen Mose erzählt („Hat der HERR etwa nur durch Mose gesprochen?" Num 12,2), dem in beiden Erzählungen Recht gegeben wird.[34] Aber auch die Frage nach der Verehrung anderer Gottheiten (vgl. Num 25,3–5; Dtn 4,3), der Ehe mit „Ausländerinnen" (Num 25; vgl. Esra 10; Neh 13,23–28; Rut) oder den Privilegien von Priestern (vgl. Lev 10,6–12; Num 20,25–28; 1 Chr 24,1–6), die in persischer Zeit intensiv diskutiert und bearbeitet werden, werden in die Zeit von Sinai und Wüstenwanderung verlegt.[35] Entscheidend ist jedoch, dass in all den unterschiedlichen Texten die Treue JHWHs zu seinem Volk Israel immer wieder deutlich wird (vgl. Num 21; 22–24). „Die nachexilische Gemeinde bezog nicht nur die notwendigen Anweisungen für ihr kultisches und ziviles Leben vom Sinai (genauer: sie projizierte ihre Handlungsmodelle an den Sinai), sie entwarf ihre ganze Existenz in die Gottesbegegnung des Mose hinein."[36] Somit zeigt sich, dass sich in den Texten die zeitgenössische Lebenswelt der Erzählerinnen und Erzähler spiegelt. Damit erhalten diese Geschichten eine ganz andere Funktion, egal, wie man den – wie auch immer gearteten – „historischen Kern" einschätzt: Im Erzählen sollen sie Perspektiven für die Gegenwart eröffnen, damit die eigenen Erfahrungen sowie die unmittelbare Vergangenheit verarbeitet werden können. Damit sind die Exodusüberlieferungen erzählerische Verdichtungen geschichtlicher Erfahrungen – nicht unbedingt von einer historisch fixierbaren Versklavung in Ägypten, sondern von „Ägypten", d.h. von Erfahrungen der Fremdherrschaft, Ausbeutung und Unfreiheit etwa durch die Assyrer, die Babylonier etc. In dieser Situation waren die Erzählungen des Exodus Hoffnungsgeschichten aus dem Glauben an einen liebenden und gerechten, die menschliche Freiheit achtenden und Sünden verzeihenden Gott.

Die Bedeutung einer Figur wie Mose bzw. eines Erzählzusammenhangs wie dem „Exodus" erschließt sich keineswegs (nur) dadurch, dass diese als „historisch" erwiesen werden können oder dass es sie „wirklich" gegeben habe.[37] Diese „Erinnerungsfiguren"[38] sind für die Erzählgemeinschaft Israel vielmehr deswegen wichtig geworden, weil die Erzählungen über eine mögliche Vergangenheit einen Deutungsrahmen bieten, mit dem man sich der eigenen Identität vergewissern und Modelle zur Deutung der Gegenwart entwickeln konnte. Die Aktualisierung von Erzähltraditionen auf die Gegenwart hin ist dabei kein einmaliger Prozess, sondern geschieht mehrfach, wie wir dies an den Wachstumsstadien der biblischen Erzählungen beobachten können: Im Hoseabuch ist das Motiv „Ägypten" eine Orientierung stiftende Erinnerungsfigur, wie in assyrischer Zeit oder später in der Situation des Exils und der Perserzeit. Und dies geschieht letztlich bis heute, wenn wir in Forschung, Verkündigung und Liturgie die Geschichten vom Exodus lesen und hören. Wir erinnern an diese im Gottesdienst oder in der Katechese nicht, weil wir in diesem Moment an der Geschichte in Ägypten im 13. Jh. v. Chr. interessiert sind, sondern weil wir an den Geschichten über die Figur Mose und den Exodus unsere Gegenwart erschließen möchten. So liegt damals wie heute die Bedeutung dieser Erzählungen in ihrem Mehrwert, den sie für die Erzählgemeinschaft aktuell haben. Dass dies gerade bei den Exodusüberlieferungen der Fall ist, zeigt sich in den tiefen Spuren, die sie im kulturellen Gedächtnis des Judentums (und Christentums) hinterlassen haben.

6.3. Gen 37–50: Die Josefserzählung

Die Geschichte von Josef handelt vom Neid der Söhne Jakobs auf ihren Bruder Josef, den bevorzugten Sohn ihres Vaters Jakob. Die Brüder verkaufen Josef nach Ägypten, um ihn loszuwerden. Dort steigt er im Haus des Potifar auf, gelangt aber aufgrund falscher Anschuldigungen ins Gefängnis. Einen erneuten Aufstieg erlebt Josef jedoch, als er Ägypten vor einer Hungersnot rettet und vom Pharao zum Zweiten in seinem Reich ernannt wird.

Josef, dessen Vater Jakob als Zweitnamen den Namen „Israel" erhalten hat (Gen 32,29), ist die literarische Brücke, mit der erzählt wird, wie die nach Ägypten ausgewanderte Familie Jakobs in der Fremde zum Volk, zu „Israel", wurde (Ex 1,7).

Die Erzählung um Josef verbindet die Erzeltern- mit den Exoduserzählungen. Die Josefserzählung ist eng mit beiden Textkomplexen verbunden: Die Geburt der Figur Josef erfolgt noch in den Erzelternerzählungen (Gen 30,22–24). Das offene Ende der Erzählung (Gen 50,15–26: Einbalsamierung des verstorbenen Josef) wird erst in Ex 13,19 aufgegriffen. Hier wird erzählt, dass Josefs Gebeine beim Auszug aus Ägypten mitgenommen und erst in Sichem bestattet worden seien (vgl. Jos 24,32).

Zugleich ist die Josefserzählung eine in sich abgeschlossene Erzählung. Sie erzählt in einem Handlungsbogen nach dem Muster antiker Biographien Josefs Lebensgeschichte. Josef ist nur aus den Texten des Alten Testaments bekannt und findet sich in keiner außerbiblischen Quelle. Auch wenn sich die Figur Josef selbst historisch weder be- noch widerlegen lässt, ist die Josefsgeschichte eine literarische Erzählung, die in ihrer heutigen Form aus exilisch-nachexilischer Zeit stammt und zu der Gattung der sog. „Diasporanovelle“ gezählt wird.[39] Wie beim Esterbuch oder den Daniellegenden bilden die Erfahrungen von Exil und vom Leben in der Diaspora den Hintergrund für diese Erzählungen: Der Aufenthalt in der Fremde ist zur Realität und zum Alltag geworden. In dieser Situation erzählt die Josefsgeschichte die Karriere Josefs am ägyptischen Hof mit der Botschaft, dass man in der Fremde nicht nur überleben, sondern ein gutes Leben führen kann. Wie Josef kann man als Ausländer in höchste Positionen gelangen und kann segensreich und rettend für das „fremde“ Land wie für die eigenen Leute wirken (vgl. den Brief des Jeremia Jer 29). Damit ist die Josefserzählung zugleich ein Gegentext zu den das Exil und die Diaspora beklagenden biblischen Texten (exemplarisch hierfür Ps 137).

Wie die Figuren Abraham und Mose haben auch die Erzählungen um Josef zu weiteren literarischen Ausfaltungen in hellenistisch-römischer Zeit angeregt.[40]

6.4. Jos: Die Zeit Josuas

Nach dem Tod von Mose wird Josua als neuer Anführer eingesetzt (Jos 1,1–6).[41] Das Thema des Josuabuches ist die Inbesitznahme des Landes, die im ersten Teil als kriegerische Eroberung (Jos 1–12) und im zweiten Teil als friedliche Landzuteilung (Jos 13–24) erzählt wird.[42] Josuas Tod wird in Jos 24,29–31 berichtet, so dass das Buch durch die Figur von Josua zusammengehalten wird.

Im Laufe der Forschung wurden verschiedene Modelle für die „historische“ (Re-)Konstruktion der im Buch Josua erzählten „Landnahme“ entwickelt: Lange sind die Schilderungen des Buches Josua wegen der auf den ersten Blick recht guten geographischen Angaben für „historisch“ gehalten worden. Zudem schienen die ersten archäologischen Ausgrabungen die historisierenden Fehldeutungen der biblischen Texte zu bestätigen. Daher ist man zunächst von einer kriegerischen Eroberung des Landes von Osten her ausgegangen (sog.

„Eroberungs- oder Invasionsmodell").[43] Doch schon bald wurde deutlich, dass gerade die zentralen Schauplätze der „Landnahme" zu der angenommenen Zeit weder Spuren von Eroberungen noch von Zerstörungen aufweisen, ja diese sogar in der in Frage kommenden Zeit nicht besiedelt waren: Jericho war im 14. bis 12. Jh. v. Chr. nicht bewohnt, so dass die Mauer der Stadt nicht zum Einsturz hätte gebracht werden *können* (vgl. Jos 6). Auch Ai (= „Ruine") war in dieser Zeit unbesiedelt (vgl. Jos 8); ähnliches gilt für Gibeon (vgl. Jos 9).

Das zweite Modell versteht die „Landnahme" als eine friedliche, langsame Einwanderung von „Nomaden" im Kontext einer vermuteten „aramäischen Völkerwanderung", die sich zu einem mitunter kriegerischen Konflikt mit den ansässigen Kanaanäern entwickelt habe (sog. „Migrationsmodell" bzw. „Infiltrationshypothese"). Doch ist dieses Erklärungsmodell nicht mehr mit den Ergebnissen der Nomadenforschung in Einklang zu bringen, die aufweisen konnte, dass es in dieser Zeit noch kein beduinisches Nomadentum gab (vgl. Kap. 6.1.). Zudem spricht die Kontinuität der materialen Kultur nicht für eine neue, fremde Bevölkerung im Land; Wanderbewegungen größeren Ausmaßes sind ebenso nicht nachzuweisen.

Statt mit einer Zuwanderung Israels von außen zu rechnen, wie in den ersten beiden Modellen, geht das dritte, das sog. „Revolutionsmodell", davon aus, dass „Israel" im Land durch Einzelne oder Gruppen entstanden sei. Diese seien aus der Ordnung der Städte herausgefallen. Diese Entwurzelten und sozial Marginalisierten hätten eine neue, egalitäre Gesellschaft im Bergland geschaffen. Zu diesen sei eine aus Ägypten geflohene Gruppe hinzugekommen, die der Bewegung durch den Glauben an JHWH ihre gemeinsame theologische Basis verliehen hätte. Diese Gruppen wurden häufig mit den „Hapiru" in Verbindung gebracht (vgl. Kap. 6.2.).

Über den im Josuabuch als „Landnahme" erzählten Prozess wissen wir sehr wenig. Deutlich ist, dass sich ab 1200 v. Chr. ein langsamer Verfall der hochstehenden Stadtkultur, die den Bereich der südlichen Levante über Jahrhunderte geprägt hatte, zeigt. Um 1200 v. Chr. vollzog sich somit eine grundlegende Transformation der Gesellschaft, in der die bisher hochstehende spätbronzezeitliche Kultur der kanaanäischen Stadtstaaten zusammenbrach („Deurbanisation") und von einer neuen, einfacheren dörflichen Struktur abgelöst wurde. Diese markiert den Beginn der in der Archäologie als Eisen-I-Zeit bezeichneten Epoche.[44] Die Ursachen für diesen langen Prozess sind vielfältig und heute kaum im Einzelnen zu benennen. Der Rückgang der ägyptischen Oberherrschaft, der Zusammenbruch des internationalen Handels und in dessen Folge Versorgungsengpässe sowie der Anstieg der Bevölkerungszahlen scheinen wichtige Faktoren zu sein. Die gesamte mediterrane Welt veränderte sich grundlegend. Zudem scheinen (zahlenmäßig wahrscheinlich geringe) Zuwanderungen, v.a. aber soziale Umschichtungen eine wichtige Rolle gespielt zu haben. Die mykenische und die zypriotische Kultur, das Neue Reich in Ägypten und das Hethiterreich in Anatolien waren zerfallen. Hinzu kamen neue Gruppen, die man nach ägyptischem Sprachgebrauch als „Seevölker“[45] bezeichnet. Dies waren vermutlich aus der Ägäis oder Südanatolien stammende Gruppen, die u.a. Hatti, Ugarit und Ägypten angriffen. Auf den Wänden des Tempels in Medinet Habu in Ägypten ist eine See- und eine Landschlacht gegen die „Seevölker“ in Inschriften und monumentalen Wandbildern festgehalten. Ab ca. 1135 v. Chr. ließen sich die Philister an der südlichen Küstenebene in Palästina nieder und entwickelten eine internationale und vom Handel geprägte neue Kultur in den Städten Gaza, Aschkelon, Aschdod, Ekron und Gat, die durch ihre spezifische Form der Keramik identifiziert werden kann.

Während die großen Städte zugrunde gingen, ist in Galiläa, Samaria und im Ostjordanland zeitgleich eine beträchtliche Zunahme an neuen, kleinen Ortschaften nachweisbar. Statt des internationalen Wirtschaftsnetzes und der arbeitsteilig organisierten Lebenswelt der Städte mit Handel, Handwerk, Verwaltung und Militär, deren Voraussetzung ausreichende landwirtschaftliche Produktion war, gab es dörfliche Siedlungen mit Handwerkern, Bauern und Hirten in bisher unbesiedelten Regionen. Diese konzentrierten sich auf die Produktion des eigenen Bedarfs (= Subsistenzwirtschaft). In den neuen dörflichen Strukturen wurde kein Überschuss mehr produziert. Es reichte vielmehr gerade zum eigenen Überleben. Die meisten der Orte umfassten ca. einen halben Hektar (5.000 qm), in denen ca. 50 Erwachsene und 50 Kinder lebten. Die Dörfer waren nicht befestigt; Waffen wurden in diesen Dörfern nicht gefunden. Manche der Orte sind ringförmig angelegt, was aber kaum der Verteidigung gedient haben dürfte. Die Dörfer lagen abseits der internationalen Handelsstraßen und waren zudem auch recht weit voneinander entfernt. Es gibt kaum Hinweise auf Austausch von Handelsgütern. Diese Siedlungen scheinen keine übergeordneten politischen Strukturen zu kennen. In den Dörfern wurden keine öffentlichen oder größeren Bauten gefunden, die auf eine sozial hierarchisierte Bevölkerung schließen lassen; ob diese deswegen als „egalitär“ oder „akephal“ zu bezeichnen sind, sei dahingestellt. Ebenso wurden keinerlei Luxusgegenstände oder importierte Keramik und kaum Schmuck gefunden, im Gegenteil: Die materiale Kultur ist sehr einfach, grob und am Lebensnotwendigen orientiert, steht aber durchaus in Kontinuität zu den Erzeugnissen der Spätbronzezeit. Ebenso finden sich keine schriftlichen Dokumente, Siegel, Siegelabdrücke etc., die auf Schriftlichkeit hinweisen würden. Gefunden hat man nur praktische, kaum verzierte Keramik und viele Getreidesilos. Als Haustyp hat sich das Vierraum- bzw. Dreiraum-Haus entwickelt, das aus einem Hof, einem überdachten, aber offenen Raum sowie einem oder mehreren geschlossenen Wohnräumen besteht. Das durchschnittliche Haus hat eine Größe von ca. 50 qm für eine Familie mit Vieh und Gerätschaften. Über die Bestattungspraxis ist so gut wie nichts bekannt. Kultstätten oder Hinweise auf einen Kult finden sich in den Dörfern ebenso wenig.

Angesichts des archäologischen Befundes dürfte es sich bei der sog. „Landnahme“ um einen intern ablaufenden Prozess gehandelt haben, in dessen Verlauf sich in den Bergregionen neue, einfache dörfliche Strukturen durch Deurbanisation ausbildeten.[46] Das spätere „Israel“ wäre damit nicht durch Einwanderung, sondern in einem friedlichen Prozess im Land entstanden – durch interne Umschichtung und Wandel der einheimischen Gesellschaft. Möglicherweise gab es auch (geringe) Zuwanderung von außen. Wahrscheinlich waren die Kleinviehnomaden durch den Wandel der wirtschaftlichen Bedingungen auch zu stärkerer Ortsgebundenheit gezwungen. Vielleicht hat bei der Ausbildung der Identität der neuen dörflichen Strukturen die Verehrung der Gottheit JHWH (neben anderen) eine Rolle gespielt. Die These von der Entstehung Israels im Land bezeichnet man daher auch als „Evolutionsmodell“. Die derzeitige Forschung tendiert jedoch dahin, nicht nur ein bestimmtes Erklärungsmodell anzunehmen, sondern den gesamten Prozess als eine multikausale Entwicklung zu verstehen. Dass es damals bereits ein „Israel“ gab, belegt die 1896 n. Chr. gefundene Siegesstele des Pharaos Merenptah (1213–1203 v. Chr.; vgl. HTAT 066), auf der anlässlich des Sieges über die Libyer in seinem fünften Jahr (1209 v. Chr.) auch „Israel“ zu den Untertanen des Pharao gezählt wird. Was aber unter der genannten Größe „Israel“ zu verstehen ist (ist „Israel“ ein Land, Volk oder eine Region?) und in welchem Zusammenhang dies mit dem späteren Israel steht, lässt sich dem Siegeslied nicht entnehmen.

Es ist schwer zu sagen, wie alt die Texte im Josuabuch sind. Vermutlich gehörten die Geschichten von Josua und die Erzählungen um das eigene Werden zu den frühen Erzählkränzen. Sicherlich erhielten die Überlieferungen, in denen das Thema „Land" zentral ist, im 7. Jh. v. Chr. eine besondere Bedeutung. Dafür spricht, dass die für das Josuabuch wichtigen Orte wie Ai und Jericho (vgl. Jos 15,21–62) im 7. Jh. v. Chr. besiedelt waren. Vermutlich bildet eine frühe Form des Josuabuchs den Abschluss des Jerusalemer Geschichtswerks, das mit der Schöpfung (Gen 2,4ff.*) begann und mit Jos 24* im Land in Sichem endet.

In exilischer Zeit waren die Themen „Land" und „Landgabe" wieder von besonderem Interesse: Im Licht des Exils erscheint die Zeit der Landnahme trotz gewisser Fehltritte (Jos 7; 9) als eine heilvolle Zeit, in der sich die Verheißungen Gottes (Dtn 28) und die Landverheißungen an die Väter (Jos 21,45; vgl. 23,14) erfüllen. Die Erzählungen über die kriegerischen Auseinandersetzungen und die Ausrottungen der ansässigen Landesbewohner ist zugleich *eine* literarische (nicht reale!) Antwort auf die in exilisch-nachexilischer Zeit virulente Frage nach der Abgrenzung zu anderen Völkern.

6.5. Ri: Die Zeit der „Richter"

Nach der „Landnahme" wird in der literarischen Textwelt der Bibel vom Leben im Land erzählt. Diese erste Zeit ist als „Richterzeit" nach der politischen Organisationsform der „Richter" benannt. Noch gab es keinen König als Zentralinstanz,[47] sondern JHWH habe vielmehr sog. „Richter" im Volk entstehen lassen. Die „Richter" sind zum einen die sog. „großen" Richter, die als charismatische Retter durch ihr heldenhaftes Eingreifen punktuell Israel vor Feinden erretten und nach bestandener Gefahr wieder zurücktreten.[48] Zum anderen sind es die sog. „kleinen"[49] Richter, die für mehrere Jahre leitend und „herrschend"[50] im Volk tätig gewesen seien (vgl. Ri 10,1–5; 12,7–15). Die Schilderung der politischen Struktur ohne Zentralinstanz, die in einem verwandtschaftlich organisierten Verbund von Stämmen, Sippen und Familien („Haus") strukturiert ist, fügt sich in das archäologische Bild der dörflichen Struktur der Eisen-I-Zeit. Man hat diese Gesellschaftsform auch als „segmentäre" Gesellschaft beschrieben, die sich dadurch auszeichnet, dass sich die einzelnen Mitglieder über ihre männlichen Vorfahren definieren und sich auf einen gemeinsamen Ahnen zurückführen. Es ist wahrscheinlich, dass das Zusammengehörigkeitsgefühl dieser Gruppen einerseits mit der erzählten gemeinsamen Herkunft, andererseits aber vor allem mit der gemeinsamen Verehrung des Gottes JHWH zusammenhängt.

Es ist nicht das Anliegen der Texte des Richterbuchs, die politischen Zusammenhänge historisch („Geschichte") zu rekonstruieren. Nach heutiger Einschätzung dürften nur wenige Traditionen und Überlieferungen aus vorstaatlicher Zeit stammen. Vermutlich zählt das Debora-Lied (Ri 5*; evtl. auch Jos 10,12–13*) zu den sehr alten Texten. Außerbiblische zeitgenössische Quellen fehlen für diese Zeit völlig. Die Erzählungen des Richterbuches sind durch das theologische Programm geprägt, wie es in der späten Königszeit und dann in exilisch-nachexilischer Zeit entwickelt wurde. Das Richterbuch deutet die Geschichte vielmehr als ein Geschehen, in der für das Wohlergehen des Volkes das Verhalten gegenüber JHWH maßgeblich ist. Der Abfall von JHWH – so die Interpretation der Geschichte in den Geschichten – beginne nach dem Tod Josuas durch den Kontakt mit anderen Völkern, z.B. durch Mischehen und Bündnisse (vgl. Jos 23,7; Ri 2,2–3; 3,6; vgl. Dtn 7), durch das Vergessen der Machttaten Gottes (Ri 2,11.19; 8,34–35; vgl. Dtn 6,12–16) und durch die Verehrung anderer Gottheiten (Ri 2,12.13; 3,6.7; 10,13.16). Die dem Richterbuch zugrundeliegende Geschichtsdeutung findet sich in dem geschichtstheologischen Summarium in Ri 2,11–23 (vgl. auch Ri 10,6–16), das den Verlauf der Ereignisse als eine zyklische Wiederkehr von Abfall, Feindbedrohung, Umkehr und Rettung interpretiert. Neben Phasen des Abfalls von Gott gibt es aber auch Phasen der Hinwendung zu JHWH (z.B. in Ri 7; 11–12). Dies ist ein theologisches Deuteschema, das aus späterer Perspektive den Geschichtsverlauf rückschauend unter dem Leitmotiv „tun, was gut bzw. schlecht in den Augen JHWHs ist" (vgl. Ri 2,11; 3,7.12; 4,1; 6,1; 10,6; 13,1) interpretiert, wie es dann durchgehend auf die Könige von Israel und Juda angewendet wird.

6.6. 1 Sam 1 – 1 Kön 11: Die Zeit der ersten Könige: Saul, David und Salomo

In der Bibel folgen auf das Richterbuch die Samuelbücher, in denen erzählt wird, wie sich das Königtum aus den Bedingungen der Richterzeit heraus entwickelt habe: Der Ruf im Inneren nach einem König und die Philistergefahr von außen hätten dafür gesorgt, dass die Forderung nach einer anderen politischen Organisationsform und nach einem König aufgekommen sei.[51] Eine zentrale Rolle habe da-

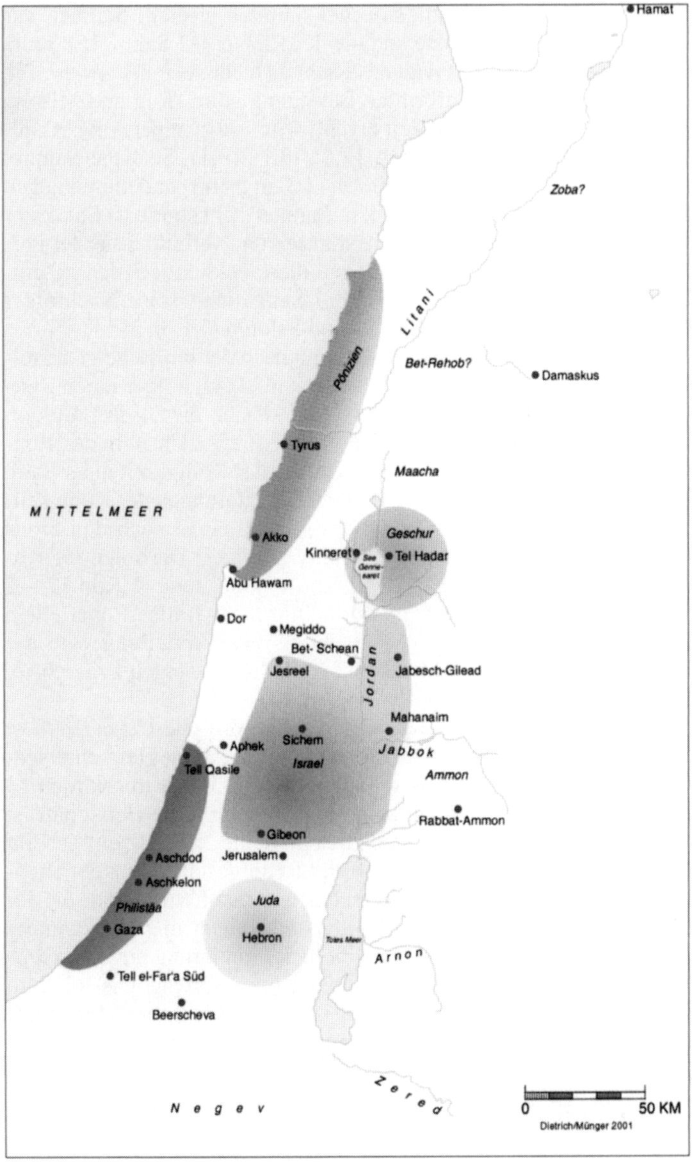

Die südliche Levante in der frühen Eisenzeit

bei der Prophet und Königsmacher Samuel gespielt. Samuel war selbst „Richter“ – der letzte und ideale „Richter“ (1 Sam 7,15); seine Söhne seien aber für das Amt des Richters nicht geeignet gewesen (1 Sam 8,2–3). Die wellenförmige Bewegung von Erfolg und Misserfolg, wie sie in der Richterzeit erzählt wird, sei zu einer Abwärtsspirale geworden (Ri 21,25; vgl. 17,6; 18,1; 19,1). So habe Samuel selbst Gott um einen König gebeten (1 Sam 8,1–5) und diesen gegen mancherlei Widerstände installiert. Samuel steht somit als Scharnier zwischen der Richter- und der Königszeit und verbindet aus der Perspektive der biblischen Erzählungen diese beiden Perioden miteinander. Dieser erste König ist Saul (1 Sam 1–15), seine Nachfolger sind David (1 Sam 16 – 1 Kön 2) und Salomo (1 Kön 2–11).

Mit Saul, David und Salomo beginnt nach der biblischen Darstellung die Königszeit in Israel. Diese erstreckt sich über einen Zeitraum von über 400 Jahren von ca. 1000 v. Chr. bis zur Deportation von König Jojachin durch die Babylonier (597 v. Chr.). In der Textwelt der Bibel nehmen die Schilderungen der Königszeit unter Saul, David und Salomo über die Hälfte der Schilderungen der Königsbücher ein (ca. 57 Kapitel), obwohl die Zeitspanne nach den biblischen Angaben weniger als 100 Jahre beträgt.[52] Die folgende Königszeit in Israel (1 Kön 12,1 – 2 Kön 17) und Juda (1 Kön 12 – 2 Kön 25) wird dann in nur 35 Kapiteln erzählt, umfasst aber einen Zeitraum von 300 Jahren. Allein durch diese Verteilung wird die Bedeutung, die in den biblischen Texten den Anfängen zugeschrieben wird, sehr deutlich.

Saul wird als der erste König Israels präsentiert (um 1000 v. Chr.). Nach den biblischen Erzählungen dürfte Sauls Herrschaftsgebiet das benjaminitische Kernland (1 Sam 13–14) im Norden (= Israel) gewesen sein. Weder seine Person noch seine Herrschaft ist durch eine außerbiblische Quelle belegt. Seine „Königszeit“ scheint der „charismatischen“ Herrschaft der Rettergestalten aus der Richterzeit zu gleichen; für die Herrschaft von Saul wird daher oft der Begriff „Häuptlingstum“ (*chiefdom*) oder auch die Bezeichnung „frühe Staaten“ verwendet: „Es gibt in der Regierung nur einen *full-time specialist*, der zudem mit dem König verwandt ist (1 Sam 14,50f.). Der Stamm des Königs ist die Basis seiner Herrschaft (22,7f.). Abgaben bestehen in ad hoc dargebrachten Gaben, bei deren Verweigerung der König keine Sanktionsmittel hat (10,27), und der König beteiligt sich selbst an der landwirtschaftlichen Produktion (11,5).“[53]

Ein Hinweis: Die folgenden Porträts der Figuren Saul, David und Salomo folgen den biblischen Texten auf synchroner Erzählebene. Es geht um die in der biblischen Textwelt präsentierte Figur und nicht um eine mögliche „historische" Person.

Saul

Saul stammt aus dem Stamm Benjamin in Gibea (1 Sam 9,1–2; vgl. 22,6; 23,19; 26,1). In drei unterschiedlichen Erzählungen wird berichtet, wie der schöne Saul (1 Sam 9,2) König wurde (vgl. 9,1–10,16 [Salbung]; 10,17–27 [Losverfahren]; 11,1–15 [Akklamation]). Sein Erfolg wird theologisch damit begründet, dass Saul mit der Geistkraft Gottes *(„ruach JHWHs")* begabt sei (1 Sam 11,6). So wird unmittelbar nach seiner Erhebung zum König von den siegreichen Kriegen gegen die Philister berichtet (1 Sam 13–14). Doch seine militärischen Erfolge sind gerahmt durch zwei Ankündigungen Samuels: Aufgrund eines vorzeitigen Opfers (1 Sam 13,8–12) und seines Verhaltens im Krieg gegen die Amalekiter (1 Sam 15,1–10) verkündet Samuel, dass Saul bald die Herrschaft entzogen werde (1 Sam 13,13–14), dass Gott ihn verworfen habe (1 Sam 15,22–23) und dass es Gott sogar reue, ihn zum König gemacht zu haben (1 Sam 15,11.35 anders 15,29). Sauls Königszeit steht somit unter seiner anfänglichen Erwählung (1 Sam 10,24; vgl. 12,13), dann aber unter seiner baldigen Verwerfung durch Gott (1 Sam 15,23.26). Diese zeigt sich auch darin, dass Saul von einem „bösen Geist" gequält wird (1 Sam 16,14) und des besänftigenden Musiktherapeuten David bedarf (1 Sam 16,14–23). Daher betrauert Samuel den noch lebenden König Saul bereits wie einen Toten (vgl. 1 Sam 15,35; 16,1). Sauls Tod wird erst viele Kapitel später erzählt; bis dahin hat er die Königsherrschaft inne (1 Sam 31).

Auf Saul folgt zunächst sein Sohn Ischboschet (Ischbaal). In 2 Sam 2,4 wird jedoch geschildert, dass David von den „Männern Judas" in Hebron zum König von *Juda* gesalbt wird. David sei in seinen ersten sieben Jahren (nur) König von Juda in Hebron gewesen. Anders als Saul, dessen Kerngebiet der Norden (Israel) war, sei es bei David der Süden (Juda). Erst nach der Vermittlung Abners, der starken Persönlichkeit im Israel Sauls, habe David nach dem Tod Sauls mit den Ältesten Israels einen Vertrag (= „Bund") geschlossen und sei daraufhin von ihnen auch zum König über Israel gesalbt worden (2 Sam 5,3). Damit habe David in Personalunion über zwei Königreiche regiert. Die Stadt Jerusalem, die zwischen Juda und Israel liegt, habe David von den Jebusitern erobert und zu seinem Sitz gemacht, um Israel nicht von dem judäischen Hauptort Hebron zu regieren.

Die biblische Überlieferung bemüht sich, eine (dynastische) Brücke zwischen Saul und David zu schlagen, indem von der Heirat zwischen David und Michal, einer Tochter Sauls (1 Sam 18,20–27; 2 Sam 3,13), erzählt wird.[54] Dennoch lassen die Erzählungen keinen Zweifel daran, dass am Beginn der Königsgeschichte in Israel ein dynastischer Bruch stehe. Erst David ist der Begründer der Dynastie, die bis zur Eroberung Jerusalems durch die Babylonier kontinuierlich und bruchlos in Juda regiere. Dies kommt in der sog. Davidsverheißung in 2 Sam 7 zum Ausdruck, in der Gott David zusichert, ihm ein „Haus" (= Dynastie) zu bauen, seine Nachfolger auf den Jerusalemer Thron zu setzen und seinem Königtum auf ewig Bestand zu verleihen.

Der Figur David ist das umfangreichste Textstück der Bibel gewidmet (1 Sam 16 – 1 Kön 2). Dieses lässt sich in zwei bzw. drei große Abschnitte gliedern: In einem ersten Teil wird der Aufstieg Davids zu Sauls Lebzeiten erzählt, der durch das Nebeneinander von Sauls Niedergang und Davids Aufstieg geprägt ist (1 Sam 16–31). Im zweiten Teil wird von Davids Königsherrschaft bis zu seinem Tod berichtet (2 Sam 1– 1 Kön 2).[55] Dabei kann man in den Erzählungen über Davids Kö nigtum mit 2 Sam 1–8 einen ersten Teil sowie mit 2 Sam 9 – 1 Kön 2 einen zweiten Teil, die sog. Thronfolgeerzählungen oder Hofgeschichten, unterscheiden.

David

In den biblischen Erzählungen tritt David erstmals auf, als Saul noch König, aber bereits von Gott verworfen ist (1 Sam 15,22–23). Zunächst werden von ihm drei „Jugendgeschichten" erzählt (Salbung = gottgewollter König [1 Sam 16,1–13]; Harfenspieler vor Saul = David, der Psalmensänger und -dichter [1 Sam 16,14–23]; David und Goliat[56] = David, der das Philisterproblem für Juda und Israel löste [1 Sam 17]).[57] Der Wechsel von Saul zu David wird auf theologischer Ebene bereits lange vor dem Tod Sauls berichtet: Während Gottes Geist von Saul gewichen ist (1 Sam 16,14; 18,10.12; 19,9; 28,16), ist Gott mit David; sein Geist ruht nun auf ihm (1 Sam 16,13.18; 18,12.14.28; 2 Sam 5,10). David ist allseits beliebt. Er ist kriegerisch so erfolgreich, dass man in Israel singt: „Saul hat Tausend erschlagen, David aber Zehntausend."

(1 Sam 18,7; 21,12). Allerdings rufen Davids Erfolge den Zorn und die Missgunst Sauls hervor (1 Sam 18,28–29; 19,1), so dass es zu einem Konflikt zwischen den beiden Gesalbten kommt. Wegen der Konkurrenz zum König muss David um sein Leben fürchten und flieht von Sauls Hof; gerade Michal und Jonatan, der älteste Sohn Sauls, helfen ihm dabei (1 Sam 19–20). Mit dieser Flucht beginnt sein eigener Weg zur Macht. In den folgenden Jahren gelangt David zu unterschiedlichen Völkern (1 Sam 21: Philister; 1 Sam 22: Moab). Während dieser Zeit baut sich David eine Privatarmee aus Outlaws und Freischärlern auf (1 Sam 22,2). Anfangs umfasst diese Truppe, die nur ihm verpflichtet ist, 400, später 600 Mann (1 Sam 23,13; 25,13; 27,2; 30,9). Mit dieser tritt er in den Vasallendienst der eigentlichen Feinde, der Philister, und erhält von ihnen die Stadt Ziklag als Lehen (1 Sam 27–28; 29). Dabei kämpft er gegen die Amalekiter (1 Sam 30). Zwei Mal verschont David Sauls Leben (1 Sam 24; 26).

Nach dem Tod Sauls (1 Sam 31) ziehen David und seine Leute nach Hebron. Dort salbt man ihn zum König von Juda (2 Sam 2,1–4). Sieben Jahre später gelingt es Abner, dass David per Vertrag mit den Ältesten Israels auch zum König von Israel gesalbt wird (2 Sam 5,3). Zudem erobert David die noch unabhängige Jebusiterstadt Jerusalem als seinen persönlichen Besitz (2 Sam 5,6–12) und macht sie zur Hauptstadt. Nachdem David die Herrschaft in Juda, Israel und Jerusalem übernommen hat, sichert er seine Gebiete außenpolitisch durch zahlreiche kriegerische Auseinandersetzungen, v.a. mit den Philistern (2 Sam 5,17–25), und baut so ein Großreich durch weitere Eroberungen im Ostjordanland, in Ammon und Aram auf (2 Sam 10,1–19; 12,26–30). Nach 2 Sam 8,1–14 erstrecke sich Davids (Einfluss-)Gebiet von Edom im Süden bis Hamat im Norden, von der Grenze Ägyptens bis zum Eufrat (vgl. Gen 15,18 „vom Strom Ägyptens bis zum großen Strom, dem Eufrat-Strom"; 1 Kön 8,65 „von Lebo-Hamat bis zum Grenzbach Ägyptens"). Diese Gebiete stehen – so die biblische Erzählung – in Abhängigkeit zu David und sind ihm zu Tributen verpflichtet (2 Sam 8,2.6).

Innenpolitisch habe David über einen eigenen Mitarbeiterstab verfügt (vgl. die Beamten- oder Kabinettslisten in 2 Sam 8,15–18; 20,23–26). In den Hofgeschichten wird ein differenziertes Bild von David gezeichnet mit Intrigen, Morden, Widerständen und Revolten (2 Sam 13; 14; 15–18; 20). Alt und hochbetagt stirbt David (1 Kön 2,1–12).

Auch wenn die Texte der Samuel- und Königsbücher nicht nur positiv von David erzählen, wird er bereits in der frühen Rezeption zu einer immer idealisierteren Figur. Er wird zum idealtypischen Musiker, zum Dichter der Psalmen und vollkommenen König. Mit ihm werden auch messianische Hoffnungen verbunden; der künftige messianische Herrscher stammt aus dem Haus Davids (*David redivivus*).[58]

Die Königsbücher erzählen, dass das Ende der Herrschaft Davids von massiven Auseinandersetzungen um seine Nachfolge bestimmt gewesen sei. Aus ihnen geht Salomo als neuer König hervor (1 Kön 3–11).

Salomo

Salomo ist der zehnte von 17 namentlich genannten Söhnen Davids (vgl. 2 Sam 3,2–5 und 5,13–16). In den dynastischen Auseinandersetzungen um die Nachfolge Davids spielen Batseba, die kluge und einflussreiche Mutter Salomos, der Prophet Natan und der Söldnergeneral Benaja, der Vertreter der neuen städtisch-staatlichen Ordnung, eine besondere Rolle. Sie machen Salomo zum König (1 Kön 1–2).
Nach den biblischen Erzählungen führt Salomo während seiner Regierunsgszeit keine bzw. kaum Kriege. Vielmehr habe er die außenpolitischen Beziehungen ausgebaut, eine „Tochter des Pharao" geheiratet (1 Kön 3,1–3), den internationalen Handel gefördert (mit Ofir vgl. 1 Kön 9,28; 10,11), internationale, außenpolitische Kontakte, so z.B. mit der Königin von Saba (1 Kön 10) oder mit dem König Hiram (1 Kön 5,15–26.32) gepflegt, einen Hafen und eine Flotte in Ezjon-Geber gebaut (1 Kön 9,26–28). Innenpolitisch habe er die Verwaltung neu organisiert und Israel in zwölf Verwaltungsbezirke mit einem eigenen Verwaltungschef an der Spitze eingeteilt (1 Kön 4,7–19; „Kabinettsliste" in 1 Kön 4,2–6). Darüber hinaus habe Salomo nach der biblischen Überlieferung großangelegte Bauten realisiert und Festungsanlagen in Jerusalem, Hazor, Megiddo und Geser, Bet-Horon, Baala und Tamar errichtet (1 Kön 5,27–32; 9,15–19). Sein größtes Projekt aber sei der Bau eines Palastes und eines Tempels in Jerusalem gewesen. Gerade der Tempelbau wird in Architektur, Zubehör und Einweihungsfeier detailliert beschrieben (1 Kön 6–8). Damit habe Salomo Jerusalem zur prächtigen Residenzstadt und zu *dem* politischen, theologischen und kultischen Zentrum ausgebaut. Seinen Hof lässt er glanzvoll ausstatten (1 Kön 9,10–10,29); so habe er über 700 Frauen und 300 Nebenfrauen

gehabt (1 Kön 11,3; vgl. 3,1; 7,8; 9,16.25). Dies sei ihm am Ende seiner Regierungszeit zum Verhängnis geworden (so 1 Kön 11). Zudem habe er das Militärwesen neu organisiert und eine königliche Streitwageneinheit unterhalten (1 Kön 5,6.8; 9,22; 10,26). Salomos Regentschaft wird als Friedenszeit dargestellt, in der er sich um die inneren Angelegenheiten gekümmert habe: Wie es in der Erzählung über die beiden Mütter, in der er ein „salomonisches Urteil" gesprochen habe, exemplarisch geschildert wird (1 Kön 3,16–28), sei Salomo überaus weise, klug und verständig. Nach 1 Kön 5,9–14 sei Salomo der Verfasser von 1.005 Liedern und 3.000 Sprüchen.

In den biblischen Erzählungen stehen Vater und Sohn für unterschiedliche politische Schwerpunkte: Während es bei David v.a. um die außenpolitische Expansion gegangen sei, habe sich Salomo der innenpolitischen Organisation gewidmet. Nach den Samuel- und Königsbüchern erscheinen die in Personalunion regierten Königreiche Juda und Israel als voll ausgebildete Staaten mit einer organisierten Verwaltung, internationalen Beziehungen sowie politischen und ökonomischen Vernetzungen. In der Wirkungsgeschichte gilt Salomo als Weiser, Bauherr und glänzender Herrscher; daher werden ihm in der Tradition das Buch der Sprichwörter, das Hohelied, das Buch Kohelet, das Buch der Weisheit und die Oden Salomos zugeschrieben.

Die biblischen Texte der Samuel- und Königsbücher sind allerdings literarische Erzählungen, die als solche gelesen und verstanden werden wollen. Die Texte sind keineswegs einheitlich entstanden, sondern sind gewachsene Literatur, an denen zu unterschiedlichen Zeiten und Zwecken gearbeitet wurde. In der Forschung besteht derzeit kein Konsens über die Entstehungs- und Redaktionsgeschichte dieser Erzählungen. Dennoch zeichnet sich ab, dass vermutlich nach 722 bzw. im 7. Jh. v. Chr. ein erster Erzählzusammenhang geschaffen wurde, der einen königsfreundlichen, prodavidischen Duktus gehabt haben dürfte. Dabei lagen wahrscheinlich ältere Erzählungen und Traditionen vor, die aufgenommen und integriert werden konnten. Ein Ziel des neu geschaffenen Erzählzusammenhangs war offenbar, nach dem Untergang des Nordstaats Israel die in Israel angesiedelten Saultraditionen mit den im Südreich zu lokalisierenden Davidstraditionen zu verbinden. Dies könnte dazu gedient haben, die Nord- und Süderzählungen unter der Führung Judas zu vereinen und damit zugleich politischen Anspruch auf den Norden zu erheben. Zu diesem Zweck kommt David die Funktion einer integrativen Gründungsfigur für eine gemeinsame Tradition zu. Im Exil dürften diese (deuteronomistischen) Traditionen in bestehende Überlieferungskontexte eingearbeitet, überarbeitet und erweitert worden sein. Umstritten ist, wann und wo die vermutlich eigenständigen Thronfolgegeschichten entstanden sind und wann diese Sammlung in das Erzählwerk integriert wurde.

Diese knapp angedeutete Entstehungsskizze macht deutlich, dass es sich bei den Erzählungen über die ersten Könige eher um Texte handelt, die die Situation der mittleren und späten Königszeit spiegeln, als dass sie Informationen über die Zeit von David und Salomo liefern. In der Forschung hat man lange das in den biblischen Texten gezeichnete Bild für weitgehend historisch zuverlässig gehalten und dies als Grundlage für die Geschichte Davids und Salomos genommen. So sprach man von der Zeit Salomos als der „salomonischen Aufklärung". Heute geht man davon aus, dass dies eher das Geschichtsbild des 7. / 6. Jhs. v. Chr. spiegele. Die Rückfrage nach den historischen Kontexten der Entstehung des Königtums und der ersten Königszeit wird heute sehr kontrovers diskutiert. Der Quellenwert der biblischen Texte ist dabei stark umstritten. Die Archäologie hat zwar in der letzten Zeit neue Daten und Erkenntnisse über das 10. Jh. v. Chr. geliefert, dennoch bleibt es schwierig, ein differenziertes Bild dieser Epoche zu zeichnen. Ein Konsens ist nicht in Sicht.

Es gibt keine zeitgenössischen außerbiblischen Quellen, die sich mit David oder Salomo, Juda oder Israel direkt in Verbindung bringen ließen. Zwischen der ersten außerbiblischen Erwähnung von „Israel" auf der Merenptah-Stele (1209 v. Chr.) und den nächsten, bei denen „Ahab von Israel" auf einer Inschrift des assyrischen Königs Salmanassar (853) und wenig später „Jehu, der Sohn des Omri" auf der Stele des moabitischen Königs Mescha (um 840) genannt werden, klafft eine Lücke von 350 Jahren. Allerdings findet sich auf der 1993 gefundenen, um 835 in aramäischer Sprache verfassten Inschrift von Tel Dan die Notiz, dass der König Hasaël (ca. 843–803) den König von Israel und einen König aus dem „Haus Davids" getötet habe. Dies ist die einzige außerbiblische Quelle, die – über 100 Jahre nach David – die Existenz eines „Hauses Davids" belegt. Da Herrscherhäuser nach dem Dynastiegründer benannt werden, erscheint angesichts dieses Fundes die Position plausibel, dass es sich bei David um eine historische Person handelt, auch wenn es hierfür keinen weiteren außerbiblischen Beleg gibt.

Ein zentraler Punkt in der Diskussion ist die Frage nach der Ausdehnung des davidischen Reiches; hier gibt es zwei Extrempositionen: Die Maximalisten gehen davon aus, dass es ein Großreich unter David und Salomo gegeben habe, das „vom Eufrat bis zum Land der Philister und bis an die Grenze Ägyptens" (1 Kön 5,1) oder doch zumindest von „Dan bis Beersheba" (1 Kön 5,5) gereicht habe (vgl. auch Jos 1,4).[59] Die Minimalisten hingegen halten das „Reich" Davids für eine kleine, nur auf Juda begrenzte Herrschaft und bestreiten, dass der Norden je dazu gehört habe. Neuere archäologische Forschungen lassen die Position der Maximalisten als sehr unwahrscheinlich erscheinen: Das judäische und samaritanische Bergland war zu dieser Zeit dünn besiedelt[60] und die materiale Kultur bescheiden. Hinweise auf Schriftlichkeit oder die Fähigkeit zu lesen und zu schreiben finden sich nicht. Jerusalem ist um 1000 v. Chr. ein kleines Dorf von ca. 4 ha Fläche auf dem Gebiet des Südosthügels („Davidsstadt"). Für größere kriegerische Auseinandersetzungen bzw. strukturierte Verwaltung fehlen entscheidende Voraussetzungen wie z.B. die Infrastruktur. Die materiale Kultur des 10. Jhs. v. Chr. weist weder Bruch noch Neuerung gegenüber der dörflichen Kultur auf, wie sie sich nach dem Zusammenbrechen der spätbronzezeitlichen Stadtstaaten entwickelt hatte:[61] Am Bild der zahlreichen kleinen Siedlungen im Bergland und der kleinbäuerlichen Gesellschaft hat sich wenig geändert.

Wenn die Maximalposition nicht zu halten ist, dann stellt sich die Frage, welches Ausmaß die Herrschaft Davids gehabt haben könnte. Dabei wird diskutiert, ob sich die Herrschaft Davids allein auf Juda erstreckt hat oder ob auch der Norden von ihm in Personalunion beherrscht wurde. Angesichts der archäologischen Befunde ist davon auszugehen, dass es unter David keinen entwickelten Flächenstaat mit zentraler Verwaltung gegeben hat. „Wenn das Königtum als organisierte Staatlichkeit erst im 9. Jh. v. Chr. entsteht und es weder ein vereintes Königreich noch eine Reichsteilung gegeben hat, ist Israel die Bezeichnung des Staates im 9. Jh. v. Chr. und steht in keiner Verbindung zu dem Lokalherrscher David, wann immer (10. oder 9. Jh. v. Chr.) dieser anzusetzen ist."[62] In den Texten, die von der Zeit Davids erzählen, kann man eine Tendenz beobachten, die für eine Weiterentwicklung der frühen Staatlichkeit spricht: Neben einer rein verwandtschaftlich basierten Stammesherrschaft tritt auch das Territorialprinzip (mögliche Herrschaft über Juda und Israel in 2 Sam 2,4; 5,1–5) auf. Es finden sich nicht nur Verwandte des Königs in der Regierung (2 Sam 8,16–18; 20,23–26). Der König und sein Hof sind nicht mehr selbst an der landwirtschaftlichen Produktion beteiligt.[63] Diese Faktoren könnten insgesamt dafür sprechen, dass es sich um eine lokal begrenzte, verwandtschaftsbasierte Herrschaft gehandelt habe. Dabei darf nicht vergessen werden, dass Juda abseits der großen Handelsstraßen im wenig interessanten Hinterland lag. In diesem eher abgeschiedenen Winkel könnte sich die Herrschaft eines herausragenden, charismatischen und durchsetzungsstarken Stammesführers und lokalen Stadtkönigs etabliert haben, der möglicherweise sein Einflussgebiet auch auf die israelitischen Stämme ausgedehnt hat.[64]

Wie die Zeit Davids wird auch die Herrschaft Salomos in der Forschung derzeit kontrovers diskutiert. Dabei hängt die Bewertung der Herrschaft Salomos wesentlich von den Koordinaten ab, die man für die Herrschaft Davids annimmt.

Ein wichtiges Argument in der Diskussion um die Gestalt der salomonischen Herrschaft sind die Baumaßnahmen in Jerusalem, Megiddo, Gezer und Hazor, die in 1 Kön 5,6.27–32; 9,15–19 Salomo zugeschrieben werden. Lange hat man diese für historisch zuverlässige Beschreibungen der Zeit Salomos gehalten. Durch archäologische Ausgrabungen in Megiddo und anderen Städten ist allerdings mittlerweile deutlich geworden, dass die gefundenen Anlagen, wie z.B. Lagerhallen, Stallungen und Toranlagen, nicht, wie lange vermutet, in die Zeit Salomos, sondern sehr viel später zu datieren sind[65] (vgl. Kap. 4.3.3.) und somit nicht mit den (angeblich) von Salomo initiierten Baumaßnahmen in Verbindung gebracht werden können.[66] So sprechen die archäologischen Befunde eine deutlich andere Sprache als die biblischen Texte, die von einer voll entwickelten Staatlichkeit und einem Großreich unter den Königen David und Salomo erzählen.

Wie kann man sich nun die Entwicklung der Erzählungen über die frühe Königszeit vorstellen? Vermutlich stehen am Anfang Erzähltraditionen über zentrale und wahrscheinlich historische Gründungsfiguren der frühen Königszeit. Diese Überlieferungen sind im Laufe der Zeit um weitere Erzähltraditionen angereichert worden, die jeweils zum Verständnis, zur Legitimation und zur Selbstreflexion in der eigenen Gegenwart gedient haben. Ein Beispiel: In den Erzählungen ist Jerusalem eine nicht unwichtige Stadt mit einem ambitionierten Königtum, mit Palastanlagen, zentraler Verwaltung und internationalen Kontakten.[67] Diesen Status hat Jerusalem jedoch erst im 7. Jh. v. Chr. erreicht. In der Textwelt tritt sie den Leserinnen und Lesern aber bereits als solche unter David und Salomo entgegen. Dies hat die Funktion, in der Reflexion der eigenen Vergangenheit, wie sie spätestens seit der mittleren Königszeit geschieht, die Gabe des Königtums und des Tempels zu den in der Frühzeit verankerten Verheißungen Gottes (Tora und Verheißung des Landes) hinzuzufügen. Zugleich werden die Motive miteinander verbunden: So wird beispielsweise die Landverheißung mit dem Königtum vernetzt, indem der Landverheißung durch die politische Organisationsform des Königtums dauerhaft Gestalt verliehen wird. Dabei erscheint David als ein idealer König, der von Gott erwählt ist (1 Kön 8,16), der JHWH und der Tora gehorsam ist (1 Kön 11,38; 14,8; 15,5) und auf dem die Verheißung ruht (2 Sam 7,14–16; 1 Kön 2,4; 8,25; 9,5). Während das Königtum mit David verbunden ist, ist die größte Leistung Salomos der Bau des Tempels, mit dem das (spätere) deuteronomisch-deuteronomistische Zentralisationsgesetz (1 Kön 8,16; vgl. Dtn 12,4–12) bereits in der Frühzeit realisiert wird. Die Funktion der erzählten Heilszeit am Anfang besteht somit zum einen darin, literarische Anknüpfungspunkte für die Gestaltung der eigenen Gegenwart zu haben und diese durch die Erzählungen des Anfangs zu legitimieren. Zum anderen bieten diese Erzählungen ein Erklärungsmodell, um die als Missstände diagnostizierten Entwicklungen der Königszeit als Abfall und Fehlentwicklungen von einem idealen Anfang zu interpretieren. David und Salomo stehen für die erzählte heilvolle Zeit am Anfang des Königtums. Nach ihnen kann – gemäß dieser theologischen Konzeption – die darauf folgende Königszeit nur noch eine Epoche des Abstiegs und des Abfalls sein.

Als historisch zuverlässig kann hingegen gelten, dass Juda im Süden und Israel im Norden jeweils eigenständige Gebiete waren, die Entwicklung in Juda deutlich hinter der des Nordens zurückstand und der Süden bis in das 8. / 7. Jh. v. Chr. vom Norden dominiert wurde.

Den Erzählungen der Königsbücher zufolge hat nach Salomos Tod Rehabeam (928–911), der Sohn von Salomo und Naama aus Ammon, die Herrschaft in Jerusalem und Juda übernommen (vgl. 1 Kön 11,41–43). Damit habe sich – so die biblische Darstellung – im Südreich als Thronfolge das dynastische Prinzip etabliert. Weil Rehabeam sich aber nicht auf einen Vertrag mit den Ältesten Israels eingelassen habe (1 Kön 12), sei der gemeinsame Staat vom Norden aufgekündigt worden (1 Kön 12,16). Statt Rehabeam sei Jerobeam (928–907) König in Israel geworden.

Mit Rehabeam und Jerobeam sind zwei Übergangsfiguren geschaffen, mit denen die biblische Erzählung die Fiktion vom Vereinigten Königreich aufrechterhält. Der Beginn Israels wird dabei so erzählt, dass seinem Anfang bereits der entscheidende Geburtsfehler innewohnt: Jerobeam habe in Bet-El und Dan zwei Kultstätten errichtet, um dort mit einem eigenen Kult und Festtraditionen JHWH zu verehren (1 Kön 12,26–33). Dies wird aus der späteren judäischen Perspektive als die entscheidende Verfehlung Israels („Sünde Jerobeams") erachtet, der alle Könige gefolgt seien (1 Kön 15,30.34; 16,7.19.26 u.ö.) und die auf direktem Weg im Untergang des Staates 722 v. Chr. mündet (vgl. Kap. 4.4.). Interessanterweise endet die Erzählung über die fehlgeschlagene Anerkennung von Rehabeam als König in Israel mit den Worten: „So überwarf sich Israel mit dem Haus David bis zum heutigen Tag" (1 Kön 12,19). Mit dieser wertenden Äußerung wird zum einen die Perspektive und der Ort, von dem her erzählt wird, deutlich: Es ist die judäische Perspektive eines noch nicht eroberten Staates Juda aus der mittleren bis späten Königszeit, die wahrscheinlich aber bereits auf den Untergang Israels zurückblickt, diesen zu verstehen und die eigene Gegenwart politisch wie theologisch zu gestalten sucht.

7. Die Entstehung erster Erzählkränze (vor 700 v. Chr.)

Der Beginn der Überlieferungsbildung liegt wahrscheinlich in einzelnen Erzählungen und Erzählkomplexen, die man „Erzählkränze" nennt. Dabei wird davon ausgegangen, dass es in der frühen und mittleren Königszeit Überlieferungen zu einzelnen Figuren (Abraham und Jakob vgl. Gen 12/13–35*, Bileam vgl. Num 22–24 etc.) oder Themen (Anfänge der Welt/Schöpfungsmythen, Erzählungen vom Auszug aus Ägypten vgl. Ex 1–15*, die Zerstörung von Jericho vgl. Jos 6; 8* etc.) gegeben habe. Sie spiegeln das familiär-bäuerliche Leben wider und erzählen auch von den jeweiligen Familien- und Schutzgottheiten der einzelnen Sippen. Aufgrund der erzählten Orte ist zu vermuten, dass die einzelnen Erzählkränze in unterschiedlichen Regionen in Palästina erzählt wurden: Die Abraham/Sara- sowie die Abraham/Lot-Überlieferungen sind eher im Süden um die Heiligtümer in Bet-El und Mamre angesiedelt (Gen 12,10–19,1ff*), der Jakoberzählkranz (vgl. Kap. 6.1.) ebenso wie die Mose-Exodus-Geschichte (Ex1–15*) stammen aus dem Norden (vgl. Kap. 6.2.).

Die Erzählkränze selbst sind kaum mehr zu rekonstruieren, weil sie in den folgenden Jahrzehnten und Jahrhunderten mehrfach grundlegende Überarbeitungen erfahren haben, bis sie die Gestalt erhielten, in der sie heute vorliegen. Trotz dieser Umgestaltungen sind in einzelnen Erzählungen noch Spuren zu finden, die nicht der späteren Theologie entsprechen und daher vermutlich auf alte Traditionen verweisen; dies ist z.B. bei Gen 18 der Fall, wo drei Männer Abraham erscheinen, die mit JHWH identifiziert werden, oder bei Gen 19, wo JHWH die Züge des Sonnengottes Schamasch trägt.

Entscheidend ist, dass die unterschiedlichen Überlieferungsbildungen um Abraham und um Jakob genealogisch zu einer Familiengeschichte zusammengestellt wurden. Auf diese Weise wurden die Geschichten des Südens und die des Nordens zusammengebunden und als die Geschichte *einer* Familie dargestellt. Dies scheint nach dem Untergang Israels 722 v. Chr. geschehen zu sein.

Ebenfalls in diese Zeit ist das spätere sog. „Bundesbuch" zu datieren. Nach Ex 24,7 wird der Textkomplex von Ex 20,22–23,33 als „Bundesbuch" bezeichnet, in dem sich die ältesten Rechtstexte der Bibel finden. In diesem werden sowohl sozialrechtliche als auch religiöse Gebote thematisiert. Dabei werden einzelne Fälle erörtert, wobei zuerst der Fall („Tatbestandsdefinition") und anschließend die rechtliche Konsequenz („Rechtsfolgebestimmung“) geschildert wird („kasuistisches“ Recht). Das Bundesbuch steht im Kontext der theologie- wie sozialkritischen Prophetie des 8. Jhs. v. Chr. Zugleich ist es eine wichtige Inspirationsquelle für die in den folgenden Jahrzehnten entstehende erste deuteronomische Gesetzessammlung (Dtn 12–26*).

8. Israel in hellenistisch-römischer Zeit: Ein kurzer Ausblick

Jede Geschichtsdarstellung muss Einschnitte wählen. Grenzziehungen haben gute Gründe und sind zugleich doch künstlich. Abgrenzungen entstehen, indem bestimmte Aspekte in der Betrachtung dominant gesetzt und gegenüber anderen als wichtiger erachtet werden. Dies geschieht in der deutenden Rückschau. Nur selten haben Menschen in ihrer Zeit selbst das Gefühl, in einer großen Epochenwende zu leben. Das Leben mit seinen Sorgen und Nöten, Freuden und Alltäglichkeiten geht weiter.

Der hier gewählte Einschnitt nach der persischen Zeit begründet sich zum einen in der Ereignisgeschichte. Mit dem Auftreten von Alexander dem Großen (356–323 v. Chr.) veränderten sich die politischen Koordinaten: Er war der Erste, der ein Weltreich von Westen aus etablierte. Bislang lagen alle Großreiche im Osten (Assyrien, Babylonien, Persien) oder in Ägypten und gehörten damit in die Welt des Alten Orients. Mit den Griechen und später den Römern kam westlicher Einfluss in den Vorderen und Mittleren Orient und schuf durch die gegenseitige Durchdringung bedeutende Veränderungen auf beiden Seiten („Akkulturation"). Die nach Alexander entstehenden Reiche – aus der Perspektive Palästinas waren die Ptolemäer in Ägypten bzw. die Seleukiden in Syrien von besonderer Bedeutung – schafften veränderte Rahmenbedingungen. Die neue weltpolitische Lage bedeutete auch für die jüdische Gemeinschaft Umbrüche: In der südlichen Levante entstanden lokale Königtümer, deren Anerkennung zum Teil umstritten war. Zugleich erhielten die Jerusalemer Priesterschaft und das Hohepriesteramt neue theologische wie politische Bedeutung. Des Weiteren lebten Jüdinnen und Juden nicht mehr nur in Palästina, sondern das Leben in der Diaspora war seit dem babylonischen Exil zum Normalfall und Alltag geworden. Damit veränderten sich die Koordinaten jüdischen Lebens und somit auch die persönlichen, kollektiven und theologischen Fragen grundlegend. Will man die hellenistisch-römische Zeit mit ihren eigenen Bedingungen und in ihrer Vielfalt angemessen erfassen, kann man diese nicht in einem Ausblick oder kurzen Epilog abhandeln. Dies wird der Bedeutung dieser Zeit in keiner Weise gerecht. Es braucht vielmehr eine eigene Darstellung, um diese adäquat vorzustellen und ihr annäherungsweise gerecht zu werden.[1]

Zum anderen ist eine wichtige Zäsur, dass die Tora und Teile der später als TaNaK, „Schrift“ (hebr. *miqra'*) oder „Bibel“ bezeichneten Textsammlung weitgehend abgeschlossen waren. Die bisher entstandenen biblischen Texte wurden nicht oder nur noch marginal verändert – sie galten mehr und mehr als autoritative Texte. Als solche wurden sie „gepflegt“, d.h. abgeschrieben und überliefert, wenn auch die konkrete Textgestalt gewissen Variationen unterworfen sein konnte. Doch das bedeutete keineswegs, dass die (theologische) Literaturproduktion in hellenistisch-römischer Zeit enden würde – im Gegenteil: Es entstand eine vielfältige theologische Literatur. So berichten z.B. das 1 und 2 Makkabäerbuch von den Auseinandersetzungen und ihren Folgen um die „Entweihung“ des Tempels in Jerusalem aus je eigener Perspektive. Flavius Josephus erzählte die gesamte jüdische Geschichte neu. Erzählungen und Novellen, wie das Buch Tobit oder die Juditerzählung, legten ihren kreativen Umgang mit „Geschichte“ offen. Des Weiteren entwickeln sich auch neue Richtungen und Gattungen, etwa die apokalyptische Literatur. Hinzu kamen Kommentare, die nun erstmals notwendig wurden, weil die biblischen Texte nicht mehr verändert, dafür aber kommentiert wurden, um den unveränderlichen Textbestand auszulegen (z.B. Philo). Zudem wurden neue eigenständige Geschichten und Texte geschrieben, die sich mit den „alten“ biblischen Stoffen neu auseinandersetzten, so z.B. „Das Leben von Adam und Eva“, „Das Martyrium des Jesaja“ oder die „Himmelfahrt des Mose“. Die ab 1948 in Qumran gefundenen Texte bezeugen ebenfalls die enorme inhaltliche, sprachliche (Texte in hebräischer, aramäischer und griechischer Sprache) und formale Vielfalt jüdischer Literatur in dieser Epoche.

Unter den neuen Bedingungen in hellenistisch-römischer Zeit stellte sich der pluralen jüdischen Gemeinschaft die Frage, wie man die eigenen Überzeugungen leben, die alten theologischen Überlieferungen in der veränderten Gegenwart angemessen verstehen und aktualisieren und wie man die eigene Tradition mit seiner Umwelt und den eigenen Lebensbedingungen in ein Gespräch bringen kann. Die Fragen von Übersetzbarkeit von Lebensgewohnheiten, Traditionen und theologischer Literatur sowie die Fragen von kulturellem, theologischem wie hermeneutischem Transfer stellten die jüdische Gemeinschaft vor neue theologische wie hermeneutische Herausforderungen. Diese waren jedoch nicht neu, sondern die großen Krisenerfahrungen vom Untergang des Nordreichs (722 v. Chr.), der Bedrohung von Jerusalem (701 v. Chr.) und v.a. die Erfahrungen von den Zerstörungen Jerusalems und des Tempels sowie der Deportation weiter Bevölkerungskreise (597 und 587 v. Chr.) bildeten den Erfahrungshintergrund, von dem her den neuen Herausforderungen begegnet werden konnte. Grundlage bildeten dabei nicht nur die entstandenen und in der Überlieferung verankerten Identitätsmerkmale, sondern vor allem der daraus entstandene hermeneutische Umgang mit der eigenen Gegenwart und Tradition: In Treue zur eigenen Tradition und in Offenheit für die Bedürfnisse und Fragen der Gegenwart konnten die Elemente jüdischer Tradition ihre identitätsstiftende Kraft entfalten – bis heute. So wundert es nicht, wenn der jüdische Schriftsteller *Achad Ha'am* (1856–1927) schreibt: „Mehr als Israel den Sabbat bewahrt hat, hat er Israel bewahrt".[2]

Anmerkungen

Anmerkungen zu Kapitel 1

1 Um die Bedeutung der religiösen Dimension zu verstehen, ist es wichtig im Blick zu haben, dass sich unser Verständnis von „Religion" heute grundlegend von dem des Alten Orients und der Antike unterscheidet. Heute ist Religion und religiöse Praxis ein weitgehend separater, von anderen Lebensvollzügen unabhängiger, privater Bereich. In der Antike hingegen waren religiöse Vollzüge in den sozialen Gemeinschaften (Familie, Staat etc.) so verankert, dass man sie nicht eigenständig denken oder aus diesen herauslösen konnte. Religiöse Praxis durchwirkte das Leben als Ganzes.

2 Vgl. hierzu *Fried, Johannes*, Der Schleier der Erinnerung. Grundzüge einer historischen Memorik, München 2004, v.a. 367–380.

3 Als „diachron" werden historisch-kritische Textauslegungen bezeichnet, deren Ziel es ist, die Entstehungsgeschichte der biblischen Texte zu rekonstruieren. Als „synchron" werden Auslegungen bezeichnet, die den uns heute vorliegenden, kanonisierten biblischen (End)Text analysieren.

4 So führt z.B. Spieckermann die Bedeutung, die der Prophetie mit ihrer Kritik und ihrem Widerstand gegen das Königtum in den im 20. Jh. geschriebenen Geschichten Israels (v.a. die Geschichtsdarstellungen von Albrecht Alt, Martin Noth und Gerhard von Rad) beigemessen wurde, auf die Erfahrungen im 20. Jh. n. Chr. zurück: „Dass dieses Bild der Religionsgeschichte Israels zugleich ein Gegenbild gegen das Unwesen von Staat und Kirche im Nationalsozialismus war, ist für das Verstehen des nachhaltigen Erfolgs dieses Modells im Deutschland der Nachkriegszeit bis in die sechziger Jahre hinein zentral", so *Spieckermann, Hermann*, Das neue Bild der Religionsgeschichte Israels – eine Herausforderung für die Theologie? ZThK 105 (2008) 259–280, 262 mit Verweis auf *Levinson, B.M.*, The Metamorphosis of Law into Gospel: Gerhard von Rad's Attempt to Reclaim the Old Testament for the Church, in: Ders. (Hg.), Recht und Ethik im Alten Testament (ATM 13), Münster 2004, 81–110.

5 *Rüsen, Jörn*, Für eine interkulturelle Kommunikation in der Geschichte, in: J. Rüsen / M. Gottlob / A. Mittag (Hg.), Die Vielfalt der Kulturen. Erinnerung, Geschichte, Identität 4, Frankfurt a.M. 1998, 12–36, 26–27; *Rüsen, Jörn* (Hg.), Historische Sinnbildung. Grundlagen, Formen, Entwicklungen, Darstellungsstrategien, Wiesbaden 2020; *Rüsen, Jörn*, Geschichte denken. Erläuterungen zur Historik, Wiesbaden 2020.

6 Vgl. hierzu *Bieberstein, Klaus*, Was es heißt, Jerusalems Geschichte(n) zu schreiben. Arbeit an der kollektiven Identität, in: M. Konkel / O. Schuegraf (Hg.), Provokation Jerusalem. Eine Stadt im Schnittpunkt von Religion und Politik (Jerusalemer Theologisches Forum 1), Münster 2000, 16–69.

7 *Straub, Jürgen*, Geschichten erzählen, Geschichte bilden. Grundzüge einer narrativen Psychologie historischer Sinnbildung, in: Ders. (Hg.), Erzählung, Identität und historisches Bewußtsein, Frankfurt a.M. 1998, 81–169, 99–100.

8 Vgl. hierzu auch *Assmann, Jan*, Das kulturelle Gedächtnis. Schrift, Erinnerung und politische Identität früher Hochkulturen, München 1992, v.a. 93–97; *Sandl, Marcus*, Historizität der Erinnerung – Reflexivität des Historischen. Die Herausforderung der Geisteswissenschaft durch die kulturwissenschaftliche Gedächtnisforschung, in: G. Oesterle (Hg.), Erinnerung, Gedächtnis, Wissen. Studien zur kulturwissenschaftlichen Gedächtnisforschung, Göttingen 2005, 89–120.

9 *Zenger, Erich / Frevel, Christian* (Hg.) u.a., Einleitung in das Alte Testament (Kohlhammer Studienbücher Theologie 1.1), Stuttgart [9]2016.

10 *Weippert, Manfred* (Hg.), Historisches Textbuch zum Alten Testament (Grundrisse zum Alten Testament 10), Göttingen 2010. Dies wird im Folgenden mit „HTAT“ abgekürzt.

Anmerkungen zu Kapitel 2

1 *Albertz, Rainer*, Die Exilszeit. 6. Jahrhundert v. Chr. (Biblische Enzyklopädie 7), Stuttgart / Berlin / Köln 2001, 11.

2 Vgl. *Grayson, A. K.*, Assyrian and Babylonian Chronicles (TCS 5), Locust Valley 1975.

3 Vgl. *Koenen, Klaus*, Klagelieder (Threni) (BK.AT 20), Neukirchen-Vluyn 2015, 50*–51*.

4 Vgl. hier besonders Ps 137; Ez 18 und Jes 40. Ps 137 rekonstruiert die Ereignisse aus einer späteren Perspektive mit räumlichem und zeitlichem Abstand; er spiegelt mehr die Konflikte zwischen Judäern und Exil-Heimkehrern als die Lebensumstände im Exil wider, vgl. hierzu *Krüger, Thomas*, „An den Strömen von Babylon…“. Erwägungen zu Zeitbezug und Sachverhalt in Psalm 137, in: R. Bartelmus / N. Nebes (Hg.), Sachverhalt und Zeitbezug. Semitistische und alttestamentliche Studien (FS A. Denz), Wiesbaden 2001, 79–84.

5 Zudem wird in Jer 52,30 von einer dritten Deportation im Jahre 582 mit 745 Deportierten berichtet; die Zuverlässigkeit dieser Notiz ist allerdings umstritten.

6 Zu den Zahlen vgl. *Niemann, Hermann Michael / Knauf, Ernst Axel*, Geschichte Israels und Judas im Altertum, Berlin / Boston 2021, 298, 306; *Frevel, Christian*, Geschichte Israels (Kohlhammer Studienbücher Theologie), Stuttgart [2]2018, 313.

7 Da die babylonische Chronik im Jahr 594 abbricht, gibt es keine Möglichkeit, die in der Bibel genannten Angaben mit außerbiblischen Quellen zu vergleichen. Zudem stimmen die biblischen Angaben nicht überein: Während die Eroberung von Jerusalem in Jer 52,12 und 2 Kön 25,8 im 19. Jahr

von Nebukadnezzar angesetzt wird, nennt Jer 52,29 das 18. Jahr (vgl. auch Dan 4,1 [LXX]; Jdt 2,1; Jos. Ant. 10, 146; c.Ap. 1, 154). Obendrein ist es schwierig, die judäische und die babylonische Chronologie bei den Jahresangaben zu synchronisieren. So kompliziert und umstritten die Fragen der Datierungen sind, so scheint doch einiges dafür zu sprechen, diese im 18. Regierungsjahr von Nebukadnezzar anzunehmen. So ergibt sich der 29. Juli 587 für die Bresche und ca. der 25. August 587 für die Zerstörung des Tempels. Vgl. hierzu auch *Albertz, Rainer*, Die Exilszeit. 6. Jahrhundert v. Chr. (Biblische Enzyklopädie 7), Stuttgart / Berlin / Köln 2001, 69–73.

8 Vgl. hierzu *Mayer, Walter*, Die Zerstörung des Jerusalemer Tempels 587 v. Chr. im Kontext der Praxis von Heiligtumszerstörungen im antiken Vorderen Orient, in: J. Hahn (Hg.), Zerstörungen des Jerusalemer Tempels. Geschehen – Wahrnehmung – Bewältigung (WUNT 147), Tübingen 2002, 1–22.

9 *Albertz, Rainer*, Die Zerstörung des Jerusalemer Tempels 587 v. Chr. Historische Einordnung und religionspolitische Bedeutung, in: J. Hahn (Hg.), Zerstörungen des Jerusalemer Tempels. Geschehen – Wahrnehmung – Bewältigung (WUNT 147), Tübingen 2002, 23–39.

10 Vgl. hierzu *Barstad, H.M.*, The Myth of the Empty Land. A Study in the History and Archaeology of Judah during the „exilic“ Period (Symbolae Osloenses. Supplementum 28), Oslo 1996.

11 Möglicherweise war mit der Einsetzung Gedaljas der Versuch verbunden, bewusst jemanden an die Macht zu bringen, der nicht aus der Dynastie der Davididen stammte. Diskutiert wird ferner, ob mit der Zeit Gedaljas eine Landreform verbunden gewesen sei (vgl. Jer 39,10; 52,16; 2 Kön 25,12) und wie hoch sein Gestaltungsspielraum tatsächlich einzuschätzen ist. Vgl. hierzu auch *Stipp, H.-J.*, Gedalja und die Kolonie von Mizpa, ZAR 6 (2000) 155–171.

12 Dabei ist zu beachten, dass Jer 52,28–30 ein Stück unbekannter Herkunft ist, das erst der Masoretische Text einfügt; in der hebr. Vorlage der Septuaginta war es noch nicht enthalten.

13 Die in 2 Chr 36,6–7 und Dan 1,1–2 erwähnte Deportation Jojakims und eines Teils der Tempelgeräte ist keine historisch verwertbare Angabe.

14 Neben Tel Aviv (Ez 3,15) werden noch die Orte Tel Harscha, Tel Melach, Kerub-Addon (Esra 2,59; Neh 7,61) und Kasifja (Esra 8,17) genannt, die jedoch – außer Tel Aviv – nicht zu lokalisieren sind.

15 Vgl. HTAT 274–281; Gesamtpublikation s. *Pearce, Laurie E. / Wunsch, Cornelia,* Documents of Judean Exiles and West Semites in Babylonia in the Collection of David Sofer (CUSAS 28), Bethesda / Maryland 2014.

16 *Karrer, Christiane*, Ringen um die Verfassung Judas. Eine Studie zu den theologisch-politischen Vorstellungen im Esra-Nehemia-Buch (BZAW 308), Berlin 2001.

17 Neben den familiären Feiern gab es auch Klagegottesdienste, jedoch noch keine Gottesdienstformen, wie sie sich später in der Synagoge etablierten. Die erste inschriftliche Bezeugung einer Synagoge stammt erst

aus dem 3. Jh. v. Chr. (in Ägypten). Die erste identifizierbare Synagoge findet sich auf der griechischen Insel Delos (1. Jh. v. Chr.).

[18] *Grund, Alexandra*, Die Entstehung des Sabbats. Seine Bedeutung für Israels Zeitkonzept und Erinnerungskultur (FAT 75), Tübingen 2011.

[19] Eine komprimierte Darstellung der Entwicklung des monotheistischen Bekenntnisses bei *Schmidt, Werner H.*, Monotheismus II. Altes Testament, TRE XXIII, Berlin 1993, 237–248; *Römer, Thomas*, Die Erfindung Gottes: Eine Reise zu den Quellen des Monotheismus, Darmstadt 2018.

[20] Vgl. weitere monotheistische Bekenntnisse in Ex 20,2–5; Dtn 6,4; Jes 45,21–22 etc.

[21] Vgl. hierzu *Leuenberger, Martin*, Gott in Bewegung. Religions- und theologiegeschichtliche Beiträge zu Gottesvorstellungen im alten Israel (FAT 76), Tübingen 2011.

[22] Aschera ist eine Göttin, bezeichnet im Alten Testament aber auch ein Kultobjekt vermutlich aus Holz.

[23] *Renz, Johannes / Röllig, Wolfgang*, Handbuch der althebräischen Epigraphik, Band I, Darmstadt 1995, 59–61.

[24] *Renz, Johannes / Röllig, Wolfgang*, Handbuch der althebräischen Epigraphik, Band I, Darmstadt 1995, 201–211.

[25] Man kann diese Haltung auch als einen exklusiven Monotheismus bezeichnen; ein inklusiver Monotheismus geht ebenfalls von der Existenz nur einer Gottheit aus, versteht aber andere Artikulationen des Göttlichen (z.B. andere Gottheiten) als Ausdruck der einen, einzigen Gottheit.

[26] Vgl. hierzu auch *Albani, Matthias*, Deuterojesajas Monotheismus und der babylonische Religionskonflikt unter Nabonid, in: M. Oeming / K. Schmid (Hg.), Der eine Gott und die Götter. Polytheismus und Monotheismus im antiken Israel (AThANT 82), Zürich 2003, 171–201.

[27] In den Elephantine-Papyri wird von Übergriffen der Einheimischen ebenso berichtet wie von der Brandschatzung des JHWH-Tempels durch Chnum-Priester im Jahre 410. Wenige Jahre später, wohl bald nach 400 v. Chr., scheint die Militärkolonie aufgegeben worden zu sein (vgl. HTAT 283–294).

[28] Die Gestalt Nabonids hat in verschiedenen literarischen Werken ihren Niederschlag gefunden. Berühmt ist das sog. Nabonidgedicht: Unter Kyros wurde ein Gedicht gegen Nabonid verfasst, in dem seine „Vergehen" in karikierender und gehässiger Übertreibung dargestellt wurden. Im biblischen Danielbuch wird Nabonid nicht erwähnt, sein Sohn Belschazzar wird in Dan 5 als König genannt, die Taten Nabonids aber werden Nebukadnezzar zugeschrieben.

[29] Berühmt ist das bei Herodot überlieferte Orakel an König Kroisos: „Wenn du den Halys überschreitest, wirst du ein großes Reich zerstören" (Hdt I 55).

[30] Zwischen dem Kyroszylinder und Deuterojesaja (vgl. Jes 44,28; 45,1–3.13) gibt es enge sprachliche und motivliche Bezüge.

31 Als Quellen für diese Zeit stehen Esra und Neh, Chr, Hag, Sach 1–8, evtl. Mal sowie 3 Esra, Jos. Ant. 11 und die Papyri von Elephantine, aber auch Krugstempel, Siegelabdrücke und 400 Ostraka aus Beersheba (bäuerliches Alltagsleben) und Arad zur Verfügung.

32 Vgl. die Ähnlichkeiten zwischen den beiden biblischen Erzählungen über ein verschollenes und später aufgefundenes Schriftdokument, das zur Rechtfertigung einer religiös-politischen Aktion führt: ein Dokument aus persischer Zeit, das in Vergessenheit geraten und erst unter Darius wieder aufgefunden worden sei (sog. „Kyrosedikt") und die Erzählung in 2 Kön 22–23 über das bei Tempelrenovierungen gefundene, zwischenzeitlich in Vergessenheit geratene *Sefer HaTora* („Bundesbuch") unter Joschija, mit dem die unter ihm angestrebten Reformen gerechtfertigt werden konnten (vgl. Kap. 4.4.6.).

33 „Texte aus der Umwelt des Alten Testaments"; im Folgenden als „TUAT" abgekürzt.

34 Vgl. hierzu *Jacobs, Bruno*, Die Satrapienverwaltung im Perserreich zur Zeit Darius III. (TAVO B 87), Wiesbaden 1994 sowie *Koch, Heidemarie*, Persien zur Zeit des Dareios. Das Achämenidenreich im Lichte neuer Quellen (Kleine Schriften aus dem Vordergeschichtlichen Seminar), Marburg 1988.

35 Einige wenige Abschnitte im Alten Testament sind auf Aramäisch verfasst (Esra 4,8–6,18; 7,12–26; Dan 2,4–7,28).

36 Vgl. *Gerstenberger, Erhard S.*, Israel in der Perserzeit. 5. und 4. Jahrhundert v. Chr. (Biblische Enzyklopädie 8), Stuttgart / Berlin / Köln 2005, 79.

Anmerkungen zu Kapitel 3

1 Unter „Tora" (hebräisch für „Weisung" oder auch „Gesetz") versteht man die Bücher Genesis, Exodus, Levitikus, Numeri und Deuteronomium, die griechisch als „Pentateuch" („[Buch mit] Fünf Buchrollen") oder – besonders in der protestantischen Tradition – als die „Fünf Bücher Mose" bezeichnet werden.

2 Die Griechisch sprechenden Juden erweiterten ihre ins Griechische übersetzte Bibel („Septuaginta"; Abkürzung: LXX) um einige Bücher (z.B. 1 / 2 Makk; Jdt; Tob etc.) und ordneten zudem die Bücher anders an: Die sog. „Vorderen Propheten" der hebräischen Reihung (Jos; Ri; 1–2 Sam; 1–2 Kön) wurden gemeinsam mit anderen erzählenden Schriften (Rut; 1–2 Chr; Esr; Neh; Tob; Jdt; Est; 1–2 Makk) zu einer Abteilung „Geschichtliche Bücher" zusammengestellt; zudem stellten sie die sog. „Hinteren Propheten" (Jes; Jer; Ez; das Zwölfprophetenbuch [„Dodekapropheton"]) mit Dan an das Ende ihrer Bibel. Dieser Anordnung der griechischsprechenden Synagoge ist auch die christliche Kirche gefolgt.

[3] Als „Kanon“ (hebr.: „Rohr, Maßstab, Richtschnur“) wird die Sammlung von biblischen Schriften bezeichnet, die als verbindlich, maßgeblich und göttlich inspiriert („Heilige Schrift“) erachtet wird.

[4] Dies zeigen die Textfunde von Qumran sowie der „variant literary editions“ in der LXX zumindest für die Bücher Jeremia, Ezechiel, Samuel/Könige, Ester, Tobit, Josua, Esra/Nehemia und Ijob.

[5] Diese Diskussion um die Entstehungsmodelle wird unter dem Stichwort „Pentateuchtheorien“ oder „Pentateuchhypothesen“ zusammengefasst, wobei die Entstehungstheorien weit mehr als nur den Pentateuch, sondern auch die sog. geschichtlichen Bücher umfassen.

[6] Eine klassische Darstellung des älteren Vier-Quellen-Modells findet sich in *Schmidt, Werner Hans*, Einführung in das Alte Testament, Berlin / New York 1978; [5]1995.

[7] *Zenger, Erich / Frevel, Christian* (Hg.) u.a., Einleitung in das Alte Testament (Kohlhammer Studienbücher Theologie 1.1), Stuttgart [9]2016, 123–135.

[8] Mit einem * an Bibelstellen wird in der exegetischen Literatur angezeigt, dass nicht alle heute in diesem Bereich überlieferten Texte gemeint sind, sondern in ihnen durchaus mit späteren Zusätzen gerechnet werden muss.

[9] *Zenger, Erich / Frevel, Christian* (Hg.) u.a., Einleitung in das Alte Testament (Kohlhammer Studienbücher Theologie 1.1), Stuttgart [9]2016, 131.

[10] Ob P eine eigene Quelle oder eine Überarbeitungsschicht ist, wird diskutiert.

[11] *Zenger, Erich / Frevel, Christian* (Hg.) u.a., Einleitung in das Alte Testament (Kohlhammer Studienbücher Theologie 1.1), Stuttgart [9]2016, 181-209.

[12] *Zenger, Erich / Frevel, Christian* (Hg.) u.a., Einleitung in das Alte Testament (Kohlhammer Studienbücher Theologie 1.1), Stuttgart [9]2016, 133.

[13] Vgl. *Frei, P. / Koch, K.*, Reichsidee und Reichsorganisation im Perserreich (OBO 55), Göttingen / Fribourg [2]1996; vgl. dazu *Wiesehöfer, J.*, „Reichsgesetz“ oder „Einzelfallgerechtigkeit“? Bemerkungen zu P. Freis These von der Achämenidischen „Reichsautorisation“, ZAR 1 (1995) 36–46; *Ahn, Georg*, „Toleranz“ und Reglement. Die Signifikanz achaimenidischer Religionspolitik für den jüdisch-persischen Kulturkontakt, in: R.G. Kratz (Hg.), Religion und Religionskontakte im Zeitalter der Achämeniden, Gütersloh 2002, 191–209; *Watts, James W.* (Hg.), Persia and Torah. The Theory of Imperial Authorization of the Pentateuch, Atlanta 2001; *Schmid, Konrad*, Persische Reichsautorisation und Tora, Theologische Rundschau 71 (2006) 494–506.

[14] So *Zenger, Erich / Frevel, Christian* (Hg.) u.a., Einleitung in das Alte Testament (Kohlhammer Studienbücher Theologie 1.1), Stuttgart [9]2016, 145.

Anmerkungen zu Kapitel 4

1 Die Bibel berichtet auch von Prophetinnen, so von der Frau Jesajas (Jes 8,3) oder auch von Mirjam (Ex 15,20), Deborah (Ri 4,4) und Noadjah (Neh 6,14).

2 *Pfeilschifter, Rene / Lauth, Hans-Joachim / Fischer, Doris / Rothfuß, Eberhard / Schachner, Andreas / Schmitz, Barbara / Werthmann, Katja*, Lokale Selbstregelungen im Kontext schwacher Staatlichkeit in Antike und Moderne. Ein Forschungsprogramm für einen Perspektivwechsel, LoSAM Working Paper 1 (2019) 1–36 (DOI 10.25972/OPUS–19347); *Risse, Thomas / Börzel, Tanja A. / Draude, Anke* (Hg.), The Oxford Handbook of Governance and Limited Statehood, Oxford 2018.

3 Chronologische Angaben und Daten zur Geschichte der Königszeit in Israel und Juda sind schwierig zu ermitteln. Es gibt einige gesicherte absolute Daten (so z.B. die Schlacht bei Karkar 853 v. Chr.). Die übrigen Angaben sind aus den Königsbüchern zu rekonstruieren, die jedoch nur über eine relative Chronologie verfügen. Bei diesen Angaben ist zu beachten, dass jedes angefangene Jahr als ein ganzes berechnet wird, Koregentschaften unterschiedlich gezählt werden und zudem die Zahlenangaben in verschiedenen Handschriften bzw. Übersetzungen variieren. Daher finden sich in den Darstellungen der Geschichte Israels mitunter stark voneinander abweichende Daten.

4 Zur Mescha-Stele vgl. HTAT 105.

5 Die Tel Dan-Inschrift ist ein fragmentarisch erhaltener aramäischer Text, der 1993 bei archäologischen Ausgrabungen in Tel Dan gefunden wurde; weitere Fragmente kamen 1994 hinzu. Das Fragment schildert aus aramäischer Sicht eine kriegerische Aktion eines aramäischen, aber nicht namentlich genannten Königs. Es ist zu vermuten, dass hiermit Hasael, der König von Damaskus, und die um 835 v. Chr. zu datierende Auseinandersetzung mit Joram von Israel gemeint ist: „[Ich tötete Jo]ram, den Sohn von [Ahab], den König von Israel, und [ich] tötete [Ahas]ja, den Sohn von [Joram Köni]g aus dem Haus Davids. Und ich machte [ihre Städte zu Ruinen und] gab ihr Land der [Verwüstung anheim]“ (TUAT I Erg. 176–179). Wenn die Deutung „Haus Davids“ richtig ist, dann ist es die erste und älteste außerbiblische Erwähnung des Hauses Davids und des Namens „David“.

6 Gemeint sind Ephraim, Benjamin und Manasse im zentralen Bergland, Issachar in der Jesreel-Ebene, Sebulon, Naftali und Ascher in Galiläa (bis nach Dan) sowie Manasse, Ruben und Gad im Ostjordanland.

7 Bei den Angaben zur Regierungszeit wird oft jedes angefangene Jahr als ein ganzes gezählt.

8 *Frevel, Christian*, Geschichte Israels (Kohlhammer Studienbücher Theologie), Stuttgart (Kohlhammer) ^{2}2018, 177–188; 222–223.

9 In 1 Kön 12 wird neben Bet-El auch Dan als Ort eines von Jerobeam gegründeten Heiligtums genannt. Letzteres ist jedoch historisch wenig

wahrscheinlich, weil die Region um Dan im 10./9. Jh. in aramäischer Hand war. Diese Schilderung von 1 Kön 12 findet ihr literarisches Pendant in der an den Sinai zurückverlegten Erzählung vom „Goldenen Kalb" in Ex 32,1–29.

10 Interessanterweise wird gerade Jehu, der die Omridendynastie abgelöst hat, als Sohn Omris bzw. das Gebiet von Israel als Haus Omri („Beth-Omri") (vgl. HTAT 113) bezeichnet.

11 *Frevel, Christian*, Geschichte Israels (Kohlhammer Studienbücher Theologie), Stuttgart [2]2018, 234–240.

12 *Berlejung, Angelika*, Geschichte und Religionsgeschichte des antiken Israel, in: J.-C. Gertz (Hg.), Grundinformation Altes Testament. Eine Einführung in Literatur, Religion und Geschichte des Alten Testaments, Göttingen [6]2019, 59–192, 109.

13 Erst König Mescha von Moab gelang es, sich von den Nachfolgern Ahabs, Ahasja (852–851) und Joram (851–842), unabhängig zu machen. Der erfolglose Versuch Israels unter Joram, dies zu revidieren, ist in 2 Kön 3,4–27 erzählt. Die Texte der Stele und 2 Kön 1–3 ergänzen und beleuchten einander. Interessant ist außerdem die Erwähnung des JHWH-Namens: Die ostjordanischen Israeliten verehrten ihn in einem Heiligtum Nebo. Mescha rühmt sich, die Geräte JHWHs geraubt und sie seinem und Moabs Gott Kemo geweiht zu haben.

14 Dies ist archäologisch nachweisbar u.a. in Sichem, Bet-El, Tell el-MelĐt, Tirza, Samaria, Dor, Tell Qasile, Bet-Schean, Hazor, Dan und Jesreel.

15 Von der letzten Kampagne berichtet die el-Rimah-Stele: 796 konnte Damaskus nicht erobert werden (HTAT 122).

16 Vgl. *Renz, Johannes / Röllig, Wolfgang*, Handbuch der althebräischen Epigraphik, Band I, Darmstadt 1995, 79–110.

17 Ob es sich bei den gefundenen Bauten tatsächlich um Pferdeställe oder um multifunktionale staatliche Gebäude handelt, ist umstritten. Der Nachweis von tierischem Urin in den Bauten scheint eher für die Nutzung der Gebäude als Pferdeställe zu sprechen. Ähnliche Futtertröge für Pferde wie in Megiddo hat man in der Nähe der assyrischen Hauptstadt Ninive gefunden. Eine Hypothese ist, dass Megiddo im späten 8. und 7. Jh. ein wichtiger Stützpunkt für den Handel mit Pferden war: Kuschitische und nubische Pferde galten als die am besten geeigneten Tiere zum Ziehen von Streitwagen und wurden in großer Anzahl von Ägypten nach Mesopotamien exportiert (vgl. 1 Kön 10,28–29). Möglicherweise kam Israel nicht nur wegen der Olivenölproduktion zu großem Reichtum, sondern auch deshalb, weil die berühmten Pferde aus Ägypten gekauft, trainiert und dann nach Assyrien weiterverkauft wurden. Vgl. hierzu *Zwickel, Wolfgang*, Der Pfeilerbau: Pferdestall, Markthalle, Lagerhalle oder Baracke?, WUB 50 (2008) 72–75.

18 Vgl. hierzu *Kessler, Rainer*, Frühkapitalismus, Rentenkapitalismus, Tributarismus, antike Klassengesellschaft. Theorien zur Gesellschaft des Alten Israel, Evangelische Theologie 54 (1994) 413–427.

[19] Vgl. hierzu *Jeremias, Jörg*, Der Prophet Amos (ATD 24,2), Göttingen 1995.

[20] Vgl. hierzu *Jeremias, Jörg*, Der Prophet Hosea (ATD 24,1), Göttingen 1983.

[21] Vgl. *Wacker, Marie-Theres*, Figurationen des Weiblichen im Hosea-Buch (HBS 8), Freiburg 1996.

[22] Unterschiedliche Möglichkeiten werden diskutiert; drei sollen hier genannt werden: Erstens werden in 2 Kön 17,3; 18,9–10 die Geschehnisse so geschildert, dass Samaria von Salmanassar V. belagert wurde. Diese Belagerung habe drei Jahre gedauert und die Eroberung sei 722 unter dem König von Assur, dessen Name im biblischen Text signifikanterweise nicht genannt wird, erfolgt. Eine zweite Möglichkeit ist, dass Salmanassar Samaria erstmals 726/25, dann erneut 722/21 v. Chr. erobert hat, es aber unter Sargon II. 720/19 zu einer weiteren Eroberung von Samaria gekommen ist. Eine dritte Möglichkeit rechnet damit, dass der von Salmanassar V. begonnene Feldzug aufgrund seines Todes unterbrochen werden musste. Die Belagerung von Samaria sei aber von Sargon II. später fortgesetzt worden, so dass die Eroberung von Samaria dann 720 v. Chr. stattgefunden habe.

[23] Als „Rahmenformular“ bezeichnet man ein festes Eingangs- und Schlussformular in den Königsbüchern, mit dem jeder König von Israel und Juda seit Jerobeam bzw. Rehabeam zu Beginn seines Wirkens eingeführt bzw. bei seinem Tod narrativ verabschiedet wird. In diesen Formularen finden sich immer auch Überkreuzdatierungen, indem der zeitgleich in Israel bzw. in Juda regierende König genannt wird (siehe exemplarisch 1 Kön 15,1–6.7–8 oder 1 Kön 15,25–28.31–32). Auf diese Weise lässt sich eine relative Chronologie, wie sie die Königsbücher erzählen, erstellen.

[24] So die These von *Frevel, Christian*, Geschichte Israels (Kohlhammer Studienbücher Theologie), Stuttgart (Kohlhammer) [2]2018, 186–194 und 234-240.

[25] Die Baumaßnahmen Rehabeams, von denen 2 Chr 11,5–12 erzählt, spiegeln möglicherweise Verhältnisse aus der Zeit Hiskijas oder Manasses, also am Ende des 8. und während des 7. Jh. v. Chr.

[26] Zu Jerusalem vgl. *Küchler, Max*, Jerusalem. Ein Handbuch und Studienreiseführer zur Heiligen Stadt, Göttingen 2007; *Keel, Othmar*, Die Geschichte Jerusalems und die Entstehung des Monotheismus (OLB IV 1), Göttingen 2007; *Bieberstein, Klaus*, Brief History of Jerusalem. From the Earliest Settlement to the Destruction of the City in AD 70 (ADPV 47), Wiesbaden 2017.

[27] Wahrscheinlich sind Oberbau und Fundament nicht gemeinsam entstanden, weil die Keramik in Fundament und Oberbau unterschiedlich ist.

[28] Indirekt gibt hierüber die Liste der Ortsnamen, die sich im Tempel von Karnak (Ägypten) findet, Auskunft, die von einem Feldzug des Pharao Schischak (Schoschenk) nach Palästina berichtet. In dieser Liste, die über 150 Orte nennt, fehlen Jerusalem und andere Orte aus Juda. Das läßt darauf schließen, dass Rehabeam Tributzahlungen an den Pharao

geleistet hat und daher vermutlich verschont wurde (vgl. auch 1 Kön 14,25–26).

29 *Zwickel, Wolfgang*, Der Tempelkult in Kanaan und Israel (FAT 10), Tübingen 1994; *Zwickel, Wolfgang*, Der salomonische Tempel (Kulturgeschichte der antiken Welt 83), Mainz 1999.

30 Auf den beiden Reliefs im Titusbogen in Rom ist der Triumphzug des Titus dargestellt, bei dem einige der dabei mitgeführten erbeuteten Tempeleinrichtungen (der siebenarmige Leuchter, der Schaubrotetisch, die Silbertrompeten) zu erkennen sind.

31 Die Kerubim sind Mischwesen, eine Kombination aus Mensch, Greifvogel und Löwe (2 Kön 19,15; Jes 37,16). Unter die Flügel der Keruben habe Salomo die Lade stellen lassen (1 Kön 8,1–9).

32 Der Name des Königs wird als Asarja (2 Kön 14,21; 15,1) und Usija (Jes 6,1; 2 Chr 26,1) überliefert.

33 Vgl. hierzu die These von *Frevel, Christian*, Geschichte Israels (Kohlhammer Studienbücher Theologie), Stuttgart [2]2018, 186–194 und 234–240.

34 Diese Texte werden in der christlichen Tradition meist als „messianische Weissagungen" bezeichnet. Allerdings beziehen sie sich nicht auf einen endzeitlichen König. Die politische wie theologische Reflexion über die zeitgenössischen Zustände des realen, vorexilischen Königtums der Davidsdynastie und entsprechender Gegenentwürfe, wie sie bei Protojesaja zu finden sind, ist eine der Quellen, aus denen sich die bis heute lebendige Hoffnung auf einen idealen König (Gesalbter, auf hebr.: „Messias" bzw. griech.: „Christus") in Judentum und Christentum speist, der am Ende der Zeiten das Reich Gottes in Frieden und Gerechtigkeit etablieren wird.

35 Zu Micha vgl. *Kessler, Rainer*, Micha (HThK.AT), Freiburg / Basel / Wien 1999; *Jeremias, Jörg*, Die Propheten Joel, Obadja, Jona, Micha (ATD 24,3), Göttingen 2007.

36 Es ist allerdings auch gut möglich, dass manche dieser Maßnahmen erst unter Manasse stattfanden.

37 Vgl. *Weippert, Helga*, Die „deuteronomistischen" Beurteilungen der Könige von Israel und Juda und das Problem der Redaktion der Königsbücher, Bib 53 (1972) 301–339; *Halpern, Baruch / Vanderhooft, David S.*, The Editions of Kings in the 7th–6th Centuries B.C.E., HUCA 62 (1991) 179–244.

38 *Frevel, Christian*, Geschichte Israels (Kohlhammer Studienbücher Theologie), Stuttgart [2]2018, 304.

39 Vgl. hierzu *Kessler, Rainer*, Sozialgeschichte des alten Israels. Eine Einführung, Darmstadt 2006; *Zwickel, Wolfgang*, Die Welt des Alten und Neuen Testaments. Ein Arbeits- und Sachbuch, Stuttgart 1997. Der immer noch unüberbotene Klassiker in Fragen der Archäologie ist *Weippert, Helga*, Palästina in vorhellenistischer Zeit (Handbuch der Archäologie 2.1), München 1988.

40 Dies ist zu unterscheiden von der Vorstellung von der Auferstehung der Toten: Diese hat sich erst sehr spät in hellenistischer Zeit entwickelt und findet sich nicht in den Schriften der hebräischen Bibel (ab 2. Jh. v. Chr. vgl. 2 Makk 7,9.14; 12,43–45).

41 Auf der Ebene des Endtextes handeln von der Kultzentralisation: Dtn 12,4–7.8–12.13–19.20–28; 14,22–27; 15,19–23; 16,1–8.9–12.13–15. 16–17; 17,8–13; 18,1–8; 26,1–11; 31,9–13.

42 Möglicherweise ist der Kern dieser Erzählung (2 Kön 22,3–12.13*. 14.15–20*; 23,1–3.21–23) bereits zu Lebzeiten Joschijas abgefasst worden.

43 Vgl. *de Wette, M.L.*, Dissertatio critico-exegetica, qua Deuteronomium a prioribus Pentateuchi Libris diversum alius cuiusdam recentioris auctoris opus esse monstratur, Jena 1805; Ders., Beiträge zur Einleitung in das Alte Testament I, Halle 1806.

44 Joschijas Bemühen um alte Traditionen, die drohen, in Vergessenheit zu geraten, ordnet sich dabei in einen zeitgenössischen Trend ein: In Ägypten wurden alte Texte und Rechtsnormen, meist sogar in archaischer Sprache, kodifiziert und weitergegeben. In Assyrien ließ Assurbanipal eine große Bibliothek in Ninive gründen, in der viele alte Literaturwerke gesammelt wurden. Auch der babylonische König Nebukadnezzar renovierte alte Tempelanlagen und setzte deren Kult wieder in Gang. In dieser Zeit kann man also in allen nahöstlichen Kulturen eine bewusste Restauration, Sammeln und Bewahren von Traditionen und Texten, feststellen.

45 *Lohfink, Norbert*, Die Kultreform Joschijas von Juda. 2 Kön 22–23 als religionsgeschichtliche Quelle, in: Ders., Studien zum Deuteronomium und zur deuteronomistischen Literatur II (SBAB 12), Stuttgart 1991, 209; vgl. auch *Lohfink, Norbert*, Gab es eine deuteronomistische Bewegung?, in: W. Groß (Hg.), Jeremia und die „deuteronomistische" Bewegung, Weinheim 1995, 313–382.

46 So machte die Kultzentralisation z.B. die levitischen Priester, die an den Heiligtümern im Land tätig waren, arbeitslos oder stufte sie zurück auf den Status der „Leviten".

47 Sein gewaltsamer Tod war nur mühevoll in die Logik der deuteronomistischen und chronistischen Geschichtsschreibung zu integrieren, in der Joschija als leuchtendes Beispiel dargestellt wird (vgl. 2 Kön 22,2). Es ist interessant, dass damit auch das, was nicht in die eigene Logik passt, berichtet wird.

Anmerkungen zu Kapitel 5

1 Man kann diesen Textkomplex auch als „Hexateuch", als „Sechs-Buch", bezeichnen.

2 *Zenger, Erich / Frevel, Christian* (Hg.) u.a., Einleitung in das Alte Testament (Kohlhammer Studienbücher Theologie 1.1), Stuttgart [9]2016, 130, wobei sich gewisse Differenzen zu dem Modell von Lohfink und Braulik ergeben, vgl. 152–182. Nach der These von Norbert Lohfink ist unter Joschija bereits ein erstes Geschichtswerk entstanden, die sog. Joschijanische Landeroberungserzählung, die dem Erzählzusammenhang von Dtn 1–Jos 21* entspreche.

3 Das deuteronomische Gesetz beinhaltet zahlreiche sozialrechtliche Bestimmungen: die Sorge für Hilflose (Dtn 15,7–8; 24,17–18), den Schutz von Land (Dtn 19,14), Rechte von Frauen (Dtn 21,15–17), den Zehnten an Arme im 3. Jahr (Dtn 14,28–29), den Schutz von Fremden vor Diskriminierung (Dtn 24,14–15), die Freilassung von hebräischen Schuldsklaven (Dtn 15,12–15), Bestimmungen für Richter (Dtn 16,18–19) oder den König (Dtn 17,15–20) u.a.

4 Vgl. *Steymans, Hans Ulrich*, Deuteronomium 28 und die *adê* zur Thronfolgeregelung Asarhaddons. Segen und Fluch im Alten Orient und in Israel (OBO 145), Göttingen / Fribourg 1995; *Steymans, Hans Ulrich*, Die neuassyrische Vertragsrhetorik der „Vassal Treaties of Esarhadon" und das Deuteronomium, in: G. Braulik (Hg.), Das Deuteronomium (ÖBS 23), Frankfurt a.M. 2003, 89–152.

5 Dass an den theologischen Prozessen durchaus auch Frauen beteiligt waren, zeigt im Kontext der Joschijanischen Reformen die Befragung der Prophetin Hulda (2 Kön 22,14 // 2 Chr 34,22). Hulda wurde vom König als eine entscheidende Instanz erachtet; deswegen schickte er die Spitzenvertreter der Jerusalemer Priesterschaft und Verwaltung zu ihr.

Anmerkungen zum Kapitel 6

1 Dies sind neben dem Buch Josua das Buch der Richter, das 1 und 2 Samuelbuch sowie das 1 und 2 Königsbuch. Ursprünglich bilden die Samuel- und die Königsbücher jeweils einen Buchzusammenhang; die Trennung in ein erstes und ein zweites Buch ist erst von der LXX aufgrund des beträchtlichen Umfangs vorgenommen worden und wurde in der Vulgata übernommen. Erst im 15. Jh. n. Chr. wurde die Zweiteilung dann in hebräischen Bibelausgaben übernommen.

2 Gegenüber dem Begriff „Patriarchen" bevorzugen viele heute den Begriff „Erzeltern", um hervorzuheben, dass es sich bei den Erzählungen im Buch Genesis um *Familien*geschichten handelt, in denen Frauen wie Männer eine zentrale Rolle spielen, vgl. hierzu auch *Fischer, Irmtraud*,

Gottesstreiterinnen. Biblische Erzählungen über die Anfänge Israels, Stuttgart [4]2013, 12–17.

3 Es sind bisher keine literarischen Überlieferungen aus dem 2. Jt. v. Chr. aus Kanaan bekannt; andere Texte (Briefe, Dokumente) sind rar – zu nennen sind hier vor allem die in Amarna gefundene Auslandskorrespondenz des ägyptischen Hofes aus den Jahren 1360–1335 v. Chr. (vgl. TUAT I 512–516; HTAT 084–085) und die beiden ägyptischen Bet-Schean-Stelen aus der Zeit Sethos' I. (1293–1279). Auch *über* Kanaan sind nur wenige Texte aus dem 2. Jt. v. Chr. erhalten; sie stammen vor allem aus Ägypten wie die „Geschichte des Sinuhe" um 1962 v. Chr. oder der Bericht der sog. „Annalen" Thutmosis III. nach dem Sieg über die kanaanäischen Fürsten bei Megiddo um 1468 v. Chr.

4 Dies gilt auch für das in Amarna (Ägypten) gefundene Archiv mit über 300 Briefen aus Kanaan und Syrien über die dortige Lage im 14. Jh. v. Chr. Der erste außerbiblische Beleg für „Israel" findet sich erst auf der Siegesstele aus dem 5. Jahr des Pharao Merenptah (1213–1203). Ihr lässt sich entnehmen, dass den Ägyptern, vielleicht schon seit den Palästinafeldzügen Sethos' I. (1293–1279), ein „Israel" in der Mitte von Kanaan bekannt war.

5 Dass die Namen der Erzeltern auch außerbiblisch belegt sind, zeigt lediglich, dass es gebräuchliche, westsemitische Namen waren.

6 Dies ergibt sich aus folgender Rechnung: Wenn Salomos viertes Regierungsjahr um 960 anzusetzen und dieses als das 480. Jahr nach dem Auszug aus Ägypten zu verstehen wäre (1 Kön 6,1), müsste der Exodus um 1440 v. Chr. stattgefunden haben. Der Aufenthalt Israels in Ägypten betrug nach Ex 12,40 insgesamt 430 Jahre (nach Gen 15,13: 400 Jahre; in Gen 15,16 ist jedoch die Rückkehr schon für die vierte Generation, also höchstens nach 100 Jahren angekündigt), dann müsste der „Einzug" um 1870 v. Chr. erfolgt sein. Aus den angegebenen Lebensaltern der Erzeltern (Jakob 147 Jahre, Isaak 180 Jahre, Abraham 175 Jahre) würde sich schließlich ergeben, dass Abraham um 2300–2200 v. Chr. zu datieren sei. Eine etwas andere Rechnung vermutet, dass Abraham 1991 gestorben sein müsse, vgl. *Bieberstein, Klaus*, Erfunden und wahr zugleich, WUB 49 (2008) 41–45, 44. Neben diesen „Berechnungen" gibt es noch andere; so setzen manche die Erzeltern – der Logik des Zeitstrahls folgend – in der Zeit von 1800–1400 an, einfach um sie vor dem geschilderten Exodus zu verorten.

7 Gen 24,10.11.14.19.20.22.30.31.32.35.44.46.61.63.64; 30,43; 31,17.34; 32,8.16; 37,25.

8 Zudem hat das Kamel geländegängige Sohlen und ist aufgrund seiner variablen Körpertemperatur, seiner enormen Wasseraufnahmefähigkeit, seines Fettspeicherbuckels, der verschließbaren Nüstern und der optimalen Nahrungsverwertung durch Wiederkäuen wüstenfähig.

9 Interessanterweise gibt es im Hebräischen kein Wort für „Nomade"; die erste Sprache, die hierfür eine Vokabel bereithält, ist das Arabische – und

das nicht ohne Grund, hat sich doch das beduinische Nomadentum im arabischen Raum entwickelt.

[10] Als „Transhumanz“ wird die sog. Fernweidewirtschaft bezeichnet, bei der ein jahreszeitlich bedingter Weidewechsel stattfindet.

[11] Dass diese Gottesappellativa personen- bzw. familien- und nicht ortsgebunden waren und erst mit der „Sesshaftwerdung der Trägergruppen“ selbst sesshaft wurden, um dann mit El-Numina der kanaanäischen Heiligtümer zu verschmelzen und später mit JHWH gleichgesetzt zu werden (so die Theorie von Albrecht Alt), darf als überholt gelten, vgl. *Alt, Albrecht*, Der Gott der Väter, in: Ders., Kleine Schriften 1, 1–78; mit Ergänzungen in PJB 36 (1940) 100–103; vgl. hierzu *Köckert, Matthias*, Vätergott und Väterverheißungen. Eine Auseinandersetzung mit Albrecht Alt und seinen Erben (FRLANT 142), Göttingen 1983.

[12] Vgl. den Bezug der exilischen Prophetie auf Abraham (Ez 33,24; Jes 41,8–9; 51,1–2).

[13] Dass eine Figur wie Abraham hier eine ideale Projektionsfläche bietet, zeigt sich auch darin, dass diese in hellenistisch-römischer Zeit weiterhin Gegenstand literarischen Bemühens in Bezug auf zeitaktuelle Themen war. So wurde an Abraham die Frage diskutiert, wie es zu seiner ersten Gottesbegegnung und seiner Konversion kam. Schließlich war er als der erste Verheißungsträger zugleich der erste Konvertit (vgl. ApkAbr; Jub; Jos. Ant. 1,154–157).

[14] Daher ist aus hermeneutischen wie theologischen Gründen auf Zeitskalen, die die Erzeltern, aber auch den Exodus etc. zeitlich genau verorten, zu verzichten – gerade auch in didaktischen oder katechetischen Kontexten, damit keine falschen Bilder erzeugt werden bzw. damit nicht die Erzählebene mit einer vermeintlich „historischen Realität“ verwechselt wird.

[15] Auch die christliche österliche Dreitagefeier beginnt immer mit der Erinnerung daran.

[16] In der Bibel trägt der Gottesberg zwei unterschiedliche Namen: Die Bezeichnung „Sinai“ findet sich eher in den Texten, die man dem Jerusalemer Geschichtswerks und der Priesterschrift zuweist („Wüste Sinai“ in Ex 19,1.2 bzw. als Bezeichnung des Berges in Ex 19,11.18.20.23; 24,16; 31,18; 34,2.4.29.32), während „Horeb“ (= „Ödland“) eher in deuteronomistischen Texten verwendet wird. Allerdings findet sich „Horeb“ nicht nur im Dtn, sondern auch in Ex 3,1; 17,6; 33,6 (vgl. 1 Kön 8,9; 19,8; Mal 3,22; Sir 48,7; 2 Chr 5,10) und umgekehrt ist „der vom Sinai“ auch in Ri 5,5; Ps 68,9; Dtn 33,2 zu finden. Neben zahlreichen anderen Lokalisierungen ist die Identifizierung des Sinai mit dem Dschebel Musa („Moseberg“) auf der südlichen Sinaihalbinsel erst durch christliche Mönche ab dem 4. Jh. v. Chr. erfolgt. Zur Harmonisierung der beiden Bezeichnungen „Sinai“ und „Horeb“ wird auf alten Kupferstichen der Moseberg mit dem Horeb und der Katharinenberg mit dem Sinai identifiziert.

17 „Mose“ bedeutet „Kind / Sohn, geboren (von)“, vgl. Thutmosis (Thot, Gott der Schreibkunst, Wissenschaft, Buchführung, hat ihn gezeugt), Ahmose (Sohn des Mondgottes), Ramses (der Sonnengott Re hat ihn gezeugt). Ex 2,10 deutet den Namen nach Art einer hebräischen Volksetymologie: Die Tochter des Pharao habe gesagt, „(ich habe ihn) aus dem Wasser gezogen“.

18 Über die biblische Literatur hinaus gibt es viele spätere antike Geschichten und Gegengeschichten über Mose: Manetho (überliefert bei: Jos. c.Ap. 1,73–105; 1,228–252; Lysimachos, *Aegyptiaca* = Jos. c.Ap. 1,304–311); Apollonius Molon (Jos. c.Ap. 1, 148), Diodorus (Diod. 1,288–292) u.a.

19 *Frevel, Christian*, Grundriss der Geschichte Israels, in: E. Zenger u.a. (Hg.), Einleitung in das Alte Testament (Kohlhammer Studienbücher), Stuttgart [8]2012, 717-718. Vgl. auch Exodus. Mythos und Geschichte, Welt und Umwelt der Bibel 92 (2019).

20 Eine weitere Datierung ergibt sich durch die sog. „Hyksos“: Manetho, ein Priester hellenistischer Zeit (3. Jh. v. Chr.), beschreibt in seiner Geschichte Ägyptens eine Invasion durch ein fremdes Volk aus dem Osten, die er „Hyksos“ nennt und mit „Hirtenkönige“ übersetzt (ägyptisch wohl: „Herrscher der Fremdländer“; überliefert bei Jos. c.Ap. 1,41). Diese hat man mit der 15. Dynastie, d.h. mit der zweiten Zwischenzeit in Ägypten identifiziert (1670–1570). Eine zweite, zeitlich viel nähere Quelle sind die Heldentaten von Pharao Ahmose (18. Dynastie), der sich rühmt, die verbliebenen Hyksos vertrieben zu haben. Lange wurde überlegt, ob man diese Nachrichten mit dem in der Bibel geschilderten Exodusgeschehen in Zusammenhang bringen könnte. Vermutlich handelt es sich bei den Hyksos nicht um eine fremde Invasion, sondern um den langsamen Zuzug westsemitischer, kanaanäischer Gruppen. Diese haben sich aufgrund der langsamen Auflösung der ägyptischen Zentralmacht am Ende des Mittleren Reiches eine eigene staatliche Organisation gegeben. Weder inhaltlich noch von der zeitlichen Einordnung her lassen sich direkte Bezüge zu den biblischen Erzählungen über den „Einzug“ oder den „Auszug“ Israels aufzeigen. Vielmehr scheint Manetho Erfahrungen, die eher die Eroberungen Ägyptens durch die Assyrer, Babylonier und Perser im 7. und 6. Jh. v. Chr. widerspiegeln, in die „Hyksos“-Zeit zurück zu projizieren, als Berichte über die 1.500 Jahre zurückliegende Zweite Zwischenzeit zu überliefern.

21 Es lassen sich verschiedene Routen unterscheiden, denen wahrscheinlich unterschiedliche Überlieferungen zugrunde liegen: Ein erster, südlicher Weg führt von Pitom und Sukkoth durch das „Land Goschen“ und die Wüste Etam über die Bitterseen zum Golf von Akaba; das Meerwunder wäre damit an den Bitterseen oder am Nordende des Golfes von Suez zu lokalisieren (Ex 12,37–38; 13,20–22; 14,5–31*). Eine nördliche Route mit den Orten Migdol und Baal-Zefon scheint der *via maris* zu entsprechen; diese wird meist der Priesterschrift zugeschrieben (Ex 14,1–4.8.10–29*). Auch die Lokalisierung des Gottesberges ist nicht

eindeutig. Während die Tradition der südlichen Route nach dem Schilfmeer die „Wüste Schur" (Ex 15,22) und das Quellgebiet von „Mara" (Ex 15,23) sowie die Oase „Massa-Meriba" (Ex 17,7) erwähnt, nennt die Tradition der nördlichen Route die Oase Elim (Ex 15,27), die Wüste Sin und Refidim (Ex 17,1) und schließlich die Sinai-Wüste (Ex 19,1). Dies hat zu der Annahme geführt, dass die Tradition vom Gottesberg in der Wüste zunächst selbständig war und erst sekundär mit den Auszugserzählungen verbunden wurde, zumal in anderen Texten die Zeit zwischen Auszug und Landnahme ohne den Gottesberg erzählt wird (vgl. Dtn 6,20–24; 26,5–9; Jos 24,2–13; Ex 15; Ps 78; 105; 135 u.ö.).

22 Vgl. einen Papyrus aus der Zeit Sethos II. (1200–1194) (Pap. Anastasi VI, 53–60, vgl. auch Pap. Harris 76,9f), in dem ein ägyptischer Grenzbeamter an seinen Vorgesetzten über „Visa" für palästinische Herdentreiber schreibt. Vgl. zudem die Darstellung von Bittstellenden auf dem Kalksteinrelief im Grab Haremhabs (1333–1306) in Saqqara. Interessanterweise werden in Ortslisten ägyptischer Tempelanlagen von Amenophis III. (1388–1351) in Soleb (Sudan) sowie denen von Ramses II. (1279–1213) in Amara-West neben „Schasu aus Sëir" auch „Schasu aus Yhw" genannt; auch wenn es sich hier um eine Ortsbezeichnung handelt, ist die Frage, ob und wie diese mit dem Gott JHWH in Verbindung gebracht werden könnte.

23 Die Frage nach der Beziehung zwischen diesen „Hapiru" und der biblischen Bezeichnung „Hebräer" wird kontrovers diskutiert. Das Wort „Hebräer" wird in der Bibel selten verwendet (ca. 33 Mal; vgl. „Israel": 2.500 Mal). Die 33 Belege verteilen sich auf wenige Textstellen: Abram (Gen 14,13), die Josefsgeschichte (Gen 39,14.17; 40,15; 41,12; 43,32), die Exoduserzählung mit Ägypten als Ort (Ex 1,15.16.19; 2,6–7.11.13; 3,18; 5,3; 7,16; 9,1.13; 10,3), die Erzählung von den Philisterkämpfen (1 Sam 4,6.9; 13,3.19; 14,11.21; 29,3) sowie Rechtstexte (Ex 21,2; Dtn 15,12; Jer 34,9.14), in denen das Stichwort „Hebräer" in Bezug auf befristete Schuldsklaverei fällt. Aus den biblischen und vielen altorientalischen Texten des 2. Jts. v. Chr. hat man geschlossen, dass „Hebräer" keine ethnische, sondern eine soziale Bezeichnung für Menschen geringen Standes sei. Nicht zuletzt erwähnt Ex 12,38, dass „ein großer Haufen anderer Leute" mit den Israeliten ausgezogen sei. In jedem Fall fällt auf, dass die Bezeichnung „Hebräer" erst in nachexilischer Zeit als Volksbezeichnung üblich wird (Jona 1,9; Jdt 10,12; 2 Makk 7,31 u.ö.).

24 Auseinandersetzungen sind z.B. im Brief des Jerusalemer Königs Abdi-Cheba an Amenophis IV. belegt, vgl. HTAT 060.

25 Für diese, wie für jede literarische Entstehungsphase ist offen, was Ursache und was Folge ist: Hat man vor dem Hintergrund alter Überlieferungen die eigenen Erfahrungen neu fassen, verstehen und erzählen können? Oder war es umgekehrt? Waren die zeitgenössischen Erfahrungen Quelle und Inspiration, um von einem Ereignis aus längst vergangenen Tagen zu erzählen?

26 *Otto, Eckart*, Mose. Ägypten und das Alte Testament (SBS 189), Stuttgart 2000, 43–84; Text S. 60–61.

27 Vgl. HTAT 188.

28 „Ich bin Sargon, der starke König, der König von Akkad. Meine Mutter war eine *enitum* (d.h. eine *entu*-Priesterin?), meinen Vater kenne ich nicht. Der Bruder meines Vaters liebte die Berge. Meine Stadt ist Azupiranu, das am Ufer des Euphrat liegt. [5]Die *enitum*, meine Mutter, empfing mich und gebar mich insgeheim. Legte mich in einen Binsenkorb, machte meinen Deckel mit Asphalt dicht (und) setzte mich im Fluß aus, der mich nicht überspülte. Der Fluß trug mich zu Akki, dem Wasserschöpfer. Akki, der Wasserschöpfer, holte mich heraus, als er seinen Eimer eintauchte. [10]Akki, der Wasserschöpfer, [nahm mich] als Sohn an und zog mich groß, Akki, der Wasserschöpfer, machte mich zu seinem Gärtner. Als ich Gärtner war, schenkte mir Ischtar ihre Liebe. Und für vierund[fünfzig] Jahre übte ich die Königsherrschaft aus", vgl. AOT^2, 234f.; ANET^3, 119.
Vgl. Apg 7,22; Hebr 11,23–26. Ähnliche Motive finden sich bei dem Perserkönig Kyros II. (559–530; vgl. Hdt I 107–122) oder auch bei den Erzählungen über Zeus auf Kreta oder Romulus und Remus. Zu modernen Adaptionen dieses Motivs vgl. Sigmund Freud, Der Mann Mose und die monotheistische Religion (1937–1939) und bei Thomas Mann, „Das Gesetz" (1943 / 44).

29 Dieser wird häufig als „zweiter Exodus" bezeichnet: Ob dieser exilische „Exodus" als erster den älteren, in mythischer Vorzeit liegenden hervorgebracht hat oder der spätere sich an älteren Überlieferungen inspiriert hat, wird diskutiert.

30 In Gen 2,2–3 wird erstmals das Verb „aufhören" (= *šbt*) verwendet, um das „Aufhören / Ruhen" Gottes am siebten Tag zu erzählen; dieser Tag wird aber nur als siebter Tag, nicht als „Sabbat" bezeichnet.

31 Am Gottesberg: Ex 31,12–17; 35,1–3; Lev 16,31; 19,3.30; 23,3.11.15–16.32.38; 24,8; 25,1–8; 26,2.34–35.43 sowie auf der Wüstenwanderung: Num 28,9–10; vgl. Num 15,32–36.

32 Dtn 5,12–15: die sog. geschichtstheologische Begründung mit dem Auszug; in Ex 20,8–11: die sog. schöpfungstheologische Begründung.

33 Vgl. Ex 19,7–8; 24,3–11 sowie Gen 18,1–8; Ri 13,15–20; vgl. Ez 8,1; 14,1; 20,1; Esr 5,5.9; 6,7.8.14.

34 Allerdings wird auch erzählt, dass Mose und Aaron bestraft werden (Num 20,12–13).

35 So entspricht es auch den Gegebenheiten der Perserzeit, dass der am Sinai erzählte Bundesschluss eine Selbstverpflichtung der Gemeinde auf das Wort JHWHs ist, das im „Bundesbuch" schriftlich festgehalten und dann verlesen wird (Ex 24,3–8; 34,1–27; vgl. Neh 8; 10).

36 *Gerstenberger, Erhard S.*, Israel in der Perserzeit. 5. und 4. Jahrhundert v. Chr. (Biblische Enzyklopädie 8), Stuttgart / Berlin / Köln 2005, 300.

37 So verwundert es nicht, dass in der Erzählwelt explizit betont wird, dass niemand außer Gott das Grab von Mose kenne (so Dtn 34,6).

[38] So *Assmann, Jan*, Herrschaft und Heil. Politische Theologie in Altägypten, Israel und Europa, München 2000, 247–248.

[39] Zur Entstehungsgeschichte der Josefsgeschichte vgl. *Ebach, Jürgen*, Genesis 37–50 (HThK.AT), Herder 2007. Mit späteren Ergänzungen in Gen 49 und 50 ist zudem zu rechnen.

[40] Vgl. Josef im Jubiläenbuch (Jub 34), die Schrift Philos von Alexandrien (20 v. – 50 n. Chr.) über Josef (*De Josepho*) sowie in *De Somniis* Buch II; Testamente der Zwölf Patriarchen; die Erzählung „Josef und Asenet" u.a.

[41] Im Erzählverlauf wird Josua zuvor schon in Ex 17,8–16; 24,12–14; 32,17; 33,11; Num 11,28; 13,16; 14,6.30.38; 26,65 erwähnt.

[42] Daneben gibt es auch biblische Texte, die explizit davon sprechen, was nicht erobert werden konnte, so das sog. negative Besitzverzeichnis in Ri 1,19.21.27–35; vgl. auch Jos 15,63; 16,10; 17,11–12.18.

[43] Vgl. hierzu das Heft „Die Anfänge Israels. Die Diskussionen um die Landnahme", WUB 49 (2008).

[44] Der Begriff „Eisenzeit" stammt aus einer Zeit, in der das zur Verfügung stehende Material als leitend für die Epochenabgrenzung erachtet wurde: Eisen – so die Überzeugung – sei Bronze überlegen. Dabei stützte man sich auf Texte wie Jos 17,14–18 oder Ri 1,19. Widerlegt ist diese Perspektive dadurch, dass die technologischen Voraussetzungen zum Härten von Eisen in der „Eisenzeit" noch nicht gegeben waren. Zudem waren Werkzeuge aus Eisen in der „Eisenzeit" noch relativ selten und lassen sich kaum in dörflichen Siedlungen finden. Der Begriff „Eisenzeit" wird heute unabhängig von seiner früheren Semantik lediglich als Bezeichnung einer Epoche weiterverwendet.

[45] In ägyptischen Quellen werden unter diesen die Lukka, Širdana, Danuna, Akawaša, Turša, Šekleš als Gruppen genannt. Weil die Herkunft dieser Volksgruppen unbekannt war, sind diese als „Völker vom Ozean", „vom syrischen Meer" oder „von den Inseln inmitten des Meeres" bezeichnet worden. Daher hat sich der Begriff „Seevölker" eingebürgert.

[46] Damit können Darstellungen z.B. im Dtn gegengelesen werden, die den Eindruck erwecken, dass die Israeliten die kanaanäische Bevölkerung ausgerottet hätten und Sieger im leer gewordenen Land gewesen seien (vgl. z.B. Dtn 9,1–5; 11,22–25; 12,1–3; 19,1–2).

[47] Nach der Chronologie des Richterbuchs habe diese Zeit 349 Jahre umfasst. Diese Zahl ergibt sich, wenn man die Angaben in Ri 3,8.11.14.30; 4,3; 5,31; 6,1; 8,28; 10,2.3; 12,7.9.11.14; 15,20 zusammenrechnet.

[48] Dies sind Männer wie Otniël (Ri 3,7–11), Ehud (Ri 3,12–30), Schamgar (Ri 3,31), Gideon (Ri 6–8), Jiftach aus Gilead (Ri 10,6–12,7), Simson (Ri 13–16), aber auch eine Frau, Debora (Ri 4–5).

[49] Wie bei den Prophetenbüchern hängt die Bezeichnung „groß – klein" nicht an der historischen oder religiösen Bedeutung, sondern lediglich am Textumfang.

[50] Das Verb für „richten" hat auch die Bedeutung „herrschen".

51 Die ersten Versuche, ein Königtum zu etablieren, seien bereits viele Jahre zuvor unter Abimelech unternommen worden und gescheitert (Ri 9; vgl. die königskritische Jotam-Fabel Ri 9,7–21). Weitere königskritische Texte im AT: Dtn 17,14–20; Ri 8,22–23; 1 Sam 8; 10,17–27; 11,12–14; Hos 3,4; 7,3; 13,10–11 etc.

52 Nach den biblischen Angaben haben David und Salomo jeweils 40 Jahre regiert (2 Sam 5,4; 1 Kön 11,42).

53 Vgl. hierzu *Kessler, Rainer*, Sozialgeschichte des antiken Israel. Eine Einführung, Darmstadt 2006, 81.

54 Eine ähnliche Funktion hat die Erzählung in 1 Sam 18, in der David von Sauls Sohn Jonatan Gewand und Rüstung erhalten habe (1 Sam 18,4).

55 Mitunter bezeichnet man das Textstück von 1 Sam 16 – 2 Sam 8 auch als „Aufstiegsgeschichte“ Davids.

56 Der vielleicht „ursprüngliche“ Goliat-Bezwinger wird möglicherweise in 2 Sam 21,19 ausdrücklich und namentlich genannt.

57 Solche Kindheits- und Jugendgeschichten, die auch von Sargon I. und Mose (vgl. Kap. 6.2.), Simson, Johannes dem Täufer oder auch Jesus erzählt werden, wollen nicht aus der Kindheit und Jugend des Helden berichten. Vielmehr wollen sie erzählerisch anhand von Episoden, die in der Kindheit und Jugend spielen, die spätere Bedeutung der Figur erläutern und damit zugleich das, was sie später besonders auszeichnet, bereits in den erzählten Anfängen verorten.

58 Vgl. auch das Bild von David in 1 Chr 11–29 oder David in Sir 47,2–11 bzw. der Gedanke des davidischen Messias Jes 9,1–6; 11,1–8; Mi 5,1–4; Sach 9,9–10.

59 Vgl. hierzu die Karte *Frevel, Christian*, Geschichte Israels (Kohlhammer Studienbücher Theologie), Stuttgart [2]2018, 137.

60 Schätzungen der Bevölkerung sind stets sehr ungewiss und weichen deutlich voneinander ab, je nachdem welche Parameter angelegt werden. Derzeit wird von einer Bevölkerung von ca. 50.000 Menschen im samaritanischen und judäischen Bergland ausgegangen. Je nach Schätzung schwanken die Angaben für die Bewohnerzahlen von Jerusalem zwischen 200 und 2000.

61 Dieser Befund spricht dafür, das Ende der Eisen-IIA-Zeit nicht um 1000 v. Chr. (traditionelle oder „hohe“ Chronologie), sondern um 900 anzusetzen („niedrige“ Chronologie), *Finkelstein, I.*, The Archaeology of the United Monarchy: An Alternative View, Levant 28 (1996) 177–187.

62 *Frevel, Christian*, Geschichte Israels (Kohlhammer Studienbücher Theologie), Stuttgart [2]2018, 148.

63 Vgl. hierzu *Kessler, Rainer*, Sozialgeschichte des antiken Israel. Eine Einführung, Darmstadt 2006, 81.

64 *Lehmann, Gunnar / Niemann, Hermann Michael*, Klanstruktur und charismatische Herrschaft: Juda und Jerusalem 1200–900 v. Chr., ThQ 186 (2006) 134–159.

[65] In Megiddo datiert man die Palastbauten aus Stratum VA-IVB heute unter omridische Herrschaft in die 2. Hälfte des 9. Jhs. v. Chr., die Lagerhaus- oder Stallstrukturen aus Stratum IVA in die 1. Hälfte des 8. Jhs. v. Chr. unter König Jerobeam II.

[66] „Aus archäologischer Sicht ist von der Pracht Salomos, seinen internationalen Handelsbeziehungen, seiner prunkvollen Bautätigkeit und seiner durchstrukturierten Herrschaft nicht viel übrig geblieben", *Frevel, Christian*, Geschichte Israels (Kohlhammer Studienbücher Theologie), Stuttgart [2]2018, 175.

[67] Dies spiegelt z.B. der Kontakt Salomos zu der Königin von Saba (1 Kön 10) wider – nur dass das südarabische Königreich Saba nicht im 10. Jh. v. Chr., sondern erst ab dem 9. / 8. Jh. v. Chr. sicher belegt ist. Der lukrative Karawanenhandel mit Südarabien blüht aber erst im 7. Jh. v. Chr. unter assyrischer Herrschaft.

Anmerkungen zu Kapitel 8

[1] Vgl. hierzu: *Schäfer, Peter*, Geschichte der Juden in der Antike. Die Juden Palästinas von Alexander dem Großen bis zur arabischen Eroberung, Tübingen [2]2010.

[2] *Achad Ha'am* (= Ascher Hirsch Ginsberg), Am Scheideweg. Ausgewählte Essays, Berlin 1895.

9. Literaturempfehlungen zum Selbststudium

Einleitung in das Alte Testament:

Zenger, Erich / Frevel, Christian (Hg.) u.a., Einleitung in das Alte Testament (Kohlhammer Studienbücher Theologie 1.1), Stuttgart ^{9}2016.

Gesamtdarstellungen der Geschichte Israels:

Albertz, Rainer, Die Exilszeit 6. Jahrhundert v. Chr. (Biblische Enzyklopädie 7), Stuttgart / Berlin / Köln 2001.

Berlejung, Angelika, Geschichte und Religionsgeschichte des antiken Israel, in: J.-C. Gertz (Hg.), Grundinformation Altes Testament. Eine Einführung in Literatur, Religion und Geschichte des Alten Testaments, Göttingen ^{6}2019, 59–192.

Bieberstein, Klaus, A Brief History of Jerusalem. From the Earliest Settlement to the Destruction of the City in AD 70 (ADPV 47), Wiesbaden 2017.

Donner, Herbert, Geschichte des Volkes Israel und seiner Nachbarn in Grundzügen, Göttingen ^{2}1995.

Frevel, Christian, Geschichte Israels (Kohlhammer Studienbücher Theologie), Stuttgart ^{2}2018.

Gerstenberger, Erhard S., Israel in der Perserzeit. 5. und 4. Jahrhundert v. Chr. (Biblische Enzyklopädie 8), Stuttgart / Berlin / Köln 2005.

Keel, Othmar, Jerusalem und der eine Gott. Eine Religionsgeschichte, Göttingen ^{2}2014.

Kessler, Rainer, Sozialgeschichte des alten Israels. Eine Einführung, Darmstadt ^{2}2008.

Kratz, Georg Reinhard, Historisches und biblisches Israel. Drei Überblicke zum Alten Testament, Tübingen ^{2}2017.

Niemann, Hermann Michael / Knauf, Ernst Axel, Geschichte Israels und Judas im Altertum, Berlin / Boston 2021.

Schäfer, Peter, Geschichte der Juden in der Antike. Die Juden Palästinas von Alexander dem Großen bis zur arabischen Eroberung, Tübingen ^{2}2010.

Schipper, Bernd U., Geschichte Israels in der Antike (bw 2887), München 2018.

Tilly, Michael / Zwickel, Wolfgang, Religionsgeschichte Israels. Von der Vorzeit bis zu den Anfängen des Christentums, Darmstadt ^{2}2015.

Zu Methoden und Quellen:

Berlejung, Angelika, Quellen und Methoden, in: J.-C. Gertz (Hg.), Grundinformation Altes Testament. Eine Einführung in Literatur, Religion und Geschichte des Alten Testaments, Göttingen [6]2019, 21–58.

Textsammlung der außerbiblischen Texte:

Weippert, Manfred (Hg.), Historisches Textbuch zum Alten Testament (Grundrisse zum Alten Testament 10), Göttingen 2010.

Kaiser, Otto (Hg.), Texte aus der Umwelt des Alten Testaments, Gütersloh 2005.

Kommentar:

Stuttgarter Altes Testament. Kommentierte Studienausgabe, hg. von Christoph Dohmen, Stuttgart 2017.

Landeskunde:

Zwickel, Wolfgang, Einführung in die biblische Landes- und Altertumskunde, Darmstadt 2002.

Lexika:

Herders Neues Bibellexikon, hg. von Franz Kogler, Freiburg 2008.

Neues Bibel Lexikon, hg. von Manfred Görg und Bernhard Lang, Zürich / Düsseldorf 1991–2008.

Im Internet: www.wibilex.de Wissenschaftliches Bibel-Lexikon (WiBiLex)

Atlas:

Zwickel, Wolfgang, Calwer Bibelatlas, Stuttgart 2000.

Sachregister

597 und 587 v. Chr. 16-45, 161
722 v. Chr. 72, 108, 130, 151, 160
Alltag 110-115
Am HaAretz 110, 115
Aschera 110, 165
Assyrien 19-21, 70-72, 74-80
Babylonien 20-21, 35-44, 116, 131
Beschneidung 38, 57, 62, 131
Bibel 63-69, 124, 160
Bund 108, 117, 123, 131, 135
Chirbet el-Qom 41
Davidsdynastie 56, 70, 81, 103, 131
Dekalog 136
Deportation 24-25, 31-33
Deuteronomium 68, 118, 121-123, 136
Diaspora 35, 119, 139, 159
Elephantine 45
Entstehungszeit 8-9, 125
Erzelternerzählungen 124-132
Exodus 124, 132-138
Figur 25
Hohepriester 56, 159
Israel 14, 70, 72, 138, 140, 142, 147, 154
Jerusalem 26, 98, 110
Jerusalemer Geschichtswerk 120-121
Joschijanische Reform 32, 117-119
Juda 35-36, 70, 72, 147, 154
Kamele 128
Kleinviehnomaden 128-129, 142
Königsbücher 73, 99, 146, 151
Kultzentralisation 118-119
Kuntillet-AÐrÐd 41, 101
Lachisch 29, 106-107
Landnahme 139-143
Medien 20-21, 50
Megiddo 21, 90, 116, 119
Merenptah-Stele 142, 152
Mescha-Stele 80, 85, 152
Messias 43, 51, 150
Monolatrie 42-43
Monotheismus 41-43
Münsteraner Pentateuchmodell 63-69, 120-122
Ökonomie und Handel 88-89, 101-102, 109, 112-113
Ölproduktion 87-88, 105
Opfer 99
Persien 47, 50-62
Person 25
Pessach 132
Richter 143-144, 146
Sabbat 39-40, 57, 62, 136, 161
Samaria 119
Segen 131
Siloahtunnel 105
Sinai 41, 67-68, 132
Speise- und Reinheitsgebote 38, 57, 62
Stadtmaueranlagen 111-112
Subsistenzwirtschaft 90, 98, 141-142
Tel Dan-Inschrift 80, 97, 152
Tempel von Jerusalem 16, 26, 30-31, 52, 54, 56-57, 59, 99-100, 155
Textwelt 8, 125
Tod, Umgang mit Toten 114-115
Tora, Pentateuch 125, 132-133
Universalisierung 40-43
Ur 127, 131
Vaterhäuser 37-38, 59, 62
Vorratshäuser 109, 135
Wasser 111
Zion, Zionstheologie 32, 40, 54

Namensregister

Alexander der Große 159
Amos 73, 91, 121
Asarhaddon 79, 109, 116, 135
Assurbanipal 79, 116
Atalja 101
Darius I 50, 52
David 80-81, 97, 148-150, 151-156
Debora 144
Deuterojesaja 43-44, 51, 136
Esra 60-62, 69
Ezechiel 24-26
Haggai 52, 56-57
Hiskija 103-109
Hosea 73, 92, 121

Jeremia 27-29
Jerobeam I 81-84, 96, 156
Jerobeam II 87, 93, 102
Jesaja 73, 102-103
JHWH, Gott, Gottesname 34-35, 82-84, 99, 108, 119, 129-130, 132
Jojakim 24
Joschija 21, 74, 103, 115-119
Josua 139-143
Kyros 47-50, 51-53
Manasse 102-103, 109-110, 117, 135
Micha 73, 103-104
Mose 124, 132-133, 135, 137-138, 139
Nabonid 46-47, 51
Nabopolassar 19, 79, 116
Nebukadnezzar 19, 21-22, 30
Nehemia 59-61
Sacharja 56-58
Salomo 80-81, 98-99, 150-156
Sanherib 31, 79, 106-108, 135
Sargon I 135
Sargon II 79, 94, 135
Saul 146-149

Abbildungsnachweis

S. 17: Die südliche Levante: © Ullstein 1962.

S. 48/49: Das persische Großreich, S. 71: Israel und Juda in der Königszeit und S. 76/77: das neuassyrische Großreich: Herbert Donner: Geschichte des Volkes Israel und seiner Nachbarn in Grundzügen Teil 2, 3. Auflage, Göttingen 2001, S. 332, 315, 436.

S. 55: Die persische Provinz Jehud: Erich Zenger u.a.: Einleitung in das Alte Testament, 7. Auflage, Stuttgart 2008, S. 729.

S. 65: Münsteraner Pentateuchmodell © Kohlhammer GmbH, Stuttgart, Erich Zenger (u.a.), Einleitung in das Alte Testament, 9. Auflage 2016, S. 125.

S. 89: Straßen- und Handelswege: Wolfgang Zwickel: Einführung in die biblische Landes- und Altertumskunde, Darmstadt 2002, S. 106.

S. 145: Die südliche Levante in der frühen Eisenzeit: Gabriele Faßbeck u.a.: Leben am See Gennesareth, Mainz 2003, S. 46.